Beck-Ratgeber Recht:
Praktische Rechtsfragen
des nichtehelichen Zusammenlebens

Beck-Ratgeber Recht:

Praktische Rechtsfragen
des nichtehelichen Zusammenlebens

Ein Ratgeber
von Dr. Dr. Herbert Grziwotz

Deutscher
Taschenbuch
Verlag

Redaktionelle Verantwortung: Verlag C. H. Beck, München
Umschlaggestaltung: Fuhr & Wolf Design-Agentur, Frankfurt a. M.
Druck: C. H. Beck'sche Buchdruckerei, Nördlingen
Satz: primustype Hurler GmbH, Notzingen
ISBN 3 423 50613 X (dtv)
ISBN 3 406 37086 1 (C. H. Beck)

# Vorwort

Immer mehr Paare leben ohne Trauschein zusammen. Die Motive hierfür sind unterschiedlich: Junge Menschen prüfen meist vor dem Gang zum Standesamt in einer „Ehe auf Probe", ob sich ihre Liebe im Alltag bewährt. Eine spätere Heirat wird häufig außerdem von Partnern angestrebt, bei denen einer oder beide in Scheidung leben. Mitunter stehen einer Eheschließung aber auch wirtschaftliche Nachteile entgegen, wie z. B. der Verlust von Unterhaltsansprüchen gegen einen geschiedenen Ehegatten, von Witwer- bzw. Witwenrenten, von BaföG-Zahlungen oder sogar von steuerlichen Gestaltungsmöglichkeiten. Manchen Paaren, insbesondere gleichgeschlechtlichen Beziehungen, ist die Ehe verschlossen. Andere lehnen sie – teilweise wegen schlechter Erfahrungen mit dem geltenden Scheidungsfolgenrecht – ab.

Sämtlichen Verbindungen ist gemeinsam, daß der Staat zwar die Freiheit, keine Ehe zu schließen, akzeptiert, aber an die Eingehung und die Trennung einer nichtehelichen Partnerschaft im Regelfall keine Rechtsfolgen knüpft. Bei einem Scheitern der Beziehung werden Auf- und Zuwendungen, die ein Partner erbracht hat, nicht erstattet. Jeder trägt also das Risiko, daß er eigene Leistungen nicht selbst voll mitausnutzen kann, wenn seine Erwartungen hinsichtlich des Fortbestandes der Partnerschaft enttäuscht werden. Der größeren Freiheit der nichtehelichen Lebensgemeinschaft gegenüber der Ehe entspricht somit auch ein größeres Risiko. Hierüber sollten sich die Partner auf jeden Fall Gedanken machen.

Die Rückabwicklung im Vermögensbereich, die Absicherung des sozial schwächeren Partners und Regelungen für den Fall des Todes eines oder beider Lebensgefährten bilden den Schwerpunkt von Partnerschaftsverträgen. Ihr Abschluß ist bei einem nicht nur kurzfristigen Zusammenleben und bei Schaffung wirtschaftlich gemeinsamer Vermögenswerte unerläßlich. Aber auch bei einem Zusammenleben „auf Probe" können Vereinbarungen in einzelnen Bereichen streitverhütend wirken.

Dieser Ratgeber wendet sich an Paare, die unverheiratet zusammenleben oder dies planen. Sie sollen über die rechtlichen Probleme ihres Zusammenlebens an Hand praktischer Beispiele informiert werden. Daran schließen sich jeweils Formulierungshilfen an, die – mangels gesetzlicher Vorschriften – einvernehmliche Lösungsmöglichkeiten anbieten. Auf diese Weise soll den Beteiligten die Möglichkeit gegeben werden, die für ihre konkrete Partnerschaft relevanten Fragen ihres Zusammenlebens selbst zu regeln. Im Anhang sind schließlich wichtige Gerichtsentscheidungen abgedruckt.

Regen, im November 1992                        Herbert Grziwotz

# Inhaltsverzeichnis

# 1. Kapitel:
## Die rechtliche Situation unverheirateter Paare

## I. Zur Strafbarkeit außerehelicher Geschlechtsgemeinschaften

### 1. Die Rechtslage bis zu Beginn der 70er Jahre

Das Bürgerliche Gesetzbuch (BGB) regelt in mehr als 300 Paragraphen die Rechtsverhältnisse der Ehegatten während des Bestehens ihrer Lebensgemeinschaft, in der Zeit einer etwaigen Trennung und nach einer Scheidung. Lediglich sechs Vorschriften beziehen sich dabei auf die Zeit vor der Eheschließung. Aber auch hier werden nur die Folgen der Auflösung eines Verlöbnisses geregelt. Dies ist auch konsequent. Im bürgerlich-liberalen Staat des 19. Jahrhunderts war nur und erst die Ehe die legitime Form der Lebensgemeinschaft. Sie bildete den alleinigen Ort geduldeter Sexualität, berechtigte zur Zeugung von Kindern und galt als „unauflöslich".

Andere Formen der Geschlechtsgemeinschaft wurden bereits in den Reichspolizeiordnungen des 16. Jahrhunderts als „leichtfertige Beywohnung" unter Strafe gestellt: „Dieweil auch viele leichtfertige Personen außerhalb der von Gott gesetzten Ehe zusammenwohnen: So ordnen und wollen wir, daß ein jede geistliche oder weltliche Obrigkeit, der solches ordentlich zugehört, ein billiges Einsehen haben soll, damit solche öffentliche Laster der Gebühr nach ernstlich gestraft und nicht geduldet werden". Welche Sanktionen mit solchen Androhungen gemeint waren, zeigt eine Eheordnung aus dieser Zeit: „Welche verlobte Personen sich unehrbarer und ärgerlicher Weise vor dem öffentlichen christlichen Kirchgang und Hochzeitstag mit leiblicher Vermischung zusammenhalten oder gar einander schwängern, die sollen, sobald vor oder nach dem Kirchgang solche Schande von ihnen kund und offenbar wird, gefänglich eingezogen und nach unserem Befehl entweder aus unserem Lande verwiesen oder sonst an Leib und Gut gestraft werden."

Auch im 19. Jahrhundert mußten in manchen Gegenden unverheiratet zusammenlebende Paare mit dem Einschreiten der Polizei und einer Geld- oder Gefängnisstrafe rechnen. So heißt es im württembergischen Polizeistrafbuch von 1839: „Unverheiratete Personen, welche miteinander in Verbindung wie Eheleute leben, mögen sie dabei die Absicht haben, künftig eine Ehe einzugehen oder nicht, sind mit Arrest von 14 Tagen bis zu 3 Wochen zu belegen. Dabei ist Sorge zu tragen, daß beide Teile ohne Aufschub voneinander getrennt werden." Und bis 1970(!) galt folgende Bestimmung des bayerischen Landesstraf- und Verordnungsgesetzes: „Personen, die durch fortgesetztes häusliches Zusammenleben in außerehelicher Geschlechtsverbindung erhebliches öffentliches Ärgernis erregen, werden mit Geldstrafen bis zu DM 150,– oder mit Haft bis zu 14 Tagen bestraft." Eine ähnliche Strafvorschrift, die ebenfalls erst 1970 abgeschafft wurde, enthielt das Polizeistrafgesetz für Baden.

Schließlich sei noch daran erinnert, daß die Strafbarkeit des Ehebruches erst 1969 beseitigt wurde. Bis zu diesem Zeitpunkt wurde der Ehebruch, wenn deswegen die Ehe geschieden wurde, an dem schuldigen Ehegatten und dessen Mitschuldigen mit Gefängnis bis zu sechs Monaten bestraft. Bis zum 4. Strafrechtsänderungsgesetz von 1973 waren noch gleichgeschlechtliche Beziehungen erwachsener Männer (nicht aber Frauen) strafbar.

## 2. Was ist heute noch strafbar?

Der Gesetzgeber wollte das Strafrecht auf die Wahrung einer äußeren Ordnung sozialen Verhaltens beschränken. Es sollte entmoralisiert werden. Strafbar sind deshalb nur noch Handlungen, die die sexuelle Selbstbestimmung verletzen. Insbesondere die geschlechtliche Entwicklung von Jugendlichen sollte ausschließlich das Produkt freier Selbstentfaltung sein. Wie die Strafdrohung gegen homosexuelle Handlungen, die sich nur gegen Männer, nicht aber gegen lesbische Beziehungen richtet, zeigt, konnte sich der Gesetzgeber nicht ganz von moralischen Mißbilligungen frei machen. Es ist selbstverständlich, daß auch für unverheiratete Paare die Vorschriften des Strafgesetzbuches gelten. Die nachfolgenden Fälle beschränken sich deshalb auf Regeln, die für außereheliche Geschlechtsbeziehungen von besonderer Bedeutung sind.

### a) Wann erregen Zärtlichkeiten Ärgernis?

**Beispiel:** Der 17jährige Martin und seine gleichaltrige Freundin Frieda lieben sich. Sie denken sich nichts dabei, wenn sie sich in der Straßenbahn leidenschaftlich küssen. Allerdings erregt dies den Zorn einer älteren Dame. Um diese zu ärgern, „machen" sie weiter. Als ihnen mit einer Strafanzeige gedroht wird, bekommen sie Angst.

Mit Freiheitsstrafe bis zu einem Jahr oder mit Geldstrafe ist die öffentliche Vornahme sexueller Handlungen bedroht, falls der Täter durch sie absichtlich oder wissentlich ein Ärgernis erregt (§ 183a StGB). Hiervon ausgenommen sind exhibitionistische Handlungen von Männern, die einer eigenen Strafvorschrift (§ 183 StGB) unterliegen. Ferner handelt ordnungswidrig, wer eine grob ungehörige Handlung vornimmt, die geeignet ist, die Allgemeinheit zu belästigen oder zu gefährden und die öffentliche Ordnung zu beeinträchtigen.

Allein das unverheiratete Zusammenleben ist nicht mehr strafbar. Das gilt auch für gleichgeschlechtliche Beziehungen Erwachsener. Die Vornahme sexueller Handlungen muß nach Intensität und Dauer von einiger Erheblichkeit sein. Der öffentliche Austausch von Zärtlichkeiten, auch Zungenküsse, scheidet deshalb aus. Auch hier gilt dies für homosexuelle Beziehungen in gleicher Weise. Bloße Unanständigkeiten führen ebenfalls nicht zur Strafbarkeit.

**Beispiel:** Martin und Frieda suchen sich ein einsames Plätzchen an der Isar, wo sie sich ungestört glauben. Dort kommt es zum Austausch intimer Zärtlichkeiten. Dieter, der dort mit seinem Hund zufällig spazieren geht, hat die ganze Zeit zugesehen und Anstoß genommen. Martin meint, eigentlich müsse der „Spanner" wegen Beleidigung bestraft werden.

Trifft ein Pärchen besondere Vorsichtsmaßnahmen gegen Beobachtung, so fehlt es ihm an dem für die Strafbarkeit erforderlichen Vorsatz. Umgekehrt stellt das Beobachten eines Liebespaares, das öffentlich Zärtlichkeiten austauscht, keine Beleidigung dar. Wer dies im Freien tut, hat nach der Rechtsprechung keinen Anspruch darauf, dabei ungestört und unbehelligt zu bleiben.

Beim Vorstellen des unverheirateten Partners als „mein Mann" oder „meine Frau" im gesellschaftlichen Verkehr handelt es sich zwar um eine Schwindelei, aber um keinen Straftatbestand. Andererseits haben nicht verheiratete Paare gegenüber ihrer Umwelt keinen Anspruch darauf, als „Herr und Frau Meier" angeredet zu werden. Selbst wenn ein Dritter das gut gehütete Geheimnis der „wilden Ehe" lüftet, handelt er möglicherweise unhöflich, macht sich aber nicht wegen Beleidigung strafbar.

### b) Ist Kuppelei strafbar?

**Beispiel:** Die fortschrittlichen Eltern des 15jährigen Martin erlauben ihrem Sohn, ungestört mit seiner gleichaltrigen Freundin Frieda auf seiner „Bude" zu sein. Sie wissen, daß es zum Petting kommt, schreiten dagegen aber nicht ein. Friedas Eltern sind entrüstet darüber, daß ihr Kind „verkuppelt" wurde.

Wer sexuellen Handlungen eines Dritten an einer Person unter sechzehn Jahren durch Gewähren oder Schaffen von Gelegenheit Vorschub leistet, wird mit Freiheitsstrafe bis zu drei Jahren oder mit Geldstrafe bestraft (§ 180 StGB). Diese Strafvorschrift soll die geschlechtliche Entwicklung Minderjähriger schützen. Täter wie Opfer können männlichen oder weiblichen Geschlechts sein, so daß sowohl heterosexuelle wie homosexuelle, also auch lesbische Handlungen erfaßt werden. Das tatbestandsmäßige Verhalten besteht darin, daß der Täter den sexuellen Handlungen zwischen dem Dritten und dem Opfer durch Gewährung oder Verschaffen von Gelegenheit Vorschub leistet, selbst wenn dies auf Verlangen des Jugendlichen selbst geschieht. Ausreichend ist das Überlassen eines Raumes, in dem die Partner zusammenkommen können, das Fernhalten von Störern und die Aushändigung von Schutzmitteln.

Der für die Person des Opfers Sorgeberechtigte, also für eheliche Kinder die Eltern, für das nichteheliche i. d. R. dessen Mutter, macht sich allerdings grundsätzlich nicht strafbar. Dieses „Erzieherprivileg" soll den betroffenen Eltern die Freiheit gewähren, unter dem Gesichtspunkt einer sinnvollen, verantwortungsbewußten Sexualerziehung ihren Kindern die „praktische Betätigung auf sexuellem Gebiet" (so der Gesetzgeber) zu ermöglichen. Nicht straffrei ist danach die „moderne Oma", die ihrer fünfzehnjährigen Enkelin den ungestörten Geschlechtsverkehr mit deren Freund in der Einliegerwohnung gestattet. Auch die Eltern von Martin müssen achtgeben: Die Straffreiheit gilt nur hinsichtlich des eigenen Kindes, nicht für dessen Partner/in.

Außerdem gilt das Privileg nicht, wenn der Sorgeberechtigte durch das Vorschubleisten seine Erziehungspflicht gröblich verletzt. Als solch eine Verletzung soll es anzusehen sein, wenn das Vorschubleisten sich auf ein Kind unter 14 Jahren bezieht oder auf Perversitäten, homosexuelle, auch lesbische Betätigung gerichtet ist; oder wenn die Eltern wechselnden Geschlechtsverkehr ihrer Tochter in ihrer Wohnung zulassen, vor allem aus eigennützigen Motiven, oder Verkehr mit einem viel älteren Mann, von dem sie einen ungünstigen Einfluß auf ihre Tochter zu erwarten haben. Diese Beispiele, die überwiegend aus den Gesetzgebungsmaterialien stammen, zeigen, daß auch diese Vorschrift von moralisierenden Erwägungen nicht frei ist. Wieso homoerotische Beziehungen zu Gleichaltrigen, die für die pubertäre Entwicklung charakteristisch sind, unzulässig sein sollen, bleibt beispielsweise unerfindlich. Auch fortschrittliche Eltern werden gut daran tun, die Aufklärung unter dem Motto „learning by doing" auf die übliche „Knutscherei" zu beschränken. Platz für Experimente läßt die „Experimentierklausel" nämlich kaum.

### c) Wer ist wegen Verführung strafbar?

**Beispiel:** Der 18jährige Martin liebt die 15jährige Frieda. Diese erwidert sein Gefühl. Deshalb ist es für beide selbstverständlich, daß sie miteinander „schlafen". Friedas Vater ist gegen diese Beziehung und droht Martin damit, ihn wegen Verführung anzuzeigen.

„Verführung" begeht, wer ein Mädchen unter sechzehn Jahren dazu bestimmt, mit ihm den Beischlaf zu vollziehen (§ 182 StGB). Täter kann nur ein Mann, keine Frau sein. Tathandlung ist das Willfährigmachen eines Mädchens, das den Beischlaf innerlich ablehnt, durch Mittel wie Geschenke, Alkohol, sexuelle Berührungen, Erregen von Angst und Überreden. Der Täter muß das Alter des Mädchens kennen, jedenfalls aber damit rechnen, daß es jünger als sechzehn ist. Geht die Initiative von ihr aus oder gibt sie sich ohne intensive Beeinflussung hin, so ist sie nicht verführt. Das wird vor allem bei echten Liebesbeziehungen zutreffen. Strafbare Verführung ist auch dann möglich, wenn die Eltern aufgrund ihres Erzieherprivilegs straflos Vorschub leisten.

Die Verführung wird nur auf Antrag verfolgt. Hat der Verführer das Mädchen geheiratet, so ist die Verfolgung ausgeschlossen.

Außerdem kann das Gericht von einer Bestrafung absehen, wenn der Täter zur Zeit der Tat noch nicht einundzwanzig Jahre alt war (§ 182 StGB).

## d) Sind homosexuelle Beziehungen strafbar?

**Beispiel:** Der 17jährige Martin und sein gleichaltriger Freund Frieder tauschen unter Einbeziehung intimer Körperteile Zärtlichkeiten aus. Auch die sechzehnjährige Gerda und ihre Klassenkameradin Irene haben eine sehr erotische Beziehung miteinander. Sie befürchten jedoch, sich strafbar zu machen.

Das Gesetz bestraft nur homosexuelle Handlungen zwischen Männern. Lesbische Handlungen sind – abgesehen von der allgemeinen Strafbarkeit sexueller Handlungen an oder mit einer Person unter vierzehn Jahren (§ 176 StGB) – nicht unter Strafe gestellt. Der (kaum einsichtige) Grund des Gesetzgebers besteht darin, daß junge Männer vor der Gefahr geschützt werden müßten, durch homosexuelle Kontakte geprägt und in eine „Außenseiterrolle" gedrängt zu werden. Die Strafbarkeit homosexueller Handlungen (§ 175 StGB) dient somit dem Jugendschutz. Der Täter muß über achtzehn Jahre, derjenige, an dem er sich vergeht, muß jünger als achtzehn sein. Das tatbestandsmäßige Verhalten besteht darin, daß der Ältere sexuelle Handlungen an dem Jüngeren vornimmt oder von diesem an sich vornehmen läßt. Es bedarf also der körperlichen Berührung. Küsse (ausgenommen Zungenküsse), gegenseitiges Betrachten und Fotografieren scheiden als nicht strafbar aus. Unerheblich ist dagegen, ob der Jüngere zu der Tat verlockt hat. Allerdings kann das Gericht von Strafe absehen, falls der Täter zur Zeit der Tat noch nicht einundzwanzig Jahre alt war oder bei Berücksichtigung des Opferverhaltens das Unrecht der Tat gering ist.

## e) Ist die Vergewaltigung der Partnerin strafbar?

**Beispiel:** Martin lebt mit Frieda seit 10 Jahren glücklich zusammen. Allerdings kann er sich nicht für eine Ehe mit Kindern entscheiden. Frieda wird es zu bunt; sie setzt Martin eine Frist von zwei Wochen. An einem Abend zwingt Martin die sich wehrende Frieda zum Geschlechtsverkehr.

Ein Ehemann wird nicht wegen Vergewaltigung seiner Ehefrau bestraft, da diese Norm (§ 177 StGB) nur den erzwungenen außerehelichen Beischlaf unter Strafe stellt. Dagegen kann auch ein langjähriger Lebensgefährte wegen Vergewaltigung bestraft werden, wenn er seine Partnerin mit Gewalt oder Drohungen zum Geschlechtsverkehr zwingt. Allerdings nimmt die Rechtsprechung mitunter einen minder schweren Fall an, wenn der Mann bereits sexuelle Beziehungen zu der Frau hatte oder eine echte Liebesbeziehung bestand.

## II. Zivilrechtliche Probleme des nichtehelichen Zusammenlebens

Spezielle Vorschriften für das Zusammenleben unverheirateter Paare, ihre Trennung und den Tod eines Partners gibt es im deutschen Zivilrecht nicht.

### 1. Welche privatrechtlichen Regeln gelten für unverheiratete Paare?

**Beispiel:** Martin trennt sich nach zehnjährigem Zusammenleben von Frieda. Diese fordert Aufwendungen für die Finanzierung zweier Urlaubsreisen, Erstattung ihrer Haushaltstätigkeit und einen Ersatz dafür, daß Martin während der Partnerschaft ihren Pkw mitbenutzt hat. Friedas Mutter erklärt ihr, sie werde keinen Pfennig bekommen, da sie in „ungeordneten" Verhältnissen gelebt habe, als verheiratete Frau könnte sie Martin dagegen „bis aufs Hemd ausziehen".

Die mitunter auch heute noch geäußerte Ansicht, wer nicht heiratet, wolle sich rechtlich nicht binden, pauschaliert zu sehr. Die – oft von äußeren Umständen aufgezwungene – Entscheidung, nicht zu heiraten, bedeutet nicht, daß sich die Partner in einen völlig rechtsfreien Raum begeben wollen. Allerdings lassen der zu respektierende Wille der Partner und derjenige des Gesetzgebers eine Übernahme des Eherechts auf andere Lebensgemeinschaften nicht zu. Das Ehegüterrecht, das im Falle der Scheidung, insbesondere im gesetzlichen Güterstand durch eine Beteiligung am Zuerwerb einen gerechten Ausgleich anstrebt, gilt nicht bei einer Trennung unverheirateter Partner. Auch bestehen bei einem Zerbrechen der Beziehung keine gesetzlichen Unterhaltspflichten und werden während der Zeit des Zusammenlebens erworbene Anwartschaften auf eine Rente nicht hälftig geteilt. Da diese Vorschriften auch bei einer Betreuung gemeinsamer Kinder und einem anderen partnerschaftsbedingten Verzicht eines Beteiligten auf eigene Einkünfte keine Anwendung finden, können sich in diesen Fällen Härten für den nicht erwerbstätigen Partner ergeben.

Allerdings ist in diesem Zusammenhang auf zwei Dinge hinzuweisen:

– Selbst wenn die Regelungen für Ehegatten auf verschieden- und gleichgeschlechtliche Partnerschaften nicht anwendbar sind, spielen sich die Beziehungen der beteiligten Personen nicht gänzlich im rechtsfreien Raum ab. Sie bleiben eingebunden in das System der für alle geltenden Normen des Zivilrechts. Deshalb können sich Partner Vollmachten erteilen, gegenseitig schadensersatzpflichtig machen, gemeinsam Eigentum erwerben und Verbindlichkeiten eingehen. Besonders wichtig ist, daß sie auch Vereinbarungen miteinander treffen können. Das vermeintliche Argument, wer nicht heirate, sei auch nicht gewillt, sich privatschriftlich oder gar notariell zu binden, ist aus den bereits genannten Gründen nicht zutreffend. Die Praxis zeigt dagegen, daß Paare spätestens bei Anschaffung größerer Vermögensgegenstände für eine Absicherung des Partners vorsorgen wollen. Dies ist nicht zuletzt ein Gebot der Fairness gegenüber dem sozial schwächeren Teil, also vor allem einer nicht berufstätigen, kindererziehenden Partnerin, aber auch gegenüber demjenigen Partner, der den anderen jahrelang aufopfernd versorgt.

– Auch zwischen Ehegatten erfolgt nach einer Scheidung keine gegenseitige (vermögensrechtliche) Abrechnung. In der emotionsgeladenen Situation einer Trennung sind die Beteiligten mitunter versucht, eine Gesamtabrechnung ihrer Beziehung vorzunehmen. Enttäuschte Erwartungen und Aufwendungen sowie vergebliche Dienstleistungen sollen nun auf „Heller und Pfennig" ersetzt werden. Für den Vermögensausgleich bei einer Scheidung ist es jedoch grundsätzlich nicht von Interesse, welcher Ehegatte Freizeitaktivitäten finanziert, den Einkauf getätigt und häufiger das Geschirr gespült hat. Der im gesetzlichen Güterstand durchzuführende Zugewinnausgleich knüpft allein an zwei Zeitpunkte an: die standesamtliche Trauung als Ehebeginn und die Rechtshängigkeit, d. h. die Zustellung des

Scheidungsantrags als Eheende. Was dazwischen passiert ist, interessiert – abgesehen von besonders großen Zuwendungen – nicht. Es wäre nicht konsequent und auch nicht sinnvoll, wenn bei unverheirateten Paaren eine Einzelabrechnung sämtlicher Leistungen erfolgen würde. Weder das Gesetz noch vertragliche Regelungen können eine Sicherheit gegen menschliche Enttäuschungen bieten. Zur Befriedigung von Rachegelüsten sollten sie nicht mißbraucht werden.

## 2. Wie entscheiden die Gerichte?

**Beispiel:** Martin und Frieda lebten fünf Jahre zusammen, als Frieda ein Haus erwarb, in dem sie mit Martin noch zwei Jahre glücklich war, bis dieser starb. Martin bezahlte einen Teil des Kaufpreises und der Darlehensraten. Die Erben von Martin verlangen von Frieda die Rückzahlung dieser Geldbeträge.

Die Gerichte hatten sich mit nichtehelichen Lebensgemeinschaften meist unter dem Aspekt der Vermögensauseinandersetzung nach Auflösung der Lebensgemeinschaft zu befassen. In einigen Fällen wollten die Erben verstorbener Partner die Minderung „ihrer Erbmasse" wieder rückgängig machen und verklagten den hinterbliebenen Teil auf Rückzahlung (vgl. dazu Anhang 2).

Die Rechtsprechung hat jedoch eine umfassende Gesamtauseinandersetzung, in deren Rahmen die während des Bestehens der Gemeinschaft erbrachten Leistungen und gewährten Zuwendungen zu berücksichtigen wären, regelmäßig abgelehnt. Haben die Partner unter sich nichts besonderes geregelt, so ist in einer Lebensgemeinschaft grundsätzlich davon auszugehen, daß persönliche und wirtschaftliche Leistungen der Partner nicht miteinander abgerechnet, sondern ersatzlos von dem Partner erbracht werden sollen, der dazu in der Lage ist. Das ist mit **Schulden** nicht anders, die im Interesse des Zusammenlebens eingegangen und von dem einen oder anderen Partner bezahlt werden. Jeder trägt also das Risiko, daß er eigene im Interesse des Zusammenlebens erbrachte Leistungen nicht selbst mit voll ausnutzen kann, wenn seine Erwartungen hinsichtlich des Fortbestandes der Partnerschaft enttäuscht werden. Nur in Ausnahmefällen, wenn die Beiträge weit über das hinausgehen, was zur Verwirklichung der eigentlichen Lebensgemeinschaft dienen sollte, also bei Gegenständen von nicht unerheblichem Wert, gewähren die Gerichte

Ausgleichsansprüche in Geld. Im Normalfall bleibt es bei dem Grundsatz: Außer Spesen nichts gewesen! Allerdings hat die Rechtsprechung den Beteiligten bereits einen Lösungsweg aufgezeigt, nämlich den vertraglicher Vereinbarungen.

### 3. Wer erbt nach dem Tode eines Partners?

**Beispiel:** Frieda war frisch geschieden und 45 Jahre alt, als sie den verwitweten 50jährigen, kinderlosen Martin kennenlernte. In den letzten zehn Jahren seines Lebens hat sie den infolge eines Schlaganfalls halbseitig Gelähmten aufopfernd gepflegt. Als Martin im Alter von 71 Jahren verstirbt, fordern seine Neffen und Nichten von ihr die Herausgabe des Sparbuches von Martin, auf dem sich 24 000,– DM befinden, sowie seinen Pkw. Die alten Möbel wollen sie Frieda lassen.

Gesetzliche Erben sind neben dem Ehegatten des Erblassers nur dessen Verwandte. Verwandt sind nur Personen, die voneinander oder von derselben dritten Person abstammen (§ 1589 BGB). Ist zur Zeit des Erbfalls weder ein Verwandter noch ein Ehegatte des Erblassers vorhanden, so erbt das Bundesland, dem der Erblasser zur Zeit seines Todes angehört hat. Gehört der Lebenspartner nicht zufällig zu der zur Erbfolge berufenen Ordnung, so wird er niemals gesetzlicher Erbe. Nicht nur entfernte Verwandte, die sich nie um den Verstorbenen gekümmert haben, sondern sogar der Staat gehen somit dem langjährigen Lebensgefährten vor. Auch hier haben die Partner jedoch die Möglichkeit, dieses unbillige Ergebnis durch ein Testament oder einen Erbvertrag zu korrigieren.

### III. Steuer-, sozial- und öffentlich-rechtliche Probleme der Lebensgemeinschaft

Die mitunter geäußerte Behauptung, nichteheliche Partnerschaften würden gegenüber der Ehe vom Staat grundsätzlich schlechter gestellt, trifft nicht zu. Die Verfassung enthält zwar keinen besonderen Schutz nichtehelicher Lebensgemeinschaften, wie dies Art. 6 Abs. 1 GG für die bürgerlich-rechtliche Ehe vorsieht. Die allgemeine Handlungsfreiheit (Art. 2 Abs. 1 GG) umfaßt jedoch auch die Freiheit, keine Ehe einzugehen (vgl. Anhang 1 b). Darüber hinaus hat der Staat die Pflicht, die Familie (Art. 6

Abs. 1 GG), zu der auch das Zusammenleben der Eltern oder eines Elternteils mit einem nichtehelichen Kind gehört, durch geeignete Maßnahmen zu fördern.

## 1. Gibt es steuerliche Gründe, nicht zu heiraten?

**Beispiel:** Der als Rechtsanwalt tätige Martin schließt mit seiner Lebensgefährtin Frieda einen „Dienstleistungsvertrag", in dem sich diese verpflichtet, ihm den Haushalt zu führen, seine Wäsche zu waschen und zu bügeln, die anfallenden Schreibarbeiten zu erledigen und ihn bei Dienstreisen mit einer Reiseschreibmaschine zu begleiten. Frieda erhält dafür ein Entgelt, das dem eines angestellten Rechtsanwalts entspricht. Das Finanzamt will diese Vereinbarung nicht anerkennen. Frieda will ohnehin lieber heiraten. Martin rechnet ihr vor, daß sie bei Eheschließung wegen seines hohen Einkommens den § 10e-Sonderausgabenabzug für das „gemeinsame" Haus nicht in Anspruch nehmen könnten, ohne Trauschein dies aber für Frieda möglich sei.

Der flotte Spruch, aufgrund des geänderten Sexualverhaltens der Frauen gäbe es nur zwei Gründe zu heiraten, nämlich Steuern und Kinder, muß hinsichtlich des Finanzamtes nicht unbedingt zutreffen. Unverheirateten Partnern sind zwar die Zusammenveranlagung und die damit verbundenen Vorteile des Ehegatten-Splittings verschlossen. Allerdings stehen ihnen eine Reihe steuerlicher Tricks offen, die Ehegatten nicht nutzen können. So können im Rahmen des § 10e EStG zwei Eigentumswohnungen gleichzeitig berücksichtigt werden. Der Bundesfinanzhof geht ferner in seiner Rechtsprechung (vgl. Anhang 5.) – lebensfremd – davon aus, daß zwischen unverheirateten Partnern gegensätzliche wirtschaftliche Interessen bestehen. Deshalb können vertragliche Gestaltungen zwischen unverheirateten Partnern, die unter Ehegatten nicht anerkannt werden, zur Steuerersparnis verwendet werden. Diese steuerlichen Schlechterstellungen von Ehegatten sind verfassungsrechtlich hinzunehmen, da sich die gesetzliche Regelung im ganzen für Ehegatten vorteilhaft auswirkt. Berücksichtigt man die hohen Ehegattenfreibeträge bei der Schenkung- und Erbschaftsteuer, so ist dies sicher zutreffend. Auch bei der Einkommensteuer wird sich eine Eheschließung, soweit sie möglich ist, in der Regel steuerlich positiv auswirken. Deshalb handelt es sich bei den angeblichen steuerlichen Nachteilen, die einer Eheschließung entgegenstehen, meist nur um Ausreden. So kann etwa die Einkunftsbegrenzung der Wohneigentums-Förderung nach § 10e EStG auch von Ehegatten dadurch „umgangen" werden, daß sie statt der Zusammenveranlagung die getrennte Veranlagung wählen. In Einzelfällen kann jedoch insbesondere unter Berücksichtigung einer Gewerbesteuerersparnis ein Zusammenleben ohne Trauschein steuerlich günstiger als eine Eheschließung sein.

## 2. Stehen unverheiratete Paare bei Sozialleistungen schlechter als Ehegatten?

**Beispiel:** Die 56jährige Frieda möchte den 60jährigen Martin nicht heiraten, da sie befürchtet, ihre Witwenrente, die sie von ihrem verstorbenen Mann bezieht, sowie ihre eigene Rente zu verlieren. Ihre Freundin hat ihr außerdem erklärt, wenn Martin versterbe, erhalte sie von ihm erst nach 5jähriger Ehe eine Rente. Die Enkelin Gabi lebt mit Dieter in „wilder Ehe"; ihre Eltern befürchten, daß beim Tode des „Schwiegersohnes" die Enkel keine Waisenrente erhalten werden.

Auch im Bereich der Sozialleistungen muß im Einzelfall entschieden werden, ob eine (mögliche) Eheschließung oder eine Lebensgemeinschaft ohne Trauschein die Partner besser stellt.

### a) Führt eine Eheschließung zum Verlust der Witwen- oder Witwerrente?

Eine Witwen- oder Witwerrente erhalten hinterbliebene Ehegatten nur, wenn sie nicht wieder heiraten (§ 46 SGB-VI). Bei der ersten Wiederheirat werden Witwen- oder Witwerrenten mit dem 24fachen Monatsbetrag der Rente abgefunden (§ 107 SGB-VI). Wird die neue Ehe geschieden, lebt der Anspruch auf Witwen- oder Witwerrente gegen den früheren Ehegatten wieder auf (Witwenrente oder Witwerrente nach dem vorletzten Ehegatten, § 46 Abs. 3 SGB-VI). Sie wird sogar unabhängig davon gezahlt, ob im Zeitpunkt der Wiederheirat Anspruch auf eine solche Rente bestand. Allerdings wird dann eine gezahlte Abfindung zum Teil und in monatlichen Beiträgen wieder einbehalten (§ 90 Abs. 3 SGB-VI).

### b) Bestehen Hinterbliebenenrenten beim Tode des Partners?

Nach dem Tod eines nichtehelichen Partners besteht für den Überlebenden kein Anspruch auf eine Hinterbliebenenversorgung. Diese setzt nach den gesetzlichen Vorschriften eine gültige Ehe voraus. Der hinterbliebene Ehegatte erhält nach neuem Rentenrecht ohne Rücksicht auf sein Lebensalter mindestens die kleine Witwen- oder Witwerrente, wenn der versicherte Ehegatte die allgemeine Wartezeit von fünf Jahren erfüllt hat; die Rente beträgt sodann 25% der Rente des Verstorbenen. Ist der überlebende Ehegatte zusätzlich schon 45 Jahre alt, hat er Kinder unter 18 Jahren zu erziehen oder ist er berufs- oder erwerbsunfähig, so steht ihm die große Witwen- oder Witwerrente in Höhe von 60% der Rente des Verstorbenen zu. Lernt eine Frau, die bereits 45 Jahre alt ist und die eine Witwenrente bezieht, einen Mann mit einer höheren Rente kennen, so kann ihr nach dessen Tode eine Rente zustehen, die unter Umständen höher ist als die nach dem Tod des ersten Ehemannes bezogene Rente. Eine bestimmte Dauer der Ehe ist nicht Voraussetzung für den Rentenbezug. Anders ist dies bei dem **Witwengeld** nach einem verstorbenen Beamten, wenn die Witwe zwanzig Jahre jünger als der Verstorbene ist. Hier tritt zunächst eine Kürzung ein, die erst nach fünfjähriger Ehe allmählich wieder ausgeglichen wird.

Kinder haben unabhängig davon, ob sie aus einer Ehe oder einer nichtehelichen Lebensgemeinschaft stammen, Anspruch auf eine Waisenrente (§ 48 SGB-VI). Eine Halbwaisenrente wird gezahlt, wenn der überlebende Elternteil nach bürgerlichem Recht unterhaltspflichtig ist. Ein Anspruch auf eine Vollwaisenrente besteht, wenn kein unterhaltspflichtiger Elternteil mehr vorhanden ist. In beiden Fällen muß der verstorbene Elternteil die allgemeine Wartezeit von fünf Jahren erfüllt haben. Die Waisenrente setzt sich aus einem beitragsabhängigen Bestandteil (10% der Versichertenrente bei Halbwaisen, 20% bei Vollwaisen) und einem beitragsunabhängigen Zuschlag zusammen. Sie endet mit Vollendung des 18. Lebensjahres. Für Waisen, die sich in Schul- oder Berufsausbildung befinden oder ein freiwilliges soziales Jahr leisten, verlängert sich dieser Zeitraum bis zur Vollendung des 27. Lebensjahres. Eigene Einkünfte sind zum Teil anzurechnen, soweit sie einen bestimmten Freibetrag übersteigen.

### c) Welche Vor- und Nachteile ergeben sich in anderen Bereichen staatlicher Leistungen?

**Beispiel:** Gabi studiert noch und erhält „BAföG". Ihr Freund Dieter arbeitet als Bankkaufmann. Gabi möchte wissen, ob sie bei einer Eheschließung ihre Ausbildungsförderung verlieren würde. Außerdem ist ihr unklar, ob sie sich selbst krankenversichern muß und was bei Arbeitslosigkeit und beim Bezug von Sozialhilfe gilt. Dieter meint, nachdem sie als Unverheiratete keine staatlichen Vorteile hätten, dürften ihnen auch keine Nachteile aus ihrem Zusammenleben erwachsen.

§ 122 Bundessozialhilfegesetz (BSHG) bestimmt: „Personen, die in eheähnlicher Gemeinschaft leben, dürfen hinsichtlich der Voraussetzungen sowie des Umfanges der Sozialhilfe nicht besser gestellt werden als Ehegatten." Bei der Frage, ob ein Anspruch auf **Arbeitslosenhilfe** besteht, die – anders als das Arbeitslosengeld – nur bei Bedürftigkeit des Arbeitslosen bezahlt wird, sind das Einkommen und Vermögen einer Person, die mit dem Arbeitslosen in eheähnlicher Gemeinschaft lebt, wie das Einkommen und Vermögen eines nicht dauernd getrennt lebenden Ehegatten zu berücksichtigen (§ 137 Abs. 2a Arbeitsförderungsgesetz). Allerdings muß der sog. Selbstbehalt von derzeit 650,– DM aufgrund der Entscheidung des Bundesverfassungsgerichts vom 17. November 1992 aufgehoben werden. Gemäß § 18 Abs. 2 Nr. 2 Wohngeldgesetz wird Wohngeld nicht gewährt, soweit ein Anspruchsberechtigter, der mit Personen, die keine Familienmitglieder im Sinne dieses Gesetzes sind, eine Wohn- und Wirtschaftsgemeinschaft führt, besser gestellt wäre als im Rahmen eines Einfamilienhaushalts entsprechender Größe; das Bestehen einer Wirtschaftsgemeinschaft wird vermutet, wenn der Antragsberechtigte und die betreffenden Personen Wohnraum gemeinsam bewohnen.

Diese drei Sonderbestimmungen im Bereich der Sozial- und Arbeitslosenhilfe sowie des Wohngeldes sollen verhindern, daß Ehegatten schlechter gestellt sind als eine eheähnliche Gemeinschaft. Es gibt jedoch auch Bereiche, in denen Partner einer nichtehelichen Lebensgemeinschaft gegenüber Verheirateten insofern besser stehen, als bestimmte Ansprüche nur durch eine Eheschließung, nicht aber durch ein unverheiratetes Zusammenleben verlorengehen. Bereits behandelt wurden die Ansprüche auf eine **Witwen-** bzw. **Witwerrente**. Ferner genießen Ledige z. B. im Bereich des **Kindergeldrechts**, im Recht des Erziehungsgeldgesetzes und bei der Ausbildungsförderung in bestimmten Fällen der Bedarfsbestimmung den Vorteil, daß das Einkommen ihres Partners ohne Belang ist, während bei Verheirateten das Einkommen des Ehegatten berücksichtigt wird (Vgl. § 10 BKGG, § 5 BErzGG u. § 25 BAföG). Umgekehrt sind die Partner einer nichtehelichen Lebensgemeinschaft von Vergünstigungen ausgeschlossen, die einem Ehegatten ohne Beitragsleistung zustehen. Wichtig ist hier vor allem die **Familienversicherung** (§ 10 SGB-V) **der gesetzlichen Krankenkassen**, wonach ein Ehegatte, der einen bestimmten Höchstsatz der eigenen Einkünfte (derzeit: 500,– DM monatlich) nicht überschreitet, kostenlos mitversichert ist. Außerdem genießen Verheiratete bei der Berechnung des Arbeitslosengeldes und der Arbeitslosenhilfe (§ 111, 136 AFG) sowie bei der Anrechnung von Einkünften nach § 23 BAföG Vergünstigungen.

## IV. Fazit: Rechnen und Regeln statt Händchenhalten!

### 1. Ehe – ja oder nein?

**Beispiel:** Gerda und Claudia wollen heiraten, dürfen aber nicht. Gabi und Dieter dürfen heiraten, wollen aber nicht. Und Martin und Frieda kennen sich nicht mehr aus.

Soll man heute noch heiraten? Diese Frage kann sich nur für Paare stellen, die überhaupt heiraten können. Dies sind nach derzeit geltendem (ungeschriebenen) Recht nur Personen verschiedenen Geschlechts, die zudem unverheiratet sein müssen (§ 5 Ehegesetz). Damit stellt sich die vorstehende Frage für gleichgeschlechtliche und solche Partnerschaften nicht, in denen der eine Partner noch verheiratet ist. Ihnen bleibt „nur" die nichteheliche Lebensgemeinschaft. Ist eine Eheschließung möglich, so kann neben der wechselseitigen Zuneigung durchaus auch der Rechenstift mitentscheiden. Nachdem Meinungsumfragen gezeigt haben, daß die große Mehrheit einem unverheirateten Zusammenleben aufgeschlossen, teilweise sogar befürwortend gegenübersteht, dürfte die Angst vor sozialer Diskriminierung kaum noch eine ausschlaggebende Rolle spielen. Die Familienplanung kann sicherlich ein wichtiges Argument sein. Allerdings hat selbst das Bundesverfassungsgericht (vgl. Anhang 1.) die Meinung vertreten, daß Kinder ebenso gut in einer „wilden Ehe" aufwachsen könnten. Entscheidend für die Kinder ist sicherlich, ob die Partnerschaft funktioniert, und nicht, ob sie standesamtlich „abgesegnet" ist.

Dagegen kann der Verlust einer stattlichen Witwenrente oder monatlicher „BAföG"-Zahlungen durchaus entscheidend sein. Wenn auch allein die Steuer weder eine Ehe stiften noch sie verhindern sollte, so können doch in Einzelfällen steuerliche Gesichtspunkte zumindest eine spätere Eheschließung, etwa nach einem Wohnungskauf, als ratsam erscheinen lassen.

Zusammenfassend kann man sagen, daß ein Paar stets alle Vor- und Nachteile in die Vergleichsrechnung miteinbeziehen muß, bevor es sich allein aus wirtschaftlichen Erwägungen für oder gegen eine Ehe entscheidet. So kann beispielsweise der steuerliche Vorteil bei der Einkommensteuer beim Unfalltod des Partners sehr schnell zum erbschaftsteuerlichen Desaster werden, bei dem letztlich doch das Finanzamt „gewinnt".

Schließlich spielen bei einer Eheschließung – zum Glück – noch andere Erwägungen als wirtschaftliche und rationale eine Rolle. Und sei es nur deswegen, weil niemand mehr nach unsern Tugenden, nach unsern Mängeln fragt, wenn wir verheiratet sind (Goethe). Vorher aber darf und sollte man den Partner fragen. Deshalb werden bei einer „Ehe auf Probe", die dazu dient auszuprobieren, ob die große Liebe im Alltag ein Leben lang hält, auch die obigen rationalen Erwägungen eher von sekundärer Bedeutung sein. Es kommt somit nicht zuletzt auch auf die Motivationslage des betroffenen Paares an. Schlechte Erfahrungen mit einer früheren Ehescheidung allein sollten allerdings kein Grund für eine Entscheidung gegen die Ehe sein. Die Probleme und manche Ungerechtigkeiten des Scheidungsfolgenrechts lassen sich nämlich durch einen Ehevertrag in den Griff bekommen.

## 2. Pro und Kontra Partnerschaftsvertrag

**Beispiel:** Martin und Frieda wissen, daß sie „Zusammenbleiben". Heiraten wollen sie allerdings nicht. Martin hat sich ein zehnseitiges Muster eines „Partnerschaftsvertrages" gekauft, sämtliche Regelungen durchgelesen und die entsprechenden Kästchen angekreuzt. Frieda meint, „so etwas" bräuchten sie nicht, schließlich würden sie sich doch lieben.

Muster für Partnerschaftsverträge sollen einerseits möglichst vollständig sein, andererseits kann ein umfangreicher Standardvertrag gerade für eine konkrete Lebensgemeinschaft überflüssig sein. So kann es im Einzelfall genügen, nur eine Regelung bezüglich einer besonders wertvollen Anschaffung zu treffen. Bei einer

„Ehe auf Probe" kann sogar jedwede Vereinbarung überflüssig sein. Welche Regelungen für ihren konkreten Fall erforderlich oder zweckmäßig sind, können die Partner an Hand eines Mustervertrages prüfen. Zugegebenermaßen schreckt ein vorgedrucktes Formular ab, in das nur noch Namen und Adresse eingesetzt und dann durch ein Kreuz ins richtige Kästchen über das gemeinsame Leben entschieden wird. Formulierungsvorschläge und -alternativen sollen vielmehr nur Hilfestellungen geben, indem sie in der Art einer Check-Liste auf wichtige Problembereiche hinweisen. Häufig wird man sich im konkreten Fall mit der Regelung von Einzelpunkten begnügen können.

Die Praxis zeigt aber auch, daß manche Schwierigkeiten, die auftreten können, mitunter von den Partnern nicht erkannt werden. Gerichte, die später über Streitigkeiten entscheiden, weisen die Beteiligten in den meisten Fällen darauf hin, daß sie die betreffende Frage hätten regeln können und sollen. Eine **vernünftige vertragliche Regelung** stellt nicht nur eine eigene Absicherung für den Fall einer Trennung dar. Die Vorsorge für den Partner ist nicht nur ein Gebot der Fairness, sondern gerade auch ein Zeichen von Liebe. Es empfiehlt sich deshalb, die in den nachfolgenden Kapiteln behandelten Fragen gemeinsam mit dem Partner zu besprechen und – soweit die Formulierungsvorschläge nicht ausreichen – einen Mustervertrag heranzuziehen. Bei komplizierten Problemen sollten die Beteiligten den Rat eines erfahrenen Vertragsjuristen, insbesondere eines Notars, der verpflichtet ist, sie unparteiisch zu beraten, einholen.

# 2. Kapitel:
# Verlobung und nichteheliche Lebensgemeinschaft

## I. Zur Abgrenzung zwischen Brautstand und Zusammenleben

### 1. Wann ist man verlobt?

**Beispiel:** Martin und Frieda leben seit acht Jahren in einer Wohnung zusammen. Beiden ist klar, daß sie „irgendwann", spätestens wenn Kinder „kommen", heiraten werden. Da lernt Martin Gerda kennen und verliebt sich unsterblich in sie. Frieda möchte ihre „Unkosten" ersetzt, schließlich seien sie verlobt gewesen. Martin habe Frieda sogar einmal als seine Braut vorgestellt. Irene hat sich mit ihrer Freundin Gabi verlobt und möchte dieses Ereignis groß feiern.

Unter einem Verlöbnis versteht man sowohl das der Eheschließung vorausgehende ernstliche, gegenseitige Versprechen eines Mannes und einer Frau, die Ehe miteinander einzugehen, als auch das dadurch begründete Rechtsverhältnis, den sog. Brautstand. Da das Verlöbnis auf die Eheschließung gerichtet ist, ist es nur zwischen einem Mann und einer Frau möglich. Verlobungen zwischen gleichgeschlechtlichen Partnern und mehreren Personen erzeugen deshalb keinerlei Rechtswirkungen.

Das Verlöbnis ging lange Zeit traditionell der Ehe voraus, wurde im Familienkreis gefeiert und öffentlich bekanntgegeben. Allerdings warnte bereits der Freiherr von Knigge vor einem unbedachten Schritt: „In den Jahren, in welchen so gern das Herz mit dem Kopfe davonläuft, bauet so mancher das Unglück seines Lebens durch übereilte Eheversprechungen. Im Taumel der Liebe vergißt der Jüngling, wie wichtig ein solcher Schritt ist, wie, von allen Verbindlichkeiten, die man übernehmen kann, diese die schwerste, die gefährlichste und leider! die unauflöslichste ist. Er verbindet sich auf ewig mit einem Geschöpfe, daß sich seinen von Leidenschaft geblendeten Augen ganz anders darstellt, als es ihn nachher die nüchterne Vernunft kennen lehrt, und dann hat er sich eine Hölle auf Erden bereitet; oder er vergißt, daß mit einer solchen Verbindung die Bedürfnisse, Sorgen und Arbeiten wachsen, und muß er, an der Seite eines innigstgeliebten Weibes, mit Mangel und Kummer kämpfen und doppelt alle Schläge des Schicksals fühlen; oder er bricht sein Wort, wenn ihm vor der priesterlichen Einsegnung noch die Augen aufgehen; und dann sind Gewissensbisse sein Teil. – Allein, was vermögen Rat und Warnung im Augenblicke des Rausches?".

Ein Verlöbnis ist an keine Form gebunden. Ein Ringwechsel, eine Verlobungsfeier und die Versendung von Verlobungsanzeigen sind deshalb nicht erforderlich. Ein Verlöbnis kann auch unter einer Bedingung erfolgen, z. B. wenn die Partnerin schwanger werden sollte, zum Geschlechtsverkehr bereit ist etc. Eine Verlobung kann nur höchstpersönlich, also nicht durch einen Vertreter, erfolgen. Der geheime Vorbehalt, sich in Wirklichkeit nicht verloben zu wollen, ist unbeachtlich. Ob sich auch minderjährige Personen, die das 16. Lebensjahr vollendet haben, verloben können, ist fraglich. Läßt man die Einsichtsfähigkeit genügen, ist dies möglich; allerdings treten die wirtschaftlichen Folgen der Verlobung für den Minderjährigen nur mit Zustimmung des gesetzlichen Vertreters ein. Eine Verlobung ist nach der Rechtsprechung unwirksam, solange noch ein Partner verheiratet ist. Zum Schutz des anderen Teils sind jedoch zu seinen Gunsten die Rückabwicklungsvorschriften der §§ 1298 ff. BGB entsprechend anwendbar.

Die Verlobung beinhaltet (noch) keine Wohn- und Lebensgemeinschaft, schließt diese jedoch auch nicht aus. Andererseits führt nicht jedes Zusammenleben automatisch zu einer Verlobung. Allein die vage Aussicht, irgendwann vielleicht zu heiraten, führt nicht zu den Rechtswirkungen einer Verlobung. Dies gilt in gleicher Weise, wenn beide Partner sich nur einig waren, daß eine spätere Ehe nicht ausgeschlossen sein sollte. Auch der einseitige Wunsch eines Teils zu heiraten, begründet kein Verlöbnis. Entscheidend ist, daß sich beide Partner übereinstimmend versprechen, die Ehe einzugehen. Die üblichen Formen sind hierfür sicher gewichtige Indizien. **Beweispflichtig** für das Vorliegen eines rechtswirksamen Verlöbnisses ist derjenige Partner, der sich darauf beruft.

## 2. Welche Wirkungen hat ein Verlöbnis?

**Beispiel:** Martin und Frieda haben sich verlobt. Frieda möchte wissen, ob sie bei einem Tod ihres Bräutigams erbberechtigt ist. Martin will Frieda auf seiner Lohnsteuerkarte eintragen lassen und geht davon aus, daß sie ihn nun nicht länger auf die „Hochzeitsnacht" vertrösten dürfe.

Die Rechtswirkungen eines Verlöbnisses sind während seines Bestehens gering. Es begründet zwar grundsätzlich die Verpflichtung zur Eheschließung. Diese ist allerdings weder direkt noch indirekt erzwingbar. Eine Klage auf Eheschließung ist ausgeschlossen; die Vereinbarung einer Vertragsstrafe für den Fall, daß die Eheschließung unterbleibt, ist unwirksam (§ 1297 BGB). Der Wille zur Eheschließung soll auch nach einem Eheversprechen frei bleiben. Ein diesbezüglicher „Versprecher" kann allerdings bei einer späteren besseren Erkenntnis teuer werden, da der Gesetzgeber an einen Bruch des Verlöbnisses Rechtsfolgen geknüpft hat.

Verlobte sind weder erbberechtigt noch im Einkommensteuerrecht Ehegatten gleichgestellt. Sie können aber – ebenso wie nicht verlobte Paare – vor einem Notar einen Ehevertrag für ihre künftige Ehe schließen. Auch ein **notarieller Erbvertrag** ist, da er auch zwischen völlig fremden Personen zulässig ist, möglich. Versperrt bleiben ihnen dagegen das Ehegattentestament, das nur verheirateten Personen offensteht. Berücksichtigt werden dagegen die engen persönlichen Beziehungen der „Brautleute" im Prozeßrecht. Ihnen steht in Strafprozessen und anderen Verfahren ein **Zeugnisverweigerungsrecht** zu. Voraussetzung ist auch hier das Bestehen eines „wirksamen" Verlöbnisses.

## II. Ansprüche bei der „geplatzten" Verlobung

### 1. Rückgabe der Geschenke

**Beispiel:** Martin und Frieda erkennen nach zweijähriger Verlobung, daß sie nicht zusammenpassen. Martin fordert von Frieda den Verlobungsring zurück, den diese verloren hat. Frieda ist über diese „Geschmacklosigkeit" entrüstet und verlangt nun sämtliche Geburtstags- und Weihnachtsgeschenke sowie ihre Liebesbriefe und Fotografien zurück.

Nach § 1301 BGB kann, wenn die Eheschließung unterbleibt, jeder Verlobte von dem anderen die Herausgabe dessen, was er ihm geschenkt oder zum Zeichen des Verlöbnisses gegeben hat, soweit der andere noch bereichert ist, zurückfordern. Der Anspruch hat zur Voraussetzung, daß die Beteiligten zur Zeit der Hingabe des Geschenkes bereits verlobt waren. Geschenke, die in der Zeit der „Werbung" gemacht wurden, um sich den Partner gewogen zu machen, unterliegen nicht der Rückgabepflicht. Auch Anstandsgeschenke, z. B. Geburtstags- und Weihnachtsgeschenke, sind nicht rückforderbar. Andererseits umfaßt die Rechtsvorschrift Zuwendungen im weitesten Sinne, also nicht nur Geschenke im herkömmlichen Sinne. Aus diesem Grunde kann auch der Erlaß von Reparaturkosten, die durch einen verschuldeten Unfall der „Braut" am Auto des Mannes entstanden, hierunter fallen. Unter den Juristen ist heftig umstritten, ob auch sog. Brautbriefe und Fotografien nach einer Trennung zurückgegeben werden müssen. Wegen des weiten Geschenkbegriffs wird man diese Frage wohl bejahen müssen.

Zurückgegeben werden muß stets nur eine Zuwendung, die noch vorhanden ist. Ist das geschenkte Kostüm zwischenzeitlich in der Altkleidersammlung gelandet, erhält es auch der Bräutigam nicht zurück.

**Beispiel:** Martin liest in Goethes Clavigo: „Daß du sie liebtest, das war natürlich, daß du ihr die Ehe versprachest, war eine Narrheit, und wenn du Wort gehalten hättest, wär's gar Raserei gewesen." Da er dem alten Dichterfürsten glaubt und auch sonst Bedenken hinsichtlich einer lebenslangen Ehe mit Frieda hat, trennt er sich von ihr. Erst später erfährt er, daß ihn Frieda mehrfach mit anderen Männer betrogen hat. Daraufhin möchte er ihr keinesfalls mehr eine ihm geschenkte antike Büste zurückgeben.

Der Anspruch auf Rückgabe von Geschenken besteht grundsätzlich unabhängig davon, wer die Verlobung aufgekündigt oder hierzu einen Grund gesetzt hat. Deshalb kann auch derjenige Verlobte seine Zuwendungen zurückfordern, der die Verlobung „platzen" ließ. Der grundlos vom Verlöbnis zurücktretende Verlobte wird wegen dieses Rücktritts nicht mit der Versagung des Anspruchs auf Rückgewähr der von ihm gemachten Geschenke bestraft. Treten jedoch besondere Umstände hinzu, so kann die Eheschließung als wider Treu und Glauben vereitelt angesehen werden. Folge ist, daß der „schuldige" Verlobte vom anderen Teil die Rückgabe der während des Verlöbnisses gemachten Geschenke nicht verlangen kann. Zu bejahen ist ein solches Verhalten, wenn ein Verlobter bereits die Absicht der Auflösung des Verlöbnisses hegt, mit der Verwirklichung aber wartet, um noch ein bestimmtes Geschenk zu erhalten. Hat allerdings ein Verlobter einen wichtigen, nicht von ihm verschuldeten Grund zum Rücktritt, so kann nicht gesagt werden, daß er die Eheschließung wider Treu und Glauben vereitelt hätte. Dieser wichtige Grund muß bereits im Zeitpunkt der Erklärung des Rücktritts bestanden haben. Unerheblich ist, ob er dem Zurücktretenden bekannt war und ob dieser den Rücktritt aus einem anderen Grund ausgesprochen hat.

## 2. Schadensersatzansprüche des Partners und Dritter

**Beispiel:** Martin ist mit Frieda verlobt. Kurz vor der Heirat lernt er Gerda kennen. Da er zwischen zwei Gefühlen steht, will er sich von Frieda nicht trennen. Dieser reicht es; sie tritt von der Verlobung zurück und fordert Erstattung der Kosten für die bereits gedruckten Hochzeitskarten und einer gemeinsamen Vergnügungsreise. Frieda hat wegen der Verlobung mit Martin ferner den Heiratsantrag des reichen Dieter ausgeschlagen. Ihre Eltern haben das Brautkleid bezahlt und wollen ebenfalls ihr Geld zurück.

Derjenige Verlobte, der entweder ohne wichtigen Grund vom Verlöbnis zurückgetreten ist oder den Rücktritt des anderen durch ein Verschulden, das einen wichtigen Grund für den Rücktritt bildet, veranlaßt hat, macht sich schadensersatzpflichtig (§§ 1298, 1299 BGB). Der Rücktritt kann nur durch den Verlobten persönlich erklärt werden. Die „Schwiegereltern in spe" können deshalb dem treulosen Verlobten ihrer Tochter nicht den Laufpaß geben. Dies gilt selbst dann, wenn diese noch minderjährig ist. Der Rücktritt wird häufig lautstark erklärt; er kann aber auch stillschweigend durch einen Abbruch des Kontakts erfolgen. Stets muß er dem anderen Teil und nicht nur der besten Freundin oder Arbeitskollegen deutlich werden.

Entscheidend für die Schadensersatzpflicht ist das Fehlen bzw. Bestehen eines wichtigen Grundes für den Rücktritt. Hierzu gehören Untreue, grundlose Verzögerung der Eheschließung, Krankheiten, deren Vorliegen für den Heiratsentschluß relevant ist, und negative Umstände, die bei Eingehung des Verlöbnisses unbekannt waren. Haben beide Verlobte Rücktrittsgründe, so steht keinem ein Ersatzanspruch zu.

Zu ersetzen sind Schäden, die daraus entstanden sind, daß der Geschädigte in Erwartung der Ehe Aufwendungen gemacht hat oder Verbindlichkeiten eingegangen ist. Anspruchsberechtigt sind neben dem „schuldlosen" Verlobten dessen Eltern und dritte Personen, die an Stelle der Eltern gehandelt haben. Dem Verlobten, nicht aber anderen Personen, sind auch solche Schäden zu ersetzen, die dieser dadurch erleidet, daß er in Erwartung der Ehe sonstige sein Vermögen oder seine Erwerbsstellung berührende Maßnahmen getroffen hat. Die Schadensersatzpflicht ist stets auf diejenigen Maßnahmen begrenzt, die den Umständen nach angemessen waren.

Nicht zu ersetzen sind deshalb insbesondere finanzielle Beiträge eines Verlobten zu den Kosten des Zusammenlebens wie z. B. für Reisen, Miete, Lebensunterhalt sowie Gelegenheitsgeschenke. Auch Gesundheitsschäden und „Verluste" bei Ausschlagung eines günstigeren Heiratsangebots fallen nicht unter die ersatzpflichtigen Aufwendungen. Dagegen zählen hierzu Anschaffungen für den künftigen gemeinschaftlichen Haushalt, die Kosten der Verlobungsfeier, die Miete der künftigen Ehewohnung und die Buchung der Hochzeitsreise. Wer dagegen das Heiratsrisiko bewußt übernimmt, z. B. einer Asiatin die Ausreise nach Deutschland bezahlt, kann nicht später Ersatz verlangen.

Als Maßnahmen, die nur den Verlobten selbst, nicht aber Dritten, zu ersetzen sind, kommen vor allem die Kündigung einer Anstellung, der Verkauf eines Grundbesitzes und die Aufgabe eines Gewerbebetriebes in Betracht. Zu bezahlen ist beispielsweise der Verdienstausfall der Sekretärin bis zur Wiedererlangung einer angemessenen Beschäftigung, wenn diese ihre bisherige Stelle wegen eines Umzugs nach der geplanten Eheschließung gekündigt hatte. Allerdings darf dies erst kurz vor der Heirat geschehen. Unproblematisch ist es, wenn eine derartige Maßnahme in Absprache mit dem Partner geschieht. Dagegen können einseitige, unüberlegte Entscheidungen, insbesondere bei Aufgabe guter beruflicher Positionen, nicht auf den anderen Verlobten abgewälzt werden.

### 3. Kranzgeld und Schmerzensgeld

#### a) Was bedeutet und wann gibt es Kranzgeld?

**Beispiel:** Die verwitwete Frieda fährt mit ihrem Verlobten in Urlaub und „schläft" mit ihm. Als Martin ein Jahr später die Verlobung löst, möchte Frieda als „sitzengelassene Verlobte" ein Schmerzensgeld. Martin ist bereit, ihr 200,– DM zu geben, mehr hätte er auch „anderswo" nicht bezahlen müssen.

Hat eine unbescholtene Verlobte ihrem Partner die Beiwohnung gestattet, kann sie, wenn dieser von der Verlobung zurücktritt oder ihr dafür einen wichtigen Grund liefert, eine billige Entschädigung in Geld verlangen (§ 1300 BGB). Diese Vorschrift will der verlassenen Braut, deren Chancen, einen neuen Partner oder Ehegatten zu finden, in früherer Zeit erheblich vermindert waren, einen Ausgleich gewähren. Wer dabei nur an die verlorene „Jungfräulichkeit" denkt, irrt: Auch eine geschiedene oder verwitwete Frau kann unbescholten sein, denn Unbescholtenheit bedeutet Unversehrtheit der Geschlechtsehre. Freiwilliger früherer außerehelicher Geschlechtsverkehr mit anderen Männern, auch mit einem Ex-Verlobten, schließt die Unbescholtenheit aus. Doch soll sich der Verlobte auf die Bescholtenheit der Braut, zu der er selbst oder – unter Alkoholeinfluß – gemeinsam mit anderen Männern beigetragen hat, nicht berufen können. Angesichts gewandelter Sexualanschauungen, die nicht allein Männern ein voreheliches „Hörner-Abstoßen" erlauben, können der Umwelt verborgen gebliebene „Ausrutscher" einer Frau in Urlaubsstimmung wohl nicht mehr zur Bescholtenheit führen. Vielmehr wird man fordern müssen, daß auch in den Augen Dritter die gute Meinung von dem sittlichen Wert der „Frauensperson Einbuße erlitten hat". Praktische Bedeutung sollte diese Vorschrift wirklich nur noch dann haben, wenn eine verlassene Braut infolge einer Schwangerschaft oder aufgrund der religiösen oder kulturellen Moralvorstellungen ihres informierten Umfeldes tatsächlich Nachteile erleidet.

Auch der Bundesgerichtshof hat im Jahr 1974 die gesetzgeberische Vorstellung als überholt angesehen, daß sich die Braut dem drängenden Verlobten hingibt, d. h. die Beiwohnung (unbeteiligt) gestattet. Gleichwohl hat es das Begehren der betroffenen Frau, die offenbar wiederholt dem Drängen „nachgegeben" hatte, folgendermaßen gerechtfertigt: „Wenn das Bürgerliche Gesetzbuch nach einem mit Geschlechtsverkehr verbunden und grundlos aufgelösten Verlöbnis nur der Frau einen Entschädigungsanspruch gibt, so liegt dem entscheidend die nach Ansicht des Gesetzgebers gebotene Berücksichtigung der besonderen biologischen und seelischen Eigenart der Frau zugrunde. Die Frau, die sich zum Geschlechtsverkehr entschließt, hat mehr einzusetzen, da bei ihr als Folge eine Schwangerschaft eintreten kann. Kommt es zur Schwangerschaft, so ist es offenkundig, daß die Frau durch den

Bruch des Verlöbnisses schwerer betroffen ist als der Mann. Mit
den biologischen Unterschieden hängt es zusammen, daß auch die
gefühlsmäßige Reaktion der Frau in diesem Bereich eigenständige
emotionale Züge zeigt. Die Enttäuschung über den Vertrauens-
bruch und über das Nichtzustandekommen der versprochenen
Eheschließung wird im allgemeinen in der Erlebniswelt der Frau
eine größere Rolle spielen als in der Erlebniswelt des Mannes ...
Was schließlich die gesellschaftliche Würdigung des Geschlechts-
verkehrs unter Verlobten angeht, so ist bei der heute vorherr-
schenden Toleranz nicht daran vorbeizukommen, daß in einigen
Kreisen gegenüber der Frau ein strengerer Maßstab angelegt wird
als gegenüber dem Mann. Die Mißbilligung dieser unterschiedlichen Wertung (der natürlich eine „doppelte Moral" zugrunde-
liegt) ändert nichts daran, daß Frauen hierdurch ernstlich betroffen sein können. Für die gesellschaftlichen Auswirkungen kann
im übrigen der Lebenskreis der Verlobten (einschließlich der
Landschaft) eine Rolle spielen".

Mit diesen hehren Ausführungen wurde die Zubilligung eines
Anspruchs auf Zahlung von 1500,– DM verteidigt. Folgt man
ihnen, so ist die Unbescholtenheit eines katholischen Mädchens
vom Lande „teurer" als diejenige einer konfessionslosen Groß-
stadtstudentin. Die Klagen sind nicht zuletzt deshalb selten
geworden. Zugesprochen werden zwischen 500,– DM und 2000,–
DM. Die obsiegende Klägerin muß angesichts dieser Praxis mit
der zynischen Aussage ihres Ex-Verlobten rechnen, dies sei ihm
der „Spaß" schon wert gewesen.

### b) Gibt es Schmerzensgeld für den verlassenen Partner?

**Beispiel:** Martin und Frieda lernen sich 1981 kennen und verlieben sich
sofort ineinander. Frieda drängt Martin, der noch verheiratet ist, sich
scheiden zu lassen. Martin erklärt von Ende 1984 bis Anfang 1987 wiederholt, er werde sich scheiden lassen. Er weiß, daß ihn Frieda heiraten
möchte. Diese fällt aus allen Wolken, als sie von Dritten erfährt, daß
Martin „eine glückliche Ehe" führt. Sie fordert ein angemessenes
Schmerzensgeld für sechs „verlorene" Jahre.

Einen Ersatz für einen Schaden, der nicht in einer Vermögenseinbuße besteht, gewährt das Gesetz nur in wenigen Fällen.
Typisch ist die Körperverletzung bei einem Unfall. Dagegen werden diejenigen seelischen Schmerzen, die menschliche Enttäu-

schungen bereiten, im Regelfall nicht entschädigt. Der verlassene Verlobte oder nichtverlobte Partner erhält deshalb ebensowenig ein Schmerzensgeld wie ein verlassener Ehegatte. Dies gilt nach der Rechtsprechung im besonderen Maße für den „Ehestörer". Wer nämlich selbst an der Untreue des Ehegatten gegenüber seinem Partner teilnehme, habe nicht das Recht, für sich Treue in Anspruch zu nehmen. Man kann dies auf die kurze Formel bringen: Das geltende Recht schützt nicht das Vertrauen eines Ehestörers auf Scheidung.

Allerdings hat das Oberlandesgericht Hamm in einem vielbeachteten Urteil aus dem Jahre 1981 einen verheirateten Mann, der einer Frau, mit der er intime Beziehungen unterhielt, wahrheitswidrig die Scheidung seiner Ehe in Aussicht stellte und ihr eine anschließende Heirat versprach, zur Zahlung von 5000,– DM Schmerzensgeld verurteilt. Der Mann habe seine Geliebte durch Vorspiegeln einer nicht vorhandenen Scheidungsabsicht in der ohnehin problematischen Entscheidung bestärkt, ein Verhältnis mit einem verheirateten Mann über lange Zeit fortzusetzen. Damit habe er in die Entschließungsfreiheit der Frau eingegriffen und ihr Persönlichkeitsrecht verletzt. Darüber hinaus sei durch dieses Verhalten die betroffene Frau in ihrem Freundes- und Bekanntenkreis dem Gespött ausgesetzt gewesen. Ob diese Entscheidung über den Einzelfall hinaus Bedeutung haben wird, ist fraglich. Zunächst ist jedoch nicht nur vor übereilten Heirats-, sondern auch vor Scheidungsversprechen gegenüber dem Partner Vorsicht geboten!

### 4. Verjährung

Die Anspruch auf Schadensersatz und Geschenkrückgabe sowie auf das Kranzgeld verjähren in zwei Jahren nach Auflösung des Verlöbnisses (§ 1302 BGB). Für einen etwaigen Anspruch auf Schmerzensgeld gilt die dreijährige Verjährung des § 852 BGB, die grundsätzlich mit der Kenntnis vom Schaden und der Person des Ersatzpflichtigen beginnt.

### 5. Was gilt in den neuen Bundesländern?

**Beispiel:** Dieter und Gerda haben sich 1989 in Dresden verlobt. Dieter geht 1991 in die alten Bundesländer, lernt dort Frieda kennen und trennt sich von Gerda. Diese möchte wenigstens ihre Geschenke zurück.

In der früheren DDR war das Verlöbnis in § 5 Abs. 3 Satz 2 FGB bekannt. Es sollte den Willen der Partner zur ernsthaften Prüfung der Voraussetzungen für eine Eheschließung und eine Familiengründung zum Ausdruck bringen. Weitergehende Rechtsfolgen waren damit nicht verbunden. Aus diesem Grund finden auf Verlöbnisse, die vor dem 3. 10. 1990 geschlossen wurden, die Vorschriften des BGB über das Verlöbnis (§§ 1298–1302 BGB) keine Anwendung (Art. 234 § 2 EGBGB).

### III. Folgen bei gemeinsamer Eheschließung oder Tod eines Verlobten

Ein Verlöbnis endet – außer durch Trennung – durch Eheschließung oder den Tod eines Partners. Der Gesetzgeber hat die anschließende Heirat als „Normalfall" angesehen und ging sicherlich davon aus, daß ein Zusammenleben erst mit Trauschein erfolgt. Die mehrjährige Verlobung in einem Haushalt ist dagegen offen geblieben. Hieraus können sich für die Betroffenen Probleme ergeben.

### 1. *Werden Aufwendungen bei einer späteren Scheidung ersetzt?*

**Beispiel:** Martin und Frieda ziehen nach ihrer Eheschließung in das neue Einfamilienhaus, das in den vorausgegangenen beiden Jahren auf dem im Alleineigentum von Martin stehenden Grundstück gebaut worden war. In diesem Zeitraum waren Martin und Frieda bereits verlobt. Frieda hat für Baumaterialien und Handwerkerrechnungen ca. 55 000,– DM aufgebracht. Ihr pensionierter Vater arbeitete am Bau tatkräftig mit. Zehn Jahre später lassen sich Frieda und Martin scheiden, da Frieda bereits nach fünfjähriger Ehe zu ihrem Liebhaber zog. Frieda fordert ihre Aufwendungen zurück und Ersatz für die Arbeitsstunden ihres Vaters. Der Hausbau habe der Schaffung eines Familienwohnheims gedient, dieser Zweck sei nicht mehr zu erreichen. Martin wendet ein, Frieda sei schließlich freiwillig gegangen.

Die bisher dargestellten Gesetzesbestimmungen betreffen nur die Ersatzpflicht bei einem „geplatzten" Verlöbnis. Die Situation der gelungenen Verlobung, aber der anschließenden gescheiterten Ehe regelt das Gesetz im Ehegüterrecht. Dieses setzt jedoch für eine Vermögensauseinandersetzung nach einer Scheidung erst bei der standesamtlichen Trauung ein. Die heute immer häufigere Abfolge „Erst das Eigenheim, dann Standesamt und Kirche" vollzieht sich scheinbar im juristischen Niemandsland: Das Verlobungsrecht sieht keinen Ausgleich vor, das Ehegüterrecht gilt dafür noch nicht.

Die Rechtsprechung hat in dieser Lage allerdings geholfen. Wenn Leistungen erheblichen Umfangs in der Verlobungszeit dazu dienen, die Voraussetzungen für die Verwirklichung der später tatsächlich zustande gekommenen ehelichen Lebensgemeinschaft zu schaffen, ohne daß besondere Abreden getroffen worden sind oder die Leistungen bei Scheitern der Ehe gesetzlich, insbesondere durch den Zugewinnausgleich, ausgeglichen werden, steht dem Leistenden ein Ausgleichsanspruch zu, wenn die alsdann geschlossene Ehe scheitert. Diesem ist es nicht zuzumuten, dem Partner diesen Vorteil zu belassen. Zu den zu erstattenden Aufwendungen gehören auch Arbeitsleistungen, die nahe Familienangehörige des später benachteiligten Ehegatten erbringen. Wer das Scheitern der Ehe zu verantworten hat, ist unerheblich; auch derjenige, der aus der Ehe „ausbricht", kann den Ausgleich verlangen. Der ergänzende Ausgleichsanspruch bemißt sich im gesetzlichen Güterstand grundsätzlich danach, was sich für den betroffenen Ehegatten als Mehr an Zugewinnausgleich ergeben würde, wenn im Anfangsvermögen des anderen Ehegatten die entsprechenden Zuwendungen seines Verlobten nicht berücksichtigt würden. Das in der Verlobungszeit bebaute Hausgrundstück des Ehemannes wird deshalb in der Berechnung mit dem Wert angesetzt, den es ohne die Leistungen der Braut und ihrer Angehörigen gehabt hätte. Im Ergebnis führt dies dazu, daß der freigiebige Partner die Hälfte seiner Zu- und Aufwendungen wieder zurückerhält, soweit diese bei Scheidung noch werterhöhend vorhanden sind.

## 2. *Muß beim Tod den Erben etwas zurückgegeben werden?*

**Beispiel:** Martin und Frieda haben in der Zeit ihrer Verlobung auf dem Grundstück von Frieda mit Ersparnissen von beiden ein Haus gebaut. Martin verunglückt tödlich. Seine Geschwister verlangen Ersatz der Aufwendung und Rückgabe der Geschenke.

Eine Verpflichtung zum Aufwendungsersatz ergibt sich nicht aus § 1298 BGB. Die Verlobung ist nämlich nicht durch einen

Rücktritt, sondern den Tod eines Partners beendet worden. Auch Geschenke sind grundsätzlich nicht zurückzugeben, da das Gesetz im Zweifel von einem stillschweigenden Verzicht auf ihre Rückforderung ausgeht, wenn das Verlöbnis durch den Tod eines Verlobten aufgelöst wird (§ 1301 Satz 2 BGB). Zur Vermeidung von Streitigkeiten empfehlen sich auch hier klare Vereinbarungen.

### 3.  Bleiben Brautkinder beim Tod eines Elternteils nichtehelich?

**Beispiel:** Martin hinterläßt außer seiner Verlobten auch noch den gemeinsamen fünf Monate alten Sohn Bastian. Der Großvater und Frieda wollen erreichen, daß Bastian den Namen seines Vaters erhält. Ein Termin für die standesamtliche Trauung war ohnehin bereits festgesetzt.

Die Brautkinder genießen keine besonderen Vorrechte gegenüber Kindern aus einer nichtehelichen Lebensgemeinschaft. Wie diese sind sie nichtehelich. Waren die Eltern verlobt, so ist anzunehmen, daß der Tod die Eheschließung der Eltern und damit die Ehelichkeit des Kindes verhindert hat. Innerhalb eines Jahres kann das Kind deshalb mit Zustimmung des überlebenden Elternteils seine Ehelichkeitserklärung beantragen. Diese wird vom Vormundschaftsgericht ausgesprochen, wenn sie dem Wohl des Kindes entspricht (§§ 1740a ff. BGB). Wie bei der unterbliebenen nachfolgenden Eheschließung wird das Kind ein eheliches. Es erhält den Namen des überlebenden Elternteils. Doch kann ihm das Vormundschaftsgericht auf seinen Antrag statt dessen den Familiennamen des Verstorbenen erteilen, wenn der andere Elternteil zustimmt. Geschieht dies, so kann auch dem überlebenden Elternteil auf dessen Antrag dieser Name erteilt werden.

# 3. Kapitel:
# Die Lebensgemeinschaft

## I. Merkmale und Motive

### 1. Gibt es eine gesetzliche Definition der „neLG"?

**Beispiel:** Frieda lebt mit Max und Martin zusammen, die sie beide liebt. Gerda liebt Gabi und zieht mit ihr zusammen. Der 70jährige Dieter und die 68jährige Martha mögen sich, aber sexuell spielt sich bei ihnen nichts mehr ab. Und Jenny und Frank haben jeder eine eigene Wohnung, verbringen aber ihre gesamte Freizeit einschließlich diverser Nächte miteinander. Alle fragen sich, ob sie mit dem oder den Partnern eine Lebensgemeinschaft bilden.

Eine gesetzliche Begriffsbestimmung der nichtehelichen Lebensgemeinschaft existiert nicht. Selbst dort, wo der Gesetzgeber von einer „eheähnlichen Gemeinschaft" spricht, wie in § 122 BSHG, definiert er diesen Begriff nicht. Im Regelfall wird zwischen unverheirateten Partnern – ähnlich wie bei einer Ehe – eine Haushalts-, Wohn- und Geschlechtsgemeinschaft bestehen. Zwingend ist dies jedoch – auch hier entsprechend der Ehe – nicht. Zur Definition der christlichen Gemeinschaft durch das Bundesverfassungsgericht vgl. Anhang 1 b.

### 2. Motive für ein Zusammenleben ohne Trauschein

Die Erscheinungsformen nichtehelichen Zusammenlebens sind nämlich nahezu ebenso häufig wie die Motive für ihre Aufnahme. Vielfach wird vor allem von jungen Pärchen die Möglichkeit genutzt, das gemeinsame Zusammenleben zu erproben (Probeehe). Leidvolle Erfahrungen mit einem früheren Ehegatten und dem Scheidungsfolgenrecht bilden Gründe für uneheliche Partnerschaften. Mitunter ist eine Scheidung wegen einer Krankheit des Ehegatten oder des Laufens von Trennungsfristen auch momentan oder auf längere Zeit nicht möglich oder nicht gewünscht. Obwohl sog. Onkel-Ehen bereits nach dem zweiten Weltkrieg wegen des mit einer Heirat verbundenen Verlustes von Rentenansprüchen eine große Bedeutung hatten, kommen die Lebensgemeinschaften älterer Menschen erst in letzter Zeit wieder verstärkt in das öffentliche Bewußtsein. Eine gewisse Bedeutung haben auch sog. alternative Lebensgemeinschaften, in denen beide Partner in bewußter Abwehr zur bürgerlichen Ehe „wild" zusammenleben. Mögliche wirtschaftliche Gründe für eine nichteheliche Lebensgemeinschaft wurden bereits oben (Kapitel 1 Abschnitt III) erörtert; das Stichwort „BAföG-Ehe" soll deshalb hier genügen.

Die Juristen verstanden unter einer nichtehelichen Lebensgemeinschaft bisher das gemeinsame Leben, Wohnen und Wirtschaften zweier nicht miteinander verheirateter Personen (Mann und Frau) auf unbestimmte Zeit. Die jüngste Entwicklung scheint ein Umdenken zu erfordern. In gleichgeschlechtlichen Partnerschaften stellen sich – abgesehen von der Frage der Erziehung gemeinsamer Kinder – dieselben Probleme wie bei heterosexuellen Paaren. Deshalb kann man sie nicht mehr einfach ignorieren. Dies gilt in ähnlicher Weise auch für Lebensgemeinschaften zwischen mehr als zwei Personen.

### 3. Die Merkmale der nichtehelichen Lebensgemeinschaft im einzelnen

#### a) Ist eine gemeinsame Wohnung erforderlich?

**Beispiel:** Jenny und Frank glauben, wenn von ihnen jeder seine eigene Wohnung behält, kann Jenny das jeweilige Einkommen von Frank bei der Arbeitslosenhilfe nicht angerechnet werden. Gerda und Gabi sind erbost darüber, daß Gabis Einkommen bei Gerdas Sozialhilfe angerechnet wird. Auch Thomas und Sabine protestieren gegen diese Maßnahme, da sie zwar in einer Wohnung leben, aber jeder seinen eigenen Partner hat.

Das Vorliegen einer „eheähnlichen Lebensgemeinschaft" kann zu Kürzungen bei der Sozial- und Arbeitslosenhilfe führen. Eine feste soziale Verbindung eines geschiedenen Ehegatten zu einem neuen Partner kann außerdem Grund für den Ausschluß nachehelichen Unterhalts sein. Andererseits führt das Vorliegen einer nichtehelichen Lebensgemeinschaft im Einkommensteuerrecht mitunter zu Vorteilen. Auch für die Aufnahme eines Partners in eine Wohnung sowie für den Vermögensausgleich bei einer Trennung kommt dem nichtehelichen Zusammenleben entscheidende Bedeutung zu.

Die Rechtsprechung zu den Voraussetzungen für die Annahme eines nichtehelichen Zusammenlebens ist uneinheitlich. Dort, wo der Gesetzgeber eine Schlechterstellung der Ehe gegenüber nichtehelichen Lebensgemeinschaften verhindern will, wie im Sozialhilfe-, Arbeitslosen- und Wohngeldrecht, wird eine eheähnliche Gemeinschaft angenommen, wenn zwei miteinander nicht verheiratete Personen, zwischen denen eine Ehe jedoch grundsätzlich möglich ist, so wie ein nicht getrennt lebendes Ehepaar in gemeinsamer Wohn- und Wirtschaftsgemeinschaft leben, sie also in Übereinstimmung einen gemeinsamen Haushalt führen, wie es für zusammenlebende Ehegatten typisch ist. Ausschlaggebend ist der Umstand, daß wie in einer Ehe „aus einem Topf" gewirtschaftet wird.

Auch wenn zwei Männer oder zwei Frauen „wie Ehegatten" zusammenleben, fallen sie nicht unter den Begriff der eheähnlichen Gemeinschaft. Das Einkommen des Partners wird deshalb anders als bei heterosexuellen Partnerschaften beispielsweise bei der Arbeitslosen- oder der Sozialhilfe nicht berücksichtigt. Diese Ungleichbehandlung wird vom Bundesverfassungsgericht (noch) akzeptiert.

**Beispiel:** Gerda zieht zu Dieter. Beide haben in der Wohnung jeweils ihren eigenen Wohn- und Schlafraum. Eine gemeinsame Kasse und ein Gemeinschaftskonto bestehen nicht. Den gemeinsamen Einkauf erledigt derjenige, der gerade Zeit hat. Als Gerda Wohngeld beantragt, wird ihr erklärt, daß unter Mitberücksichtigung des Einkommens von Dieter der monatliche Höchstbetrag für einen Haushalt mit zwei Familienmitgliedern überstiegen werde.

Für die Frage, wann eine **ehetypische Wohn- und Wirtschaftsgemeinschaft** vorliegt, kommt es auf den Einzelfall an. Eine bloße Wohngemeinschaft, in der jeder seine eigenen Wege geht, läßt nicht den Schluß auf eine eheähnliche Lebensgemeinschaft zu. Von Bedeutung sind insoweit eine getrennte Freizeitgestaltung, keine gemeinsame Einnahme von Mahlzeiten und außer unterschiedlichen Schlafzimmern auch ein zweiter Kühlschrank. Allerdings setzt eine „Wirtschaftsehe aus einem Topf" nicht voraus, daß eine gemeinsame Kasse oder ein gemeinsames Konto besteht. Ohne Belang ist überdies, ob die Partner eine getrennte Kassenführung, d. h. vereinbart haben, daß jeder Partner die Hälfte der Generalunkosten des Haushalts und der Aufwendungen zu tragen hat, die für eine gemeinsame Versorgung mit dem täglichen Lebensbedarf anfallen. Denn die Fragen, wer wann welchen Anteil dieser Kosten deckt, betreffen nicht das „Wirtschaften aus einem Topf", sondern die „Speisung" dieses Topfes. Ausschlaggebend ist vielmehr, ob die Partner im Interesse der Einsparung von Zeit und Geld sich zumindest teilweise gemeinsam mit Gütern des täglichen Lebensbedarfs versorgen.

### b) Welche Bedeutung haben innere Bindungen und intime Beziehungen?

**Beispiel:** Martin besucht Frieda fast täglich und nimmt bei ihr sein Abendessen ein. Mitunter bleibt er bis zum Frühstück. Frieda hat Angst, ihre Arbeitslosenhilfe zu verlieren.

Für die Kürzung oder Streichung von staatlichen Leistungen ist nicht entscheidend, ob innere Beziehungen zwischen Partnern bestehen. Weiter ist nicht maßgebend, ob die beiden Partner durch geschlechtliche Beziehungen miteinander verbunden sind. Intimbeziehungen können jedoch ein gewichtiges Indiz für das Bestehen einer eheähnlichen Gemeinschaft sein. Allerdings – so haben die Gerichte entschieden – gibt es keinen Erfahrungssatz des Inhalts, daß ein Mann, der seine täglichen Mahlzeiten bei einer Frau einnimmt und auch zeitweise in ihrer Wohnung geschlafen hat, in eheähnlicher Gemeinschaft mit ihr lebt und auch den weiteren notwendigen Lebensbedarf von ihr erhält. Damit wird der in mehreren Instanzen gewonnenen Erkenntnis Rechnung getragen, daß sexuelle Kontakte heute nicht mehr auf Ehegatten und vergleichbar eng zusammenlebende Partner beschränkt sind.

## II. Das Kennenlernen durch Partnerschaftsvermittlung

**Beispiel:** Martin sieht in einer Zeitung unter der Rubrik „Bekanntschaften" das Bild der bildhübschen Ute. Als er anruft, meldet sich ein „Institut für Partnervermittlung". Martin unterzeichnet einen Vertrag, wonach er bis zum Erfolg, längstens für sechs Monate, Partner aus dem Klientenkreis ausgewählt und bekannt gegeben erhält. Er hat dafür 5990,– DM zuzüglich der Mehrwertsteuer zu bezahlen. Als er mehrere potentielle Partnerinnen gesehen und erfahren hat, daß „Ute" nicht vermittelt werde, will er den Vertrag kündigen. Allerdings hat er im Kleingedruckten überlesen, daß eine Kündigung ausgeschlossen ist. Martin bezahlt nicht mehr und reagiert auch auf einen Mahnbescheid nicht. Als der Gerichtsvollzieher kommt, möchte er klagen.

Allein der Umstand, daß ein Institut mit dem Bild eines in Wirklichkeit nicht vorhandenen Traumpartners auf Kundenfang geht und damit wettbewerbswidrig handelt, führt nicht zur Unwirksamkeit des hierauf beruhenden Vertragsabschlusses. Jedoch enthält das Bürgerliche Gesetzbuch eine Vorschrift, wonach ein Vergütungsversprechen für eine Heiratsvermittlung zwar durch Zahlung erfüllt, aber nicht eingeklagt werden kann (§ 656 BGB). Die davon betroffene Eheanbahnung ist heute durch den sog. Partnerservice weitgehend abgelöst worden. Die Gerichte wenden diese Schutzvorschrift aber auch für Bekanntschaftsvermittlungen entsprechend an. Dies gebietet der Zweck dieser Gesetzesbestimmung, die den einzelnen, auf dem „Supermarkt Einsamkeit" nach Kontakt suchenden Menschen vor Zahlungsverpflichtungen bewahren will.

Wurde die Vergütung bereits bezahlt, steht dem Kunden kein Rückforderungsrecht zu. Die Vermittlungsinstitute haben mittels Mahn- und Vollstreckungsbescheides häufig versucht, ihre Forderungen zwangsweise beizutreiben. Dem haben die Gerichte nur teilweise abgeholfen: Auch bei Rechtskraft eines Vollstreckungsbescheides ist noch eine Kündigung des Partnervermittlungsvertrages möglich. Dieses außerordentliche Kündigungsrecht kann auch nicht formularmäßig ausgeschlossen werden. Kündigt der Partnersuchende den Vertrag, so hat er das Honorar nur anteilig entsprechend dem Verhältnis der bereits erhaltenen Partnerschaftsvorschläge zu den insgesamt versprochenen Partnerschaftsvorschlägen zu bezahlen. Wurde das Mahnverfahren von dem Institut nur gewählt, um eine gerichtliche Prüfung seines Anspruches zu umgehen, kommt ausnahmsweise auch eine Durchbrechung der Rechtskraft des Vollstreckungsbescheides wegen einer sittenwidrigen Schädigung in Betracht.

Vielfach haben die Partnerschaftsvermittlungen den Interessenten unaufgefordert Vertreter ins Haus geschickt. Hier steht dem Kunden ein Widerrufsrecht zu. Wurde er darüber belehrt, so kann er seine Unterschrift binnen einer Woche schriftlich widerrufen, andernfalls, d. h. ohne eine drucktechnisch deutlich gestaltete schriftliche Belehrung, erlischt das Widerrufsrecht erst einen

Monat nach beiderseits vollständiger Erbringung der Leistung. Bei einem Widerruf stellen die „Institute" häufig Aufwendungen in Rechnung, die von den erbrachten anteiligen Vermittlungsvorschlägen ausgehen. Auch dies ist unzulässig. Der Kunde hat nur diejenigen Kosten zu erstatten, die er selbst für Partneranzeigen hätte aufwenden müssen, also regelmäßig nur einen Bruchteil der geforderten Beträge.

**Beispiel:** Martin hat von seinem Töpferkurs die Nase voll. Er tritt dem Single-Freizeitclub bei, dessen Leistungen in der Organisation und der Bereitstellung der Räumlichkeiten für mehrmals wöchentlich stattfindende Treffs und der Realisierung einer alternativen Freizeitgestaltung auf Anregung der Teilnehmer bestehen. Für den Beitritt fällt eine einmalige Bearbeitungsgebühr von 275,– DM und ein Jahresbeitrag von 600,– DM, jeweils zuzüglich Mehrwertsteuer, an. Eine Woche darauf, lernt Martin seine Traumfrau in der Straßenbahn kennen. Martin kündigt das Vertragsverhältnis und widmet sich Julia.

Die entgeltliche Mitgliedschaft in einem Singleclub oder einem Club für Wochenend-Aktivitäten stellt keinen Partnerschaftsvermittlungs- oder -anbahnungsvertrag dar. Zweck ist hier nicht die Herbeiführung einer außerehelichen Partnerschaft, sondern die Zusammenführung von Menschen zur gemeinsamen Freizeitgestaltung. Eine fristlose Kündigung dieses Vertragsverhältnisses ist nur bei Vorliegen eines wichtigen Grundes, nicht aber bei Wegfall des Grundes für den Vertragsschluß möglich.

### III. Beginn der Partnerschaft und Sittenwidrigkeit

*1. Wann fängt das Zusammenleben an?*

**Beispiel:** Martin und Frieda lesen in einem Muster eines Partnerschaftsvertrages folgende Formulierung: „Die Partnerschaft beginnt am ... (Datum)." Sie wissen nicht, welches Datum sie eintragen sollen, das des ersten Rendezvous, das der ersten gemeinsamen Nacht oder das, als Frieda ihre eigene Wohnung kündigte und sich zu Martin ummeldete.

Eine Ehe beginnt mit der standesamtlichen Trauung. Einen entsprechenden Rechtsakt gibt es beim unverheirateten Zusammenleben nicht. Deshalb läßt sich im Nachhinein häufig nicht feststellen, wann das „Verhältnis" zur „festen Partnerschaft" wurde.

Regelmäßig kommt einem derartigen Zeitpunkt auch nur Erinnerungswert zu. Er wird vergessen und gefeiert wie andere Jubiläen. Deshalb erübrigt es sich im Regelfall, diesen Zeitpunkt schriftlich zu fixieren. Lebensfremd ist vor allem eine Regelung, nach der zu einem bestimmten Zeitpunkt in der Zukunft die Lebensgemeinschaft beginnen soll. Eine derartige Formulierung erweckt Assoziationen zu einem „Partner-Mietvertrag".

Die Festlegung des Beginns einer bereits bestehenden Lebensgemeinschaft kann allerdings dann zweckmäßig sein, wenn damit wirtschaftliche Folgen verbunden sind. Arbeitet beispielsweise ein Partner im Geschäft des anderen mit und soll er bei einer Trennung hierfür einen pauschalen monatlichen Ausgleich erhalten, kann ein genaues Datum späterem Streit vorbeugen. Ähnlich ist dies, wenn ein Partner bestimmte Beträge zur Vermögensbildung des anderen erbringt, z. B. Tilgungsleistungen für Darlehen, und diese nach einer Trennung zurückerhalten soll.

**Formulierungsbeispiel:**

> Wir leben seit dem 1. Januar 1992 zusammen und führen einen gemeinsamen Haushalt.

Praktisch relevant wird die Festlegung insbesondere dann, wenn die Partner später heiraten, die Zeit ihres Zusammenlebens für den Fall einer Scheidung abweichend von der gesetzlichen Regelung aber in die Vermögensauseinandersetzung miteinbeziehen wollen. Zu beachten ist, daß derartige Vereinbarungen das Ehegüterrecht betreffen und deshalb nur vor einem Notar wirksam geschlossen werden können.

## 2. *Kann eine Partnerschaft sittenwidrig sein?*

**Beispiel:** Martin ist glücklich verheiratet, als er Gerda kennenlernt. Er verläßt Frau und Kinder wegen seiner großen Liebe und zieht zu ihr. Sein Arbeitgeber, die Katholische Kirche, kündigt ihm daraufhin seine Stelle als Lehrer in einer christlichen Bekenntnisschule. Martin meint, sein Privatleben gehe niemand etwas an.

Die nichteheliche Lebensgemeinschaft unterliegt heute keinem strafrechtlichen Verbot mehr. Die Ehe stellt heute weder die einzige noch die bedeutendste Form des partnerschaftlichen Zusammenlebens dar. Die „Partnerschaft ohne Trauschein" ist eine mittlerweile auch von breiten Bevölkerungskreisen anerkannte Weise des Zusammenlebens geworden. Nach den heutigen Moralvorstellungen können intime Beziehungen zwischen erwachsenen Menschen nicht als verwerflich angesehen werden. Sie gehören zur Freiheits- und Entfaltungsmöglichkeit des Individuums. Außereheliche Beziehungen stehen deshalb nicht mehr unter dem Verdikt der Sittenwidrigkeit. Dies gilt selbst dann, wenn es sich um eine „ehebrecherische" Verbindung handelt, also mindestens ein Partner noch verheiratet ist.

Allerdings schließt die fehlende Sittenwidrigkeit nicht aus, daß nicht im Einzelfall an ein nichteheliches Zusammenleben negative Folgen geknüpft werden können. So enthalten die Arbeitsverträge der katholischen Kirche die Bestimmung, daß der Mitarbeiter seine persönliche Lebensführung nach der Glaubens- und Sittenlehre sowie den übrigen Normen der katholischen Kirche einrichtet. Die Kirche darf als Arbeitgeber die kirchlichen Grundverpflichtungen auch zum Gegenstand arbeitsvertraglicher Loyalitätspflichten erheben. Duldet sie allerdings ein ihr bekanntes nichteheliches Zusammenleben, ohne Bedenken zu äußern, längere Zeit, kann sie es nicht später zum Anlaß einer Kündigung machen.

### 3.  Wann sind Partnerschaftsverträge sittenwidrig?

**Beispiel:** Martin und Frieda lieben sich. In einem Vertrag regeln sie, daß Martin sich an den Zins- und Tilgungsraten eines Darlehens, das Frieda zur Anschaffung der gemeinsam bewohnten Eigentumswohnung aufgenommen hat, zur Hälfte zu beteiligen hat. Martin ist noch verheiratet. Frieda befürchtet, daß der Vertrag unwirksam ist und sie deshalb nach dem Tod von Martin sämtliche Zahlungen an seine Ehefrau erstatten müsse. Auch Gerda und Gabi, die sich lieben, treffen eine entsprechende Regelung.

Die Rechtsprechung hat unverheiratete Paare wiederholt auf vertragliche Regelungen verwiesen. Derartige Verträge können konsequenterweise nicht schon deshalb sittenwidrig sein, weil sie der Verwirklichung des nichtehelichen Zusammenlebens dienen und dieses gestalten. Die Grenzen privatautonomer Gestaltung liegen dort, wo zwingende Vorschriften verletzt werden oder ausnahmsweise eine bestimmte Regelung gegen die guten Sitten verstößt. Dies wird von Juristen bejaht, wenn die Vertragsbestimmung im Bereich des Sexuellen angesiedelt ist. Neuerdings wird die Meinung vertreten, auch Vereinbarungen hinsichtlich der Einzelheiten der Haushaltsführung seien unwirksam. Dies läßt sich – scherzhaft – nur damit begründen, daß auch die Gleichberechtigung nichts daran geändert hat, daß die Frau das Geschirr spülen, Wäsche waschen und bügeln muß.

Probleme können sich ergeben, wenn ein Partner noch verheiratet ist. Zwar sind Partnerschaftsverträge dann nicht bereits automatisch unwirksam. Dies ist vielmehr nur ausnahmsweise der Fall, wenn die Vereinbarung ausschließlich den Zweck hat, den (Noch-) Ehegatten oder Kinder aus dieser Ehe zu benachteiligen.

Auch Verträge zwischen gleichgeschlechtlichen Partnern sind denkbar und empfehlenswert. Für sie gilt nichts anderes als für einen Vertrag zwischen einem Mann und einer Frau.

## IV. Persönliche Beziehungen

### 1. Vertragliche Pflicht zu Liebe, Treue und gemeinsamen Leben?

**Beispiel:** Martin und Frieda setzen einen Partnerschaftsvertrag auf, der mit folgender Präambel eingeleitet wird: „Wir stellen fest, daß wir uns lieben. Wir beabsichtigen zusammenzuleben, um so einen möglichst häufigen Kontakt zwischen uns zu ermöglichen. Eine spätere Eheschließung ist nicht ausgeschlossen. Jeder von uns verspricht, dem anderen treu zu sein." Frieda wünscht außerdem, daß sich Martin verpflichtet, nur mit ihr in Urlaub zu fahren, da „Gelegenheit bekanntlich Diebe macht". Martin will, daß sich Frieda verpflichtet, das Rauchen aufzugeben.

Die Lebensgemeinschaft zusammenlebender Partner wird sich im Normalfall in einer gemeinsamen Freizeitgestaltung, gegenseitiger Unterstützung, Teilnahme an den Interessen des Partners im gesellschaftlichen Bereich und in geschlechtlichen Kontakten realisieren. Das gemeinsame Leben umfaßt auch große Teile der Persönlichkeits- und Intimsphäre des Partners. Allzu leicht kann aus dem Wunsch nach immer mehr Gemeinsamkeiten ein Zuviel werden. Der Dichter Gibran warnt deshalb: „Und steht beieinander, doch nicht zu nahe beieinander: Denn die Säulen des Tempels stehen einzeln, und Eichbaum und Zypresse wachsen nicht im gegenseitigen Schatten."

Auch der Jurist sollte eigentlich nicht zu Regelungen im Bereich der Persönlichkeits- und Intimsphäre raten. Etwas spöttisch kann man dies damit begründen, daß auch im Bereich der Ehe nichts darüber gesagt wird, daß sich die Ehegatten lieben müssen. Ein gewisses Pathos mag in lauen Mainächten und in Gedenkstunden des Deutschen Bundestags angebracht sein, in Partnerschaftsverträgen hat es nichts zu suchen. Was nützt der schriftliche Schwur von ewiger Liebe und Treue, wenn ihn die tägliche Praxis des Zusammenlebens Lügen straft? Einklagbar und vollstreckbar sind derartige Verpflichtungen ohnehin nicht.

**Beispiel:** Dagmar kennt Peters flotte Junggesellenzeit. Da sie einen „Rückfall" befürchtet, soll vereinbart werden, daß sie bei einem „Seitensprung" die Beziehung sofort beenden kann und ihr Peter für jeden „Fehltritt" eine Vertragsstrafe in Höhe seines Monatsgehalts bezahlen muß. Peter meint, dies sei sittenwidrig.

Partnerschaftsverträge sollten sich auf die Regelung einzelner Vermögensfragen beschränken. Auch selbstverständliche Dinge verbrauchen nur Papier, führen aber zu keiner zusätzlichen Sicherheit. Daß jeder Partner den anderen vor allem dann verlassen kann, wenn der andere dafür einen wichtigen Grund gesetzt hat, gehört zu diesen Gemeinplätzen. Jeder Partner bleibt – entgegen landläufiger Meinungen – selbst in einer Ehe in seinem höchstpersönlichen Lebensbereich frei. Dies gilt beispielsweise für das religiöse Bekenntnis, politische Aktivitäten, das Brief- und Telefongeheimnis und sogar in einem gewissen Umfang für die wirtschaftliche Betätigung und gesellschaftlichen Kontakte zu Dritten. So dürfte die Verpflichtung eines geschiedenen Partners, mit seinem Ex-Ehegatten keinerlei Kontakt aufzunehmen, unwirksam sein. Das Reichsgericht hat im Jahr 1938 Vertragsklauseln für unwirksam gehalten, wonach sich ein Ehemann gegenüber seiner Frau verpflichtet hatte, keine Verwandten in seinem Betrieb zu beschäftigen und keinerlei Geschäfts- und Vergnügungsreisen allein zu unternehmen. Die letzte Vereinbarung sollte nach dem Motto, „Gelegenheit macht Diebe", erneuten Seitensprüngen des Mannes vorbeugen. Trotz dieses hehren Ziels sah das Gericht in dieser Bestimmung eine zu große Beeinträchtigung der persönlichen Handlungsfreiheit. Ob dem wirklich zu folgen ist, kann offenbleiben. Derartige Klauseln können nach überwiegender Ansicht jedenfalls nicht durch Vertragsstrafen abgesichert werden.

## 2. Regelung des Sexualverhaltens

**Beispiel:** Die lebensfrohe Dora lernt den mehrere Jahrzehnte älteren Klaus kennen. Sie möchte die verbriefte Freiheit haben, bei „Vernachlässigung" einmal pro Woche einen Liebhaber zu haben. Dieter möchte keine Kinder, deshalb soll sich Petra verpflichten, ihn vom Absetzen der Pille zu unterrichten. Martin und Frieda vereinbaren angesichts der Ansteckung mit AIDS, daß jeder Partner verpflichtet ist, den anderen von sexuellen Kontakten mit Dritten zu unterrichten.

Die Regelung des Sexualverhaltens, und zwar sowohl des Intimsverkehrs zwischen den Partnern als auch der Treuepflicht, begegnet den bereits genannten Bedenken. Die einseitig vorbehaltene und die wechselseitig zugestandene sexuelle Freiheit sind nicht Gegenstand des Rechts. Wenn nicht bereits der gute Geschmack die Partner dazu veranlaßt, sollte jedenfalls das drohende Risiko der Unwirksamkeit des gesamten Partnerschaftsvertrags die Partner von Regelungen im sexuellen Bereich abhalten.

Wer davor Angst hat, mittels eines (ungeplanten) Kindes vom Partner „hereingelegt" und an diesen gebunden zu werden, sollte überlegen, ob er nicht den falschen Partner hat. Das Recht hilft ihm nicht weiter, da eine unter Partnern einer nichtehelichen Gemeinschaft getroffene **Abrede über den Gebrauch empfängnisverhütender Mittel unwirksam** ist. Hält sich ein Partner nicht an eine solche Abrede, so muß er dem anderen auch nicht den Unterhalt für das unerwünschte Kind ersetzen. Der Bundesgerichtshof hat dies damit begründet, daß volljährige Partner beim freiwilligen Geschlechtsverkehr nicht nur ihr sexuelles Bedürfnis befriedigen, sondern auch das Entstehen von Leben zu verantworten haben. Unabhängig davon, ob das Gericht damit nicht die Verhaltensanforderungen „in einer Schäferstunde" zu hoch angesetzt hat, empfiehlt sich, einer ungewollten Schwangerschaft nicht durch eine juristische Vertragsklausel, sondern durch Verhütungsmittel aus der Apotheke vorzubeugen.

Ob auch Informationspflichten über sexuelle Kontakte mit Dritten dem engsten persönlichen, rechtlich nicht regelbaren

Freiheitsbereich des Partners unterfallen, ist zweifelhaft. Allerdings trifft auch hier die obige Warnung zu: Selbst bei einer Wirksamkeit einer derartigen Vereinbarung bleibt das Risiko einer tödlichen Infektion bei einem Verstoß. Hier helfen – wie in einer Ehe – nur Vertrauen zum Partner oder – bei einer lockeren Verbindung – Präservative.

## V. Auswirkungen der Partnerschaft

Das nichteheliche Zusammenleben verändert, selbst wenn aus der Lebensgemeinschaft gemeinsame Kinder hervorgehen, nicht den Personenstand. Die Partner bleiben amtlich „ledig" bzw. „unverheiratet". Sinnfällig kommt das dadurch zum Ausdruck, daß die Partner keinen gemeinsamen Ehe- und Familiennamen führen dürfen, selbst wenn sie es wünschen. Auch gewollte Kinder sind zunächst nichtehelich. Dieser Grundsatz, von dem die Rechtsordnung ausgeht, wird nur in einzelnen Beziehungen, überwiegend im Innenverhältnis der Partner, durchbrochen.

### 1. Wann haftet man dem Partner?

**Beispiel:** Helmut hat es satt, daß ihm Rosa permanent jedes handwerkliche Geschick abspricht. Deshalb begibt er sich mit einer Petroleumlampe und einem Werkzeugkoffer in den Partyraum im Keller. Versehentlich stößt er beim Überprüfen eines Heizungsrohres die Petroleumlampe um. Daraufhin gerät der Teppich in Brand und Helmut fällt in Ohnmacht. Rosa rettet ihre Antiquitäten und dann Helmut. Dabei zieht sie sich eine Rauchvergiftung zu, für die sie Schmerzensgeld fordert.

Ehegatten haften für die Erfüllung der sich aus dem ehelichen Verhältnis ergebenden Verpflichtungen einander nur für diejenige Sorgfalt, welche sie in eigenen Angelegenheiten anzuwenden pflegen (§§ 1359, 277 BGB). Dies bedeutet, daß für Rechtsverletzungen, die im Bereich des Zusammenlebens erfolgen, nur für grobes Verschulden gehaftet wird, also bereits einfachste, ganz naheliegende Überlegungen nicht angestellt werden. Der Grund für diese Haftungserleichterung ist denkbar einfach: Jeder soll seinen Partner, den er sich freiwillig ausgesucht hat, so nehmen wie er ist.

Diese Erwägung trifft für unverheiratetes Zusammenleben in gleicher Weise zu. Auch hier muß jeder Beteiligte mit Fehlern und Nachlässigkeiten des anderen rechnen. Deshalb gehen die Gerichte überwiegend davon aus, daß jeder Partner für Handlungen, die dem Zusammenleben dienen, nur bei grober Fahrlässigkeit und Vorsatz haftet. Nur wenn dasjenige nicht beachtet wird, was im gegebenen Fall jedem einleuchten müßte, läßt sich bei Unachtsamkeit eine Haftung bejahen. Insbesondere ein Augenblicksversehen in einer konkreten Situation begründet deshalb keine grobe Fahrlässigkeit. Der ungeschickte Hobbybastler und die etwas schusselige Hausfrau sind somit nicht ständig Schadensersatz- oder Schmerzensgeldansprüchen ausgesetzt.

In den Partnerschaftsvertrag kann folgende Regelung aufgenommen werden:

> Wir haften einander für Schäden, die auf einer Handlung beruhen, die im Rahmen unseres Zusammenlebens erfolgt, nur für diejenige Sorgfalt, welche wir in eigenen Angelegenheiten anzuwenden pflegen.

## 2. Bestehen Schadensersatzansprüche bei Verletzung oder Tötung des Partners?

**Beispiel:** Martin und Frieda leben seit zwanzig Jahren wie ein Ehepaar zusammen. Frieda führt den gemeinsamen Haushalt, während Martin als Bankangestellter „die Brötchen" verdient. Ein betrunkener Autofahrer fährt Frieda beim Überqueren eines Zebra-Streifens an. Infolge der Verletzungen kann sich Frieda nicht mehr bücken und deshalb den Haushalt nur noch teilweise verrichten. Martin fordert Schadensersatz.

Eine Verletzung der Lebensgefährtin, die den Haushalt führt, löst keine Schadensersatzansprüche des Partners aus. Es besteht nämlich keine gesetzliche Verpflichtung zur Haushaltsführung. Allerdings steht der verletzten Partnerin selbst ein eigener Schadensersatzanspruch wegen ihrer vermehrten Bedürfnisse zu, soweit ihr die Versorgung ihres Haushalts wegen einer unfallbedingten Behinderung nicht mehr möglich ist.

**Beispiel:** Statt eine stundenweise Haushaltshilfe einzustellen, verdoppelt Martin seine Mitarbeit und erledigt alle Putzarbeiten, die Frieda nicht

mehr bewerkstelligen kann, mit. Der Autofahrer will deshalb keinen
Ersatz mehr leisten, da ein Schaden nicht entstanden sei. Es könne hier
nichts anderes gelten, als wenn Frieda nach dem Unfall geheiratet hätte
oder mit Martin zusammengezogen wäre.

Auf einen Schaden sind keine Leistungen anzurechnen, die
ihrer Natur nach dem Schädiger nicht zugute kommen sollen.
Leisten andere Personen, so tritt dadurch eine Entlastung des
Schädigers nicht ein.

**Beispiel:** Dieter und Petra wollen nach zehnjähriger Probeehe heiraten.
Leider wird Dieter bei einem von ihm nicht verschuldeten Verkehrsun-
fall tödlich verletzt. Dieter und Petra hatten im Partnerschaftsvertrag
geregelt, daß Petra den Haushalt führen und Dieter berufstätig sein
sollte. Dies sollte auch nach der Eheschließung so bleiben. Petra wurde
Zeuge des Unfalls und erlitt dadurch einen schweren Schock, der zu
erheblichen Kreislaufbeschwerden und einem zweiwöchigen Krankenhausaufenthalt führte.

Selbst bei beabsichtigter späterer Heirat führt eine Tötung des
Lebensgefährten nicht zu Schadensersatzansprüchen des überlebenden Partners wegen entgehenden Unterhalts. Denn das Gesetz
gewährt Schadensersatzansprüche nur bei Bestehen einer gesetzlichen Unterhaltspflicht zur Zeit der Verletzung. Eine vertragliche
Regelung genügt nicht.

Bei Ehegatten ist dies anders, da diese kraft Gesetzes gegenseitig unterhaltspflichtig sind. Geht ein überlebender Ehegatte, dem
ein entsprechender Anspruch wegen der Tötung seines Ehegatten
zusteht, eine nichteheliche Lebensgemeinschaft ein, so ist weder
der Wert der dem Partner erbrachten Haushaltsführung noch sind
die vom Anspruchsberechtigten empfangenen Unterhaltsleistungen anzurechnen. Grund ist auch hier, daß auf die entsprechenden
Leistungen kein gesetzlicher Rechtsanspruch besteht. Nur ausnahmsweise kann eine Kürzung des Schadensersatzanspruches
wegen einer Erwerbsobliegenheit in Betracht kommen.

Auch für Schockschäden, die jemand durch den Tod oder die
Verletzung einer anderen Person erleidet, erfolgt grundsätzlich
kein Ersatz. Derartige Ereignisse sind dem allgemeinen Lebensri-
siko zuzuordnen. Eine Ausnahme besteht nur, wenn die Gesund-
heitsschädigung nach Art und Schwere deutlich über das hinaus-
geht, was Nahestehende in derartigen Fällen erfahrungsgemäß an
Beeinträchtigungen erleiden. Außerdem steht der Anspruch nur

nahen Angehörigen zu; hierzu zählen auch nicht verheiratete Partner. Schließlich muß der Schock im Verhältnis zu seinem Anlaß verständlich sein, d. h. eine geringfügige Verletzung darf nicht zu einem mehrwöchigen Krankenhausaufenthalt führen.

### 3. Ist der Partner strafrechtlich ein Angehöriger?

**Beispiel:** Frieda und Martin hatten Streit. Martin packt seine sieben Sachen und geht. Dabei hat er auch ein goldenes Armband Friedas „mitgehen" lassen. Frieda erzählt das mehreren Freundinnen. Als sich Martin und Frieda einige Tage später versöhnt hatten, kommt ein Anruf von der Polizei, daß ein Ermittlungsverfahren eingeleitet worden sei. Frieda will das nicht (mehr).

Im Strafrecht werden Angehörige in verschiedener Weise privilegiert. So mindert sich beispielsweise die Strafe des Totschlägers, wenn er zu der Tat durch eine einem Angehörigen zugefügte Mißhandlung oder schwere Beleidigung hingerissen worden ist. Straffrei ist, wer vereitelt, daß ein anderer wegen einer Straftat verurteilt wird, wenn es sich um einen Angehörigen handelt. Die gesetzliche Definition des Angehörigen (§ 11 Abs. 1 Nr. 1 StGB) umfaßt zwar neben dem Verlobten sogar den geschiedenen Ehegatten und die frühere Schwägerin, aber nicht den Lebensgefährten. Dies wird zwar weithin kritisiert, ist aber noch geltende Rechtslage.

Gemäß §§ 247, 263 Abs. 4 StGB werden ein Diebstahl, eine Unterschlagung und ein Betrug nur auf Antrag verfolgt, wenn der Verletzte mit dem Täter in häuslicher Gemeinschaft lebt. Dies trifft auch auf den nichtehelichen Partner zu. Auch ein bereits gestellter Antrag kann bis zum rechtskräftigen Abschluß des Strafverfahrens zurückgenommen werden. Geschieht dies aus Anlaß einer Versöhnung, muß der Geschädigte aufpassen, ob die Reue echt ist. Ein zurückgenommener Antrag kann nämlich nicht nochmals gestellt werden. Dagegen ist der Geschädigte trotz einer früheren Verzeihung oder einem gegenüber dem Partner erklärten Verzicht an der Antragstellung nicht gehindert.

### 4. Macht sich ein Partner strafbar, wenn er dem anderen nicht hilft?

**Beispiele:** Max und Martin leben in einer Wohnung seit mehreren Jahren zusammen. In letzter Zeit haben sie sich entfremdet. Max bringt mitunter jüngere Männer mit in die Wohnung. Eines Abends hört Martin aus dem Zimmer von Max laute Geräusche. Als er durch das Schlüsselloch blickt, sieht er wie Max von einem jüngeren Mann im Bett gewürgt wird. Er schreitet nicht ein. Max kann später selbst einen Arzt rufen, der ihn mit schweren Verletzungen ins Krankenhaus einweist.

Dieter erklärt Gerda, er habe von allem „die Schnauze voll", deshalb mache er „Schluß". Als Gerda später zu Dieter ins Schlafzimmer kommt, ist er gerade dabei, eine Schachtel Schlaftabletten zu schlucken. Als Gerda einen Arzt rufen will, verbietet ihr Dieter dies. Am nächsten Morgen wacht Dieter nicht mehr auf.

In beiden Fällen ermittelt der Staatsanwalt.

Jemand, der bei Unglücksfällen oder gemeiner Gefahr oder Not nicht Hilfe leistet, obwohl ihm dies ohne eigene Gefahr möglich ist, macht sich wegen unterlassener Hilfeleistung strafbar. Darüber hinaus kann man sich sogar strafbar machen, wenn man eine Tat, auch einen Selbstmord, nicht verhindert. Voraussetzung ist jedoch das Vorliegen einer besonderen „Garantenstellung". Diese wurde von der Rechtsprechung bei Verlobten, die tatsächlich zusammenlebten, bejaht. Auch ein eheähnliches Verhältnis zusammenwohnender homosexueller Partner führte zur Strafbarkeit des untätig bleibenden Partners. Eine bloße Wohngemeinschaft dürfte dagegen zur Annahme einer Garantenstellung nicht ausreichen. Selbst bei Vorliegen einer echten Lebensgemeinschaft ist jedoch kein Partner verpflichtet, den anderen Teil gegen seinen Willen durch Herbeirufen eines Arztes am selbstgewollten Ableben zu hindern.

## 5. Steht dem Partner vor Gericht ein Zeugnisverweigerungsrecht zu?

**Beispiel:** Martin ist „rein zufällig" in eine „dumme Sache reingekommen". Frieda, die ihn liebt, tut ihm den Gefallen und sagt vor Gericht aus, daß sie genau gesehen habe, daß Martin den Max nicht geschlagen habe. Sie weiß, daß dies falsch ist. Der Staatsanwalt erhebt Anklage wegen Meineids.

Die Zeugnisverweigerungsrechte, die den Verlobten und den (geschiedenen) Ehegatten berechtigen, aus persönlichen Gründen die Aussage vor Gericht zu verweigern (§ 383 ZPO, § 52 StPO), stehen nach dem Gesetzeswortlaut nichtehelich zusammenlebenden Partnern nicht zu. Allerdings ist nicht einsichtig, wieso eine „zufällige" Verwandtschaft oder Schwägerschaft zur Zeugnisverweigerung berechtigt, nicht aber der wesentlich größere persönliche Konflikt, dem ein Zeuge bei einer Aussage gegen seinen Partner ausgesetzt ist. Aus diesem Grunde gibt es beispielsweise im österreichischen Strafprozeßrecht das Zeugnisverweigerungsrecht für den Lebensgefährten.

Ob die bundesdeutschen Gerichte die bestehenden Zeugnisverweigerungsrechte auf Partner nichtehelicher Lebensgemeinschaften analog anwenden werden, ist fraglich. Abgelehnt wurde bereits die Berufung einer Zeugin, die mit dem Angeklagten, zu dessen Gunsten sie falsch ausgesagt hatte, ohne Trauschein zusammenlebte, auf den Aussagenotstand.

## 6. *Informationsrechte bei einer Krankheit des Partners*

**Beispiel:** Martin ist noch verheiratet, lebt aber seit mehreren Jahren von seiner Frau getrennt und mit Frieda zusammen. Als Martin lebensgefährlich verunglückt, weigert sich der diensthabende Arzt aufgrund seiner Schweigepflicht, Auskunft über seinen Gesundheitszustand zu geben. Als eine gefährliche Operation durchgeführt werden soll, wird nicht Frieda, sondern die Ehefrau von Martin gefragt. Frieda kommt sich vor wie ein „Verhältnis".

Ärzte dürfen über personenbezogene Daten ihres Patienten dritten Personen keine Auskunft erteilen. Bereits der Name des Patienten und die Tatsache seiner Behandlung sind geheim zu halten. Diese Verpflichtung dauert über den Tod des Geschützten fort. Bei einem Verstoß macht sich der Arzt sogar strafbar. Es ist deshalb kein böser Wille, wenn ein Arzt oder eine Krankenschwester einem Lebensgefährten, der diese Stellung ja nicht amtlich nachweisen kann, keine Auskunft über den Gesundheitszustand des Partners erteilt.

Um Mißverständnissen vorzubeugen: Die **Schweigepflicht** besteht auch gegenüber Ehegatten des Patienten. Allerdings geht man davon aus, daß bei lebensbedrohender Erkrankung, insbesondere bei Bewußtlosigkeit des Patienten, Mitteilungen an nahe Angehörige durch eine mutmaßliche Einwilligung gedeckt sind. Nur wenn der Arzt weiß, daß der Ehefrau oder Kindern des Patienten keine Auskunft über seinen Gesundheitszustand erteilt werden soll, kann er nicht mehr von dem vermuteten Einverständnis ausgehen. Hinsichtlich der Offenbarung der entsprechenden Daten nach dem Tod des Patienten kommt es ebenfalls darauf an, wie die Schutzwürdigkeit nach der mutmaßlichen Einstellung des Verstorbenen unter Berücksichtigung seines Todes zu beurteilen ist.

Auch Richter sind Patienten. Deshalb gehen sie davon aus, daß auch ärztliche Heileingriffe zunächst eine Körperverletzung im Sinne des Strafrechts darstellen! Jede Operation bedarf daher einer besonderen Rechtfertigung, und zwar in der Regel durch die Einwilligung des Patienten. Fehlt sie oder kann sie nicht eingeholt werden, z. B. weil das bewußtlose Unfallopfer sofort operiert werden muß, so kann auch hier eine mutmaßliche Einwilligung in Betracht kommen. Über den Willen des Betroffenen werden wiederum nahe Angehörige um Auskunft gebeten. Dies kann selbstverständlich auch der Lebensgefährte sein; nur ist das Risiko für den Arzt, einer nicht legitimierten Person Krankheitsdaten zu offenbaren, hier besonders groß.

Dieses Problem läßt sich durch die Erteilung einer **Vollmacht für medizinische Notfälle** leicht lösen. Darin kann unter Entbindung von der Schweigepflicht ein Informationsrecht über den Gesundheitszustand, ein Recht zur Erteilung von Einwilligungen in Operationen und ein umfassendes Besuchsrecht statuiert werden. Gleichzeitig könnte auch festgehalten werden, welche Personen nicht informiert oder befragt werden dürfen. Eine entsprechende Vollmacht kann auch für ein Kind ratsam sein, das ein Partner in die Lebensgemeinschaft eingebracht hat und für das er allein sorgeberechtigt ist.

Derartige Vollmachten bedürfen grundsätzlich keiner besonderen Form. Es ist jedoch offenkundig, daß eine mündliche Erteilung wenig hilfreich ist, da sie gerade den schwierigen Nachweis nicht erübrigt. Eine schriftliche Vollmacht ist insoweit besser, jedoch können Zweifel an der Echtheit der Unterschrift des Vollmachtgebers in Notfällen typischerweise nicht ausgeräumt werden. Deshalb hat sich in der Praxis eingebürgert, die Unterschrift **von einem Notar beglaubigen** zu lassen, wenn die Vollmacht nicht ohnehin beurkundet wird. Die Kosten hierfür sind kaum der Rede wert.

**Formulierungshilfe:**

Ich, Martin Meier, bevollmächtige hiermit, Frau Frieda Müller, geb. am 1. 1. 1960, wohnhaft Hauptstraße 1 in 8070 Walddorf, für mich Einwilligungen zu ärztlichen Heilbehandlungen zu erklären und sich über meinen Gesundheitszustand umfassend zu informieren, für den Fall, daß ich selbst nicht mehr, z. B. wegen einer Bewußtlosigkeit oder wegen meines Gesundheitszustands, in der Lage bin, diesbezügliche Entscheidungen zu treffen. Ich entbinde die behandelnden Ärzte und das Pflegepersonal insoweit von der Schweigepflicht.

Walddorf, den (Datum)

Martin Meier
(Öffentliche Beglaubigung der Unterschrift durch einen Notar)

## VI. Das Ende der Partnerschaft

Beim „Ende der Partnerschaft" denkt man meist an das „traurige" Ende durch eine Trennung oder den Tod eines Partners. Weitaus häufiger wird in Gemeinschaften zwischen einem Mann und einer Frau die Zahl derer sein, die im „Hafen der Ehe enden". Dies belegt auch die Tatsache, daß die meisten Kinder in Deutschland ehelich geboren oder durch eine nachfolgende Heirat der Eltern zu ehelichen Kindern werden. Da die beim Tod eines Partners entstehenden erbrechtlichen Fragen und die Probleme der Vermögensauseinandersetzung bei einer Trennung oder späteren Scheidung noch ausführlich behandelt werden, kann sich dieser Abschnitt auf die Punkte beschränken, die im Partnerschaftsvertrag hinsichtlich der Dauer und des Endes der Lebensgemeinschaft geregelt werden können oder sollen.

### 1. Ehe auf Probe und anschließende Heirat

**Beispiel:** Martin und Frieda leben seit fünf Jahren glücklich zusammen. Sie haben sogar gemeinsam eine Regelung für den Fall der Trennung vereinbart. Als Frieda schwanger wird, heiraten sie. Am gemeinsamen Zusammenleben ändert sich, da Frieda ihren Namen behält, nichts. Nach einer Fehlgeburt gibt es auch Eheprobleme und beide lassen sich scheiden. Den Familienrichter interessiert der Zeitraum des Zusammenlebens nicht; er erklärt, entscheidend sei für ihn allein das Datum der standesamtlichen Trauung.

Das gesamte Scheidungsfolgenrecht, sowohl der Vermögens- als auch der Versorgungsausgleich und der nacheheliche Unterhalt, knüpfen an die **rechtliche Dauer der Ehe** an. Das bedeutet, daß entscheidend für ihren Beginn die standesamtliche Trauung ist. Daß dieses Datum teilweise von Zufälligkeiten abhängt, nämlich der terminlichen Koordination von Standesamt, Kirche, Wirtschaft und Gästen, ist für die rechtliche Beurteilung nicht maßgeblich. Dies gilt in gleicher Weise für den Umstand, daß die Partner selbst ihre Lebensgemeinschaft ohne und mit Trauschein als Einheit betrachten. Auch insoweit erfolgen Vermögenszuwächse und Zuwendungen regelmäßig im Hinblick auf die unterschiedlichen Rechtsfolgen vor und nach der Eheschließung mehr oder weniger ungeplant. So werden die Partner die Eigentumswohnung dann kaufen, wenn sie eine passende gefunden haben, und nicht überlegen, welche Auswirkungen der Erwerb auf einen späteren Vermögensausgleich bei einer Scheidung haben könnte.

Bei größeren Anschaffungen vor der Ehe und im Partnerschaftsvertrag sollte dieser Punkt allerdings beachtet werden. Partnerschaftsverträge regeln mitunter diffizil, wer bei einer Trennung welchen Löffel bekommt, zu dem genannten zentralen Problem enthalten sie aber häufig nichts. Ist eine Ehe aber aus rechtlichen oder tatsächlichen Gründen nicht ausgeschlossen, sollte der Partnerschaftsvertrag jedenfalls daraufhin überprüft werden, ob er mit einer **ehevertraglichen** Regelung verbunden werden muß. Ob dies der Fall ist, erfährt man bei einem Notar, vor dem ein Ehevertrag abgeschlossen werden muß. Hinweise werden auch in Kapitel 4, Abschnitt III gegeben.

## 2. *Dauer und Kündigung der Partnerschaft*

**Beispiel:** Martin und Frieda vereinbaren, daß ihre Lebensgemeinschaft auf lebenslange Dauer geschlossen ist. Eine Kündigung sei jedoch mit Wirkung zum folgenden Monatsersten möglich. Eine Kündigung zur

Unzeit, etwa bei Pflegebedürftigkeit eines Beteiligten oder bei einer Schwangerschaft von Frieda, sei ausgeschlossen. Frieda zieht am 3. März aus, als Martin wegen einer Erkältung „sterbenskrank" ist.

Auch noch so ein „heilig und fest" versprochenes Zusammenleben auf Lebenszeit ist nicht einklagbar. Deshalb ist diese Absichtserklärung, die bei einer Ehe auf Probe ohnehin nicht zutrifft, im Ernstfall das Papier nicht wert, auf dem sie steht. Daß eine Partnerschaft auf Dauer angelegt sein soll, ist so selbstverständlich, daß dies keiner Erwähnung bedarf. Selbst wenn die Beteiligten vorerst ihre Ehetauglichkeit ein Jahr lang ausprobieren wollen, werden sie zunächst ernsthafte Absicht haben, ihre Lebensgemeinschaft auch nach dieser Frist fortzuführen. Aus diesem Grund sind auch Befristungen – nach dem Muster von Mietverhältnissen – in Partnerschaftsverträgen fehl am Platz.

Die bereits abgelehnte „Lebensdauerklausel" ist zudem paradox, wenn im nächsten Satz ein Kündigungsrecht vorgesehen ist. Aber auch Kündigungsrechte sind unsinnig. Derjenige Teil, der aus der Gemeinschaft ausbrechen will, wird nicht die Kündigung erklären und bis zum Kündigungstermin noch dem anderen Partner zur Verfügung stehen, sondern die Beziehung abbrechen. Dies kann bei einer Krankheit oder bei einer Schwangerschaft menschlich enttäuschend sein und den anderen Teil hart treffen, dennoch sind Klauseln, die versuchen, eine Trennung hinauszuzögern, praxisfremd. Auch in einer Ehe gibt es keine Möglichkeit, den trennungswilligen Partner zu halten. Selbst wenn eine Scheidung ausnahmsweise ausgeschlossen ist, besteht kein Zwang zur Aufrechterhaltung der Lebensgemeinschaft. Dies gilt auch für den häufig genannten Fall der Schwangerschaft der Frau. Wieso die Bindungen in einer Lebensgemeinschaft ohne Trauschein enger sein sollen als in einer Ehe, bleibt unerfindlich. Wird das Kündigungsrecht pauschal bei einer Schwangerschaft ausgeschlossen, ist dies zusätzlich mißverständlich, da davon auch der Fall eines nicht gemeinsamen Kindes erfaßt wäre.

**Fazit:** Die Partner brauchen und sollen hinsichtlich der Dauer ihrer Partnerschaft keine Vereinbarungen treffen. Bezüglich des Endes kann klarstellend vermerkt werden, daß die Lebensgemeinschaft jederzeit und ohne Angabe von Gründen beendet werden kann. Verfolgen die Partner wirtschaftlich einen gemeinsamen Zweck, z. B. das Führen eines Ladengeschäfts oder die Verwaltung gemeinsamen Vermögens, so kann es diesbezüglich zweckmäßig sein, für den Fall einer privaten Trennung **Auseinandersetzungsregeln** unter Einschluß einer hinausgeschobenen Liquidation zu treffen.

### 3. Kann eine Abfindung für den an einer Trennung schuldlosen Partner vereinbart werden?

**Beispiel:** Martin und Frieda vereinbaren, daß Martin für die Auflösung des eheähnlichen Verhältnisses als Ausgleichsbetrag 40 000,– DM an Frieda bezahlen müsse. Dieser Betrag erhöhe sich nach 10jährigem Zusammenleben auf 80 000,– DM. Der Ausgleichsanspruch entfalle aber bei Eingehung einer Ehe zwischen den Beteiligten oder wenn Frieda ihrerseits die Beziehung löse. Martin betrügt Frieda ständig, beschimpft sie und schlägt sie wiederholt. Daraufhin zieht Frieda aus und fordert die Ausgleichszahlung.

In einer nichtehelichen Partnerschaft billigen die Gerichte jeder Partei das Recht(!) zu, nach Belieben sich von dem Partner zu trennen und sich anderen Personen „zuzuwenden". Rechtsnachteile dürfen hieraus nicht entstehen. Der Schutz der persönlichen Entscheidungsfreiheit verbietet eine Regelung, die die Lösung des nichtehelichen Verhältnisses erschwert oder gar unmöglich machen soll. Eine Regelung, die an die Aufrechterhaltung der Lebensgemeinschaft einen Abfindungsanspruch in Form einer Strafe für persönliches Verhalten knüpft, wird deshalb von den Gerichten für sittenwidrig und somit nichtig gehalten. Der Versuch, ein Ausbrechen aus der Partnerschaft mittels einer Vertragsstrafe zu sanktionieren, ist deshalb unzulässig.

**Beispiel:** Als Martin und Frieda zusammenziehen, gibt Frieda ihre Wohnung und Berufstätigkeit auf. Sollten sie sich trennen, soll Frieda als „Startkapital" zur Einrichtung einer neuen Wohnung 20 000,– DM und für jedes Jahr der Partnerschaft als pauschale Vermögensbeteiligung und als Ausgleich für den Verzicht auf eigene Berufstätigkeit 5000,– DM erhalten.

Die Richter, die – sehr fortschrittlich – den Seitensprung eines Partners als dessen Recht schützen, haben allerdings nichts gegen Vereinbarungen, die aus Anlaß einer Trennung entstehenden Nachteile eines Partners finanziell auszugleichen versuchen. Es darf sich aber nicht um eine „verkappte Trennungsstrafe" handeln. Zweckmäßig ist es deshalb anzugeben, welche Nachteile oder Einbußen ausgeglichen werden sollen. Werden lediglich die wirtschaftlichen Folgen einer Trennung abgemildert, ist auch die Vereinbarung eines angemessenen pauschalen Betrages ohne genaue Zuordnung zu Einzelnachteilen möglich. Vorsicht ist geboten, wenn die Abfindung an ein Trennungsverschulden geknüpft wird; dann kann es leicht passieren, daß der Richter eine verkappte Vertragsstrafe annimmt. Dies dürfte zwar im Hinblick auf die gesetzliche Regelung bei einer „geplatzten Verlobung", die auch an den Rücktritt bzw. seine Verursachung anknüpft, unzutreffend sein, aber wer weiß, wie die Gerichte letztlich entscheiden. Nicht vergessen werden sollte die **Geldentwertung**. Da eine automatische Anpassung an den Geldwertschwund der Genehmigung der Bundesbank bedarf, empfiehlt sich eine **Verzinsung** des vereinbarten Betrages.

**Formulierungshilfe:**

Im Falle unserer Trennung hat Martin an Frieda innerhalb von zwei Wochen ab Auszug von Frieda aus der gemeinsam benutzten Wohnung 20 000,— DM, unabhängig von einem etwaigen Verschulden an unserer Trennung, zu bezahlen. Dieser Betrag dient der Begründung eines neuen Hausstandes von Frieda und soll Nachteile ausgleichen, die die durch die einvernehmliche Aufgabe ihres Hausstandes erlitten hat. Dieser Betrag ist ab heute bis zur Zahlung mit 2% über dem jeweiligen Diskontsatz der Deutschen Bundesbank zu verzinsen.

# 4. Kapitel:
# Die gemeinsame Wohnung

Die Bildung eines gemeinsamen Hausstandes ist in der Regel der erste Schritt auf dem Weg zu einer Lebensgemeinschaft. Mit ihm tritt das Paar auch erstmalig in rechtliche Beziehung zu dritten Personen. Hieraus ergeben sich eine Reihe von Problemen, die differenzierte Lösungen erfordern, und zwar unterschieden danach, ob das Zusammenleben in einer Mietwohnung, aufgrund eines grundbuchmäßig abgesicherten Wohnungsrechts oder im Eigenheim erfolgt. Wichtig sind vor allem folgende Fragen:

- Wer soll den Mietvertrag abschließen oder das Eigenheim erwerben?
- Wie werden die laufenden Kosten zwischen den Partnern verteilt?
- Kann ein Beteiligter seinen Geliebten oder seine Geliebte in die Wohnung aufnehmen?
- Wie schütze ich mich davor, bei einer Trennung auf die Straße gesetzt zu werden?
- Was passiert beim Tod des Partners?

Die einfachste Lösung für alle diese Fragen besteht darin, daß jeder Partner seine eigene Wohnung behält. Paare, die sich ohnehin für diese Lebensform entschieden haben, können dieses Kapitel überspringen. Für alle anderen gehört seine Lektüre zur Pflichtaufgabe.

## I. Wohnungssuche, Kündigungsmöglichkeiten, Wohnsitz und Sozialleistungen

### 1. *Maklerprovision bei Vertragsabschluß mit dem Partner?*

**Beispiel:** Martin und Frieda suchen vergeblich eine Wohnung. Frieda „beißt schließlich in den sauren Apfel" und beauftragt einen Makler. Sie unterzeichnet den Auftrag, in dem als Entgelt für eine erfolgreiche Vermittlung zwei Monatsmieten zuzüglich Mehrwertsteuer vorgesehen sind. Martin und Frieda besichtigen mit dem Makler mehrere Wohnungen. Sie entscheiden sich für eine Altbauwohnung; nur Martin und der Vermieter schließen den Mietvertrag. Der Makler fordert von Martin die Provision.

Häufig wird bei der Wohnungssuche, sowohl beim Kauf als auch bei der Anmietung einer Immobilie, ein Makler eingeschaltet. Diesem steht beim erfolgreichen Abschluß des Vertrages eine Provision zu. Clevere Paare versuchen manchmal, obwohl sie die Dienste des Vermittlers in Anspruch genommen haben, die Zahlungspflicht dadurch zu umgehen, daß ein Partner gegenüber dem Makler als Interessent auftritt und später der andere unter Ausnutzung des erlangten Wissens den Vertrag mit dem Eigentümer einer Immobilie abschließt.

Die Rechtslage ist hier in einem Punkt eindeutig: Der Makler kann seinen Provisionsanspruch, wenn der Partner sich weigert, den Vermittlungsauftrag mitzuunterzeichnen, nur von seinem Vertragspartner verlangen. Ob er damit Erfolg hat, ist fraglich. Sind im Maklervertrag, unabhängig davon, wer ihn unterzeichnet hat, beide Partner als Kauf- oder Mietinteressenten genannt, bejahen die Gerichte die wirtschaftliche Identität zwischen dem beabsichtigten und dem geschlossenen Vertrag. Ein Provisionsanspruch wird auch bejaht, wenn die Partnerschaft bereits in dem Zeitpunkt, in dem der Makler vermittelnd tätig wurde, bestand und noch bei Abschluß des Hauptvertrages andauert. Glück haben nach dieser Rechtsprechung somit Paare, die sich erst nach der Wohnungsbesichtigung – vielleicht aufgrund der gemeinsamen Herbergssuche näher kennenlernen – oder danach trennen; wobei im zweiten Fall das Glück durchaus zweifelhaft ist.

## 2. Kann man einem Mieter kündigen, um einem Kind mit seinem Partner ein „Nest" zu schaffen?

**Beispiel:** Martin und Frieda wollen zusammenziehen, um ihre Ehetauglichkeit zu testen. Der Vater von Frieda möchte die „Kommune" etwas im Auge behalten. Deshalb will er den jungen Leuten eine Wohnung in seinem Dreifamilienhaus zur Verfügung stellen. Hierzu müßte er aber erst den derzeitigen Mietern, einem jungen Ehepaar, kündigen. Diese meint, die Ehe, nicht aber die „freie Liebe" sei staatlich geschützt. Ist eine Kündigung – auch in den neuen Bundesländern – möglich?

Ein Mietverhältnis über Wohnraum kann der Vermieter – von Ausnahmen abgesehen – nur kündigen, wenn er ein berechtigtes Interesse an der Beendigung des Mietverhältnisses hat. Als solches ist es insbesondere anzusehen, wenn der Vermieter die Räume als

Wohnung für sich, die zu seinem Hausstand gehörenden Personen oder seine Familienangehörigen benötigt. Zu diesem Personenkreis gehört auch ein Kind des Vermieters, das die Wohnung für eine nichteheliche Lebensgemeinschaft nutzen will. In den **neuen Bundesländern** besteht dieses Kündigungsrecht jedoch erst nach dem 31. Dezember 1992, es sei denn, der Ausschluß des Kündigungsrechtes bedeutet für den Vermieter unter Würdigung der Interessen des Mieters eine besondere Härte. Eine Ausnahme ist danach wohl nur bei einem Wohnbedarf des Vermieters selbst, nicht aber seiner Angehörigen anzunehmen. Zu Problemen kann eine Kündigung auch führen, wenn eine Wohnung erst vermietet wurde und kurz darauf eine Eigenbedarfskündigung erfolgt. An die große Liebe auf den ersten Blick glauben die Gerichte aus Gründen des Mieterschutzes kaum.

### 3. Wo haben unverheiratete Paare ihren Hauptwohnsitz?

**Beispiel:** Frieda ist in München berufstätig und hat dort ein Appartement gemietet, um nicht täglich in das sechzig Kilometer entfernte Walddorf fahren zu müssen. Dort lebt sie seit zehn Jahren mit Fritz in einer gemeinsamen Wohnung. Bei der Anmeldung erklärt sie, sie benutze die Wohnung in München nicht vorwiegend, sondern ihre bisherige Wohnung in Walddorf. Dennoch wird im Melderegister München als Hauptwohnsitz eingetragen. Hiergegen richtet sich Friedas Widerspruch.

Nach den landesrechtlichen Meldegesetzen ist in Deutschland jedermann verpflichtet, seinen Wohnsitz, bei mehreren jeden Wohnsitz, anzumelden. Bei mehreren Wohnungen ist derjenige Hauptwohnsitz, der überwiegend benutzt wird. Nach der Lebenserfahrung benutzt ein Alleinstehender in der Regel vorwiegend die Wohnung an dem Ort, von dem aus er der Arbeit oder der Ausbildung nachgeht. Allerdings sehen viele Meldegesetze vor, daß bei einem verheirateten Einwohner, der nicht dauernd von seiner Familie getrennt lebt, die vorwiegend benutzte Wohnung die der Familie ist. Die entsprechende Anwendung dieser Vorschriften auf eine nichteheliche Lebensgemeinschaft wird von den Gerichten abgelehnt. Die Konsequenz ist, daß unverheiratete Partner, selbst wenn sie zusammenleben, melderechtlich unterschiedliche Wohnsitze haben können.

## 4. Wie wirkt sich der Umzug zum Partner auf das Arbeitslosengeld aus?

**Beispiel:** Martin und Frieda leben seit zehn Jahren in Hamburg unverheiratet zusammen. Als Martin nach Frankfurt versetzt wird, kündigt Frieda ihre Stelle und folgt Martin. In Frankfurt ist sie zunächst arbeitslos. Das Arbeitsamt will ihr Arbeitslosengeld erst nach einer Sperrzeit von acht Wochen gewähren, da sie ihr bisheriges Arbeitsverhältnis ohne wichtigen Grund gelöst habe. Frieda ist über die Unmenschlichkeit der Beamten erbost; außerdem habe ihre verheiratete Freundin, die ihren Job aufgegeben hat, um ihrem Mann nach Dresden zu folgen, keine Sperrzeit „aufgebrummt" bekommen.

Löst ein Arbeitnehmer sein Arbeitsverhältnis durch Kündigung oder Aufhebungsvertrag und führt er dadurch zumindest grob fahrlässig seine Arbeitslosigkeit herbei, so erhält er Arbeitslosengeld erst nach einer **Sperrzeit**. Diese Sperrzeit soll die Gemeinschaft der Beitragszahler davor schützen, daß der Anspruchsberechtigte das Risiko der Arbeitslosigkeit manipuliert. Nach den Vorstellungen des Gesetzgebers soll eine Sperrzeit allgemein nur dann eintreten, wenn dem Arbeitnehmer unter Berücksichtigung aller Umstände des Einzelfalles und unter Abwägung seiner Interessen mit den Interessen der Versicherungsgemeinschaft ein anderes Verhalten zugemutet werden kann.

Belange, die allein persönlichen Bedürfnissen und Wünschen entspringen, können eine Auflösung des Arbeitsverhältnisses im allgemeinen nicht begründen. Allerdings stellt der zur Herstellung bzw. Wiederherstellung der ehelichen Lebensgemeinschaft erfolgte Zuzug zum Ehegatten einen wichtigen Grund dar, wenn der Arbeitslose von der gemeinsamen ehelichen Wohnung aus seiner bisherigen Arbeitsstelle zumutbar nicht nachgehen kann. Dagegen kann sich ein Arbeitnehmer, der seinen Arbeitsplatz aufgibt, um eine nichteheliche Lebensgemeinschaft zu begründen oder diese fortzusetzen, sich für sein Verhalten grundsätzlich nicht auf einen wichtigen Grund im Sinne der Sperrzeitregelung berufen, und zwar auch dann nicht, wenn die Partner miteinander verlobt sind oder die Gemeinschaft schon seit Jahren Bestand hat. Etwas anders kann ausnahmsweise gelten, wenn eine Arbeitnehmerin zum Erzeuger ihres nichtehelichen Kindes zieht und besondere Umstände vorliegen, die den Zuzug zum gewählten Zeitpunkt im Interesse des Kindes nahelegen.

Vermag ein Zuzug zum nichtehelichen Partner auch die Arbeitsplatzaufgabe nicht zu rechtfertigen, so kann dennoch ein besonderer Härtefall vorliegen, der zur **Herabsetzung** der Sperrzeit **auf vier Wochen** führt. Dies ist insbesondere der Fall, wenn der Umzug erfolgte, um eine langjährige tiefe menschliche Beziehung aufrechtzuerhalten.

### 5. Was ist beim Wohngeld zu beachten?

**Beispiel:** Paul und Paula wollen zusammenziehen. Da beide nur eine kleine Rente beziehen, wollen sie „Wohngeld" beantragen. Der zuständige Sachbearbeiter erklärt ihnen, daß unabhängig davon, wer Mieter oder Eigentümer der Wohnung werde, stets die Einkünfte beider Partner für die Gewährung des Wohngelds maßgeblich seien.

Wohngeld wird auf Antrag entweder als Zuschuß zur Miete oder als Zuschuß zu den Aufwendungen für den eigengenutzten Wohnraum gewährt. Dabei wird nach der Kopfzahl der Familie ein bestimmter Bedarf anerkannt, und zwar in der Weise, daß gestaffelt nach Wohnraumausstattung, Alter der Wohnung und Größe der Gemeinde Höchstbeträge für die Miete bzw. die Belastung festgesetzt werden. Übersteigende Beträge bleiben unberücksichtigt. Dadurch soll ein Wohnungsluxus auf Staatskosten vermieden werden. Anders als bei der Sozialhilfe wird allerdings der Einsatz eigenen Vermögens nicht gefordert. Bei der (komplizierten) Berechnung der Einkommensgrenzen sind auch Personen zu berücksichtigen, mit denen der Anspruchsberechtigte eine **Wohn- und Wirtschaftsgemeinschaft** führt (§ 18 Abs. 2 WoGG). Die persönlichen Beziehungen spielen hierfür keine Rolle. Entscheidend ist das Wirtschaften aus einem Topf (vgl. Kapitel 1 Abschnitt III.2c). Das Zusammenleben mit einem Partner kann somit zur Kürzung oder Streichung von Wohngeld führen.

## II. Das Zusammenleben in einer Mietwohnung

### 1. Wann erhalten unverheiratete Paare eine Sozialwohnung?

**Beispiel:** Martin und Frieda können sich die Großstadtmiete nicht leisten. Sie wollen eine Sozialwohnung beantragen. Frieda meint, sie müßten auf jeden Fall vorher heiraten, sonst sei das sinnlos. Martin hält das für einen Vorwand.

Sozialwohnungen dürfen nur an diejenigen Personen vermietet werden, die im Besitz einer **Wohnberechtigungsbescheinigung des Wohnungsamtes** sind. Grund hierfür ist, daß die Sozialwohnungen aus öffentlichen Mitteln gefördert werden und nur Personen zur Verfügung stehen sollen, die sich eine Wohnung im freifinanzierten Wohnungsbau nicht leisten können. Grundsätzlich sollen derartige Bescheinigungen nur für den Wohnungssuchenden und seine Familienangehörigen ausgestellt werden. Zu ihnen gehört der unverheiratete Partner nicht. Allerdings steht den Behörden bei der Erteilung einer Wohnberechtigungsbescheinigung in Härtefällen ein Ermessen zu. Mitunter wird deshalb nach dem Trauschein gar nicht gefragt. Die Gerichte haben aber auch Vergaberichtlinien gebilligt, nach denen eine Bescheinigung an nicht verheiratete Personen nur erteilt wurde, wenn diese schon längere Zeit einen gemeinsamen Haushalt führten, die Ehe jedoch wegen des Verlustes von Renten- und Versorgungsansprüchen nicht eingehen wollten. Paaren, die (zunächst) nicht heiraten wollten, könne nur bei Vorliegen einer besonderen Härte und Wahrung des Vorrangs von wohnberechtigten Familien, eine Sozialwohnung gewährt werden. Das heißt: Wer heiraten kann, aber nicht will, ist selbst schuld daran, wenn er keine Sozialwohnung erhält. Ob das örtliche zuständige Wohnungsamt auf diesem Standpunkt steht, ist durch Befragung zu ermitteln.

## 2. Gemeinsame Wohnungsmiete?

**Beispiel:** Frieda hat in einer Broschüre des Bundesjustiz- und des Bundesfamilienministeriums gelesen, es sei aus der Sicht der Partner vorteilhaft, wenn beide den Mietvertrag abschließen. Auch der Vermieter hätte das gerne. Nur Martin, der mit Frieda zunächst probeweise zusammenleben will, hält das für einen „Blödsinn". Frieda zweifelt an seiner Liebe; der Vermieter schließt sich dem an.

Die Frage, ob bei einer Mietwohnung nur ein Partner oder beide Partner den Mietvertrag unterzeichnen sollen, wird oft mit dem drastischen Beispiel illustriert, daß ein Mann nach mehrjähriger Lebensgemeinschaft eine andere Frau kennenlernt und seine ehemalige Lebensgefährtin daraufhin aus dem Haus wirft. Aus Angst, plötzlich auf der Straße zu stehen, bestehen mitunter Part-

ner darauf, den Mietvertrag für die gemeinsame Wohnung mitzuunterzeichnen. Wird es versäumt, nach einer Trennung den ausziehenden Partner aus dem Mietvertrag zu entlassen, oder stimmt
dem der Vermieter nicht zu, so besteht die Haftung des ausgezo-
genen Teils für die Miete möglicherweise noch fort, wenn dieser
bereits mehrere Jahre glücklich verheiratet ist. Kündigen beide
Partner die Wohnung, so stehen sie – angesichts der Wohnungs-
not – beide auf der Straße.

Grundsätzlich kann die Frage, ob beide oder lediglich ein Partner mieten sollen, nur im Einzelfall beantwortet werden. Wenn
Paare nur „auf Probe" zusammenleben wollen, ist der gemeinsame Mietvertrag unsinnig. Heiraten die Partner später, so genießt
der Ehegatte, der nicht Mieter ist, ohnehin den Schutz des Gesetzes bei einer Scheidung und dem Tod des Gatten. Bis zu diesem
Zeitpunkt bringt die Eingehung einer langfristigen Verbindlich-
keit, zu der auch der Abschluß eines Mietvertrages gehört, nur
schwer kalkulierbare Haftungsrisiken mit sich. Sind sich dagegen
Partner wirklich sicher, daß sie sich nie mehr trennen wollen oder
wählen sie die nichteheliche Lebensgemeinschaft als Alternative
zur Ehe, so kann auch ein gemeinsamer Mietvertragsabschluß einmal in Betracht kommen. Dabei sollten sich die Partner trotzdem
über das Weiterbestehen der Haftung für die Miete auch nach
einem Auszug im klaren sein.

Sind **beide Partner Mieter**, sollten sie jedenfalls nicht versäumen, die nachfolgend behandelten Punkte zu regeln.

### a) Aufteilung der Wohnungskosten

Während des Zusammenlebens sollte festgelegt werden, wie die
Miete und die Nebenkosten im Innenverhältnis aufgeteilt werden.
Zweckmäßigerweise erfolgt dies im Zusammenhang mit der
Regelung der Kosten der Haushaltsführung. Jedenfalls dürfen auf
den nicht erwerbstätigen Partner keine Zahlungen zukommen,
die er nicht bestreiten kann.

### b) Wohnungsübernahme und Haftung bei einer Trennung

Nach einer Trennung haben beide Partner weiterhin (rechtlich)
eine gemeinsame Wohnung. Daß sie diese weiterhin zusammen
nutzen, wird jedenfalls auf Dauer nicht der Fall sein. Da – anders

als bei Ehegatten – keine gerichtliche Zuweisung der gemeinsamen Wohnung erfolgen kann, sollten die Partner bereits in guten Tagen einen Mechanismus für den Fall festlegen, daß eine einvernehmliche Entscheidung darüber, wer die Wohnung behalten darf, nicht mehr zu erreichen ist. Dies kann beispielsweise durch einen Losentscheid erfolgen. Derjenige Partner, der fortan die Wohnung allein nutzt, hat selbstverständlich sämtliche anfallenden Kosten allein zu tragen. Beide Partner sollten sich um die **Entlassung** des ausziehenden Partners **aus dem Mietvertrag** bemühen.

Sollte der Vermieter nicht zustimmen, bleiben nur zwei Auswege: Entweder bevollmächtigen sich die Partner gegenseitig zur Kündigung des Mietvertrages. Womit auch der andere Partner aus der Wohnung ausziehen muß. Oder derjenige Partner, der die Wohnung weiterhin nutzt, stellt dem anderen eine geeignete Sicherheit dafür, daß dieser jederzeit vom Vermieter in Anspruch genommen werden kann. Dies kann durch eine Bankbürgschaft erfolgen, die der Höhe nach zumindest einem Betrag entsprechen sollte, der den Monatsmieten bis zur Wirksamkeit einer Kündigung entspricht. Am besten addiert man noch drei Monatsmieten als „Sicherheitszuschlag" für eventuell erforderliche Schönheitsreparaturen und offene Nebenkosten hinzu. Eine hundertprozentige Sicherheit bietet freilich auch diese Alternative nicht, da immer noch Mietrückstände bestehen können, für die der Partner mithaftet. Aus diesem Grunde kann nur nochmals die Warnung vor einer leichtfertigen gemeinsamen Unterzeichnung des Mietvertrages, insbesondere bei einem probeweisen Zusammenwohnen, wiederholt werden.

## c) *Rechtsverhältnisse beim Tod eines Partners*

Auf den längst überfälligen Einwand gegen die vorstehende Empfehlung soll nunmehr eingegangen werden. Er lautet: Was passiert beim Tod eines Partners?

Haben Ehegatten eine Wohnung gemeinschaftlich gemietet, kann die Frage leicht beantwortet werden: Gemäß § 569b BGB wird das Mietverhältnis mit dem überlebenden Ehegatten allein fortgesetzt, wenn er nicht kündigt. Eine analoge Anwendung dieser Vorschrift verstößt zwar nicht gegen Verfassungsrecht, wird aber von den Gerichten derzeit überwiegend noch abgelehnt. Aus diesem Grunde ist § 569a Abs. 2 BGB anwendbar. Danach treten in das Mietverhältnis hinsichtlich des verstorbenen Mitmieters dessen Familienangehörige, die mit ihm einen gemeinsamen Hausstand in der Wohnung führten, ein. Zu dem Kreis der Familienangehörigen gehört nach neuerer Rechtsprechung auch der Partner einer nichtehelichen Lebensgemeinschaft, wenn diese auf Dauer angelegt und beide Teile unverheiratet waren. Trifft dies zu, so ist es unerheblich, ob der Partner Mitmieter der Wohnung war. Selbst wenn er den Mietvertrag mitunterzeichnet hat, muß er allerdings aufpassen. Ist irgendeine verwandte oder verschwägerte Person des verstorbenen Partners mit in die Wohnung aufgenommen, z. B. ersteheliche Kinder, die „verhinderte Schwiegermutter" oder eine alte Großtante, so tritt diese ebenfalls in den Mietvertrag ein. Die Rechte aus dem Mietverhältnis können sie nur gemeinsam ausüben. Dagegen sind die Erben, also auch bereits ausgezogene Kinder, von der Fortsetzung des Mietverhältnisses ausgeschlossen. Einfacher ist es, wenn im Mietvertrag vereinbart wird, daß der Partner beim Tode seines Lebensgefährten in den Mietvertrag eintritt. Dagegen wird der Vermieter bei Zahlungsfähigkeit kaum etwas haben. Allerdings ist zu beachten, daß das Eintrittsrecht von den in den Haushalt aufgenommenen Familienangehörigen **zwingend** ist und deshalb im Mietvertrag nicht abbedungen werden kann.

### 3. Aufnahme eines Partners in die Mietwohnung

**Beispiel:** Tom und Gabi leben von Luft und Liebe. Letztere ist so groß, daß Gabi zunächst einmal in das Einzimmer-Appartement von Tom einziehen möchte. Der Vermieter will Zustände wie in „Sodom und Gomorrha" nicht dulden, schließlich habe er auch heiraten müssen, um nach dem Krieg eine Wohnung zu bekommen. Er droht die fristlose Kündigung, jedenfalls aber eine Mieterhöhung wegen der Untervermietung an. Gabi weiß nicht so recht, ob sie einen Untermietvertrag mit Tom braucht.

### a) Kann der Vermieter die Aufnahme des Partners untersagen?

In den 60er Jahren war es üblich, den Lebensgefährten als Verlobten zu bezeichnen und mit entsprechenden Ringen diesen „Status" zu dokumentieren. Derartige Maskeraden sind heutzutage überflüssig. Zum Recht des Mieters, sich in der Wohnung frei zu entfalten, gehört auch die Eingehung einer außerehelichen Liebesbeziehung. Deshalb ist das gesetzlich erforderliche berechtigte Interesse an der Aufnahme des Lebensgefährten im Regelfall zu bejahen. Dies gilt selbst, wenn Vermieter eine kirchliche Institution ist. Allerdings können Besonderheiten des Einzelfalls einer Aufnahme entgegenstehen. In Betracht kommen eine ehebrecherische Natur der Partnerschaft, häufiger Partnerwechsel und Unzuträglichkeiten, die sich aus der Lage der Wohnung in einer die nichteheliche Lebensgemeinschaft ablehnenden Umgebung ergeben. Beschweren sich in einem „ehrenwerten Haus" sämtliche anderen Mieter über das „wilde" Zusammenleben, könnte der Vermieter gezwungen sein, seine Zustimmung zum Einzug des Partners zu versagen. Allerdings lassen die Gerichte derartige verschrobene Moralvorstellungen immer weniger gelten. Das Landgericht München I hat deshalb eine Kündigung eines Vermieters für unwirksam erklärt, mit welcher dieser die bereits zehn Jahre andauernde Lebensgemeinschaft zweier Männer verbieten wollte.

Zu beachten ist, daß es dagegen keinen Anspruch auf den Abschluß eines Mietvertrages gibt. Will ein Vermieter lieber an ein Paar mit Trauschein und Hund vermieten, so hat ein unverheiratetes Pärchen keine Chance, selbst wenn es nur einen Wellensittich hat. Die „Notlüge", man sei ebenfalls verheiratet, um die Wohnung zu bekommen, ist gefährlich. Möglicherweise kann der Vermieter nämlich den Vertrag wegen arglistiger Täuschung anfechten. Besser ist es anzugeben, daß eine Heirat „beabsichtigt" sei. Das ist unverbindlich und – ausgenommen bei gleichgeschlechtlichen Paaren – sogar meist zutreffend. Folgt man den obigen Ratschlägen, so ist es ohnehin besser, nur ein Partner tritt als Mieter auf. Er begeht keine Pflichtverletzung, wenn er von seiner hübschen Freundin nichts erzählt und diese einige Zeit nach dem Einzug in die Wohnung aufnimmt. Allerdings muß er nun „schwindeln": Das Bedürfnis für die Aufnahme der Partnerin darf erst nach Abschluß des Mietvertrages entstanden sein. Aber wer kann schon nachprüfen, wann ein Liebespaar zu einer Lebensgemeinschaft reif ist. Der Vermieter kann der Aufnahme auch nicht wegen einer „Überbelegung" der Wohnung widersprechen. Für ein frisch verliebtes Paar kann auch ein Appartement, in dem ein Bett steht, ausreichend groß sein. Der Mieter kann seinen Wohnbedarf nach seinen eigenen Vorstellungen bestimmen, soweit die Belegung nicht bau- und polizeirechtlichen Vorschriften widerspricht.

**Beispiel:** Als Veronika eine Wohnung an die attraktive Dora vermietet, befürchtet sie, daß diese nicht lange allein bleiben werde. Da sie keine „Kommunen" in ihrem Haus dulden möchte, ist sie nur bereit zu vermieten, wenn in den Vertrag folgende Klausel aufgenommen wird: „Die Aufnahme anderer Partner als eines Ehegatten ist verboten". Dora möchte die Wohnung, aber kein „Zölibat".

Sog. Zölibatsklauseln, die die Eheschließung verbieten, sind – außer für katholische Priester – unwirksam. Um eine solche handelt es sich jedoch nicht, wenn die Eheschließung erlaubt, aber die „wilde" Ehe untersagt werden soll. Allerdings erklärt das Gesetz (§ 549 Abs. 2 S. 3 BGB) Vereinbarungen für unwirksam, wenn die Aufnahme eines Dritten von anderen Kriterien als der Zumutbarkeit für den Vermieter abhängig gemacht wird. Vertragsklauseln, die die Aufnahme eines Partners ohne eine derartige Prüfung verbieten, sind deshalb **regelmäßig unwirksam**. Selbst wenn ein Vermieter auf ihre Aufnahme besteht, kann später der Lebensgefährte in die Wohnung aufgenommen werden.

**Beispiel:** Frieda hat ihren Ehemann Martin verlassen, da sie dessen „Besitzansprüche" ihr gegenüber nicht mehr ertragen konnte. Der Vermieter setzt den Mietvertrag mit Martin allein fort. Martin lernt Gerda kennen und lieben. Als Gerda bei Martin einzieht, klagt Frieda: Das Gericht solle Martin verbieten, Gerda in der früheren Ehewohnung zu empfangen und ihr Wohnung zu gewähren. Sein Verhalten sei geschmacklos.

Jeder Ehegatte kann verhindern, daß der andere seinen Freund oder seine Freundin mit nach Hause bringt. Allerdings ist dies nur dann der Fall, wenn die Aufnahme in die Ehewohnung erfolgt. Die Eigenschaft als Ehewohnung geht freilich noch nicht sofort verloren, wenn ein Ehegatte auszieht. Übernimmt jedoch der zurückbleibende Ehegatte das Mietverhältnis allein, so bleibt es ihm unbenommen, wen er in seiner Wohnung beherbergt.

### b) Wird der Partner durch den Einzug Mit- oder Untermieter?

Automatisch kommt durch die Aufnahme des Partners in die Wohnung weder ein Mietvertrag zwischen den Lebensgefährten noch zum Vermieter zustande. Der Partner ist typischerweise kein „Zimmerherr", sondern voll in den Haushalt integriert. Allerdings begründet umgekehrt die Aufnahme in eine Mietwohnung nicht zwangsläufig auch eine Lebensgemeinschaft. Kurz gesagt: Die bloße Wohngemeinschaft ist keine Lebensgemeinschaft! Allerdings hat der Vermieter keinen Anspruch darauf nachzuprüfen, ob die Partner ein oder zwei Schlafzimmer haben. Er ist insoweit auf die (glaubwürdigen) Angaben seines Vertragspartners angewiesen.

Manche Paare kennen mittlerweile ein Standardschreiben großer Versicherungsgesellschaften, in dem diese mitteilen, sie hätten von einer unbefugten Untervermietung erfahren, und eine fristlose Kündigung androhen, wenn nicht binnen einer bestimmten Frist die Personalien des „Untermieters" angegeben und Verdienstnachweise vorgelegt werden. Der Partner, der die Wohnung gemietet hat, hat wohl tatsächlich einen Fehler gemacht: Er hätte dem Vermieter die Aufnahme seines Partners mitteilen sollen. Hierzu genügt folgendes Schreiben:

---

Sehr geehrte Damen und Herren,

seit Anfang dieses Monats habe ich in die von Ihnen gemietete Wohnung in Walddorf, Hauptstr. 1, zweiter Stock links, Herrn Martin Müller aufgenommen, um mit ihm in Form einer nichtehelichen Lebensgemeinschaft zusammenzuleben. Sollte ich nichts Gegenteiliges von ihnen hören, gehe ich von Ihrer Zustimmung aus.

Mit freundlichen Grüßen
Frieda Meier

---

Wird diese Mitteilung versäumt, so rechtfertigt diese „Schlampigkeit" keine Kündigung. Hat der Mieter nämlich einen Anspruch auf Erlaubnis zur Aufnahme des Partners, so ist selbst eine Kündigung wegen der unerlaubten Gebrauchsüberlassung unwirksam. Die Probleme lösen sich deshalb regelmäßig – nahezu – mit folgendem Brief:

Sehr geehrte Damen und Herren,

ich bitte zu entschuldigen, daß ich Ihnen nicht rechtzeitig angezeigt habe, daß ich Herrn Martin Müller, mit dem ich in einer nichtehelichen Lebensgemeinschaft zusammenlebe, in die von Ihnen gemietete Wohnung in Walddorf, Hauptstr. 1, zweiter Stock rechts, aufgenommen habe. Nach meiner Kenntnis ist es nach der Rechtsprechung erlaubt, seinen Partner mit in eine Mietwohnung aufzunehmen. Ich habe mit Herrn Müller keinen Untermietvertrag abgeschlossen.

Es wäre nett, wenn Sie mir die Rechtsgrundlage für Ihr Verlangen nach Auskunft über den Arbeitgeber und das Einkommen meines Partners angeben könnten. Zudem bitte ich mir mitzuteilen, ob Sie diese Daten mit Hilfe der EDV abspeichern werden.

Mit freundlichen Grüßen
Frieda Meier

Vermietungsgesellschaften haben mitunter ein zweites Formularschreiben, in dem nochmals um die Beantwortung der im ersten Brief enthaltenen Fragen gebeten wird. Um dieser Bitte Nachdruck zu verleihen, fehlt auch hier die Kündigungsandrohung meist nicht. Die Rechtslage ist indessen eindeutig: Ein Anspruch auf Mitteilung persönlicher Daten, insbesondere der Einkünfte des Partners, besteht nicht. Lediglich nach den Landesmeldegesetzen hat der Vermieter die Pflicht, einen ihm bekannt gewordenen Einzug den Meldebehörden anzuzeigen. Dies gibt ihm aber kein Recht auf Übermittlung der geforderten Daten.

Der „aufgenommene" Partner ist **kein Untermieter**. Er ist nicht verpflichtet, einen (übersandten) Untermietvertrag zu unterzeichnen. Auch die Mithaftung für die Mietzahlung muß er nicht übernehmen. Wenn die Partner die Warnungen im Kapitel über die gemeinsame Wohnungssuche beachtet haben, werden sie sich davor hüten, einem entsprechenden Verlangen des Vermieters nachzugeben. Ein Untermietvertrag zwischen nichtehelichen Partnern kann aus steuerlichen Gründen bei einem Eigenheim zur

Erlangung des Schuldzinsabzuges beim besser verdienenden Teil noch zu rechtfertigen sein. Im Normalfall ist er widersinnig. So käme auch niemand auf die Idee, zwischen Ehegatten ein Untermietverhältnis anzunehmen.

### c) Kann der Vermieter die Miete wegen der Aufnahme des Partners erhöhen?

Wer glaubt, große Versicherungen oder Banken hätten für nichteheliche Lebensgemeinschaften in ihren Mietwohnungen nur zwei Vordrucke, unterschätzt den Einfallsreichtum der zuständigen Rechtsabteilungen. Häufig erhält der Mieter ein weiteres Schreiben, in dem er gebeten wird, sein Einverständnis zu einer angemessenen Mieterhöhung um einen bestimmten Betrag zu erteilen. Ob der Vermieter hierzu berechtigt ist, hängt davon ab, ob die gesetzliche Bestimmung über Untermietverhältnisse insoweit entsprechend anwendbar ist, und danach eine Gebrauchsüberlassung an den Partner nur bei einer angemessenen Erhöhung des Mietzinses für den Vermieter zumutbar ist.

Als Faustregel kann man von folgendem ausgehen: Ist eine **Kaltmiete** vereinbart, so dürften für den Vermieter keine zusätzlichen Belastungen entstehen. Dagegen werden bei einer **Bruttomiete**, bei der die Nebenkosten im Mietzins enthalten sind, durch einen Zweipersonenhaushalt höhere Nebenkosten anfallen als durch einen Einpersonenhaushalt; hier wird eine angemessene Mieterhöhung zulässig sein.

### d) Aufteilung und Haftung für die Wohnungskosten

**Beispiel:** Martin hat Frieda in seine Wohnung aufgenommen und dies dem Vermieter angezeigt. Als Frieda nach Hause kommt, liegt ein Abschiedsbrief auf dem Tisch, in dem es heißt, daß Martin „aussteige". Frieda packt ihre Sachen und geht zu ihren Eltern zurück. Da Martin die gesamte Haushaltskasse mitgenommen hat, will Frieda die Mietrückstände und die Gasrechnung nicht bezahlen. Der Vermieter und das Gasunternehmen drohen mit Klage, schließlich hätten Frieda und Martin die Wohnung genutzt und sich Frieda zumindest zur Hälfte an den Kosten beteiligen müssen.

Hinsichtlich der Pflicht zur Bezahlung der Miete und der Wohnungsnebenkosten (Strom, Heizung, Wasser etc.) ist streng zwischen **Innen- und Außenverhältnis** zu unterscheiden.

Zwischen den Partnern (Innenverhältnis) kann die Beteiligung an den Kosten der Wohnung gemeinsam mit dem Aufwand der sonstigen Haushaltsführung oder auch getrennt von ihm geregelt werden. Eine hälftige Aufteilung der Kosten ist nur dann angemessen, wenn beide Partner über annähernd gleiche Einkünfte verfügen. Andernfalls ist es bei einer (echten) Lebensgemeinschaft – im Unterschied zur bloßen Wohngemeinschaft – gerechter, wenn beide Partner nach ihrem Leistungsvermögen zum Bestreiten der Kosten beitragen. Dies wird automatisch so erfolgen, wenn auch die Wohnungskosten aus einer gemeinsamen Kasse bestritten werden. Eine schriftliche Fixierung dieser Vereinbarung ist meist nicht erforderlich. Dagegen wünschen unverheiratete Partner mitunter eine Regelung, wonach im Falle der Trennung erbrachte Zahlungen erstattet werden. Derartige Vertragsbestimmungen sind selbstverständlich zulässig; dies heißt aber nicht, daß sie auch zu empfehlen sind. Das Gegenteil ist der Fall. Denn Zahlungen für die gemeinsame Lebensführung haben ihren aktuellen Zweck, nämlich den des Zusammenlebens, in der Vergangenheit erfüllt. Daß die Lebensgemeinschaft infolge einer Trennung keine Zukunft mehr haben mag, macht sie nicht rückwirkend nutzlos. Ein finanzieller Ausgleich für das vergangene gemeinsame Leben hat deshalb nur Bußgeldcharakter, aber nichts mit Gerechtigkeit zu tun. Dies gilt auch, wenn zunächst ein Partner – aus Großzügigkeit oder Liebe – allein sämtliche Kosten bestritten hat. Auch nach einer menschlichen Enttäuschung gibt das Gesetz im Regelfall keinen Anspruch auf Rückerstattung. Es ist nicht nur eine Frage des Stils, es bei diesem Grundsatz des „Außer Spesen nichts gewesen" zu belassen. Es fehlen nämlich zudem brauchbare Kriterien, an die ein Rückzahlungsanspruch vertraglich geknüpft werden könnte. Aus diesem Grund hat auch der Gesetzgeber bei einer Scheidung keine Rückabwicklung vorgesehen.

Im Verhältnis zu **Dritten** (Außenverhältnis), insbesondere zum Vermieter und Versorgungsunternehmen, zeigt sich ein entscheidender Vorteil des Mietvertrages, den nur **ein Partner** abgeschlossen hat: Der aufgenommene Partner tritt mit den Dritten in keine vertraglichen Beziehungen und haftet deshalb für die an sie zu erbringenden Zahlungen nicht. Insbesondere kommt allein durch den Verbrauch von Gas und Strom kein Vertragsverhältnis mit Energieversorgungsunternehmen zustande. Der eigene Energieverbrauch des Wohnungsmieters und der geduldete seines Partners ändert daran, daß nur Vertragsbeziehungen zwischen dem Unternehmen und dem Mieter bestehen, nichts. Der aufgenommene Partner steht somit nicht anders als ein Besuch oder ein Übernachtungsgast.

### e) Kann der aufgenommene Partner jederzeit auf die Straße gesetzt werden?

**Beispiel:** Als Klaus nach einer Geschäftsreise nach Hause kommt, hört er Geräusche aus dem Schlafzimmer. Dort findet er Dora und Peter in eindeutiger Situation vor. Als er Dora Vorwürfe macht, erklärt ihm diese, sie sei Alleinmieterin der Wohnung, seine Sachen stünden bereits gepackt im Nebenzimmer, er solle gehen und sie nicht weiter stören. Klaus weiß nicht, was er machen soll und ärgert sich, daß er nicht darauf bestanden hat, in den Mietvertrag mit aufgenommen zu werden.

Die Frage, ob der mietende Partner seinen Lebensgefährten jederzeit rauswerfen kann, wenn er nicht mehr will oder etwas Besseres gefunden hat, ist zu bejahen. Der Besitzer einer Sache kann gegenüber Dritten ihre Benutzung regeln und durchsetzen. Der Wohnungsinhaber kann deshalb aufgrund seines „Hausrechts" andere Personen aus der Wohnung weisen. Dennoch sollte die Gefahr des überraschenden „Rauswurfs" nach einem langjährigen Zusammenleben nicht überbewertet oder sogar dramatisiert werden.

Zum einen werden sich Anzeichen einer Krise normalerweise schon früher zeigen, ein überraschender „Rauswurf" also auf Einzelfälle beschränkt bleiben. Zum anderen steht es den Beteiligten frei, beim Einzug des Partners zu **vereinbaren**, daß dieser zur Mitbenutzung der Wohnung berechtigt sei. Auch gegen den (rechtlichen) Rauswurf kann ein Vertrag helfen: So kann eine bestimmte Frist festgelegt werden, in der auch nach einem Zerbrechen der Liebesbeziehung dem aufgenommenen Partner noch die weitere Nutzung bestimmter Räume gestattet ist. Bei einer Wohnung mit mehreren Zimmern sollte das zumindest ein bestimmter Raum sein, wobei Küche, Bad und WC – nicht jedoch das Schlafzimmer – noch gemeinsam benutzt werden. Allerdings empfiehlt es sich, da jetzt die gemeinsame Haushaltskasse nicht mehr funktionieren wird, die Kostentragung genau festzulegen. Wenn man sich – außer bösen Worten – nichts mehr zu sagen hat, fällt eine diesbezügliche Einigung wesentlich schwerer.

**Formulierungshilfe:**

---

Martin gestattet Frieda die gleichberechtigte Mitbenutzung der von ihm gemieteten Wohnung in Walddorf, Hauptstr. 9, 1. Stock. Dieses Nutzungsverhältnis kann jederzeit, aber nur mit einer Frist von drei Monaten beendet werden. Frieda soll dadurch bei einer Trennung die Wohnungssuche erleichtert werden; ein Untermietvertrag wird nicht vereinbart. Frieda darf in diesem Zeitraum ihr bisheriges Arbeitszimmer, das zweite Zimmer auf der linken Seite des Flurs vom Eingang aus, allein benützen und Küche, Bad und WC angemessen mitbenützen. Ihre Einrichtungsgegenstände darf sie bis zu einem Auszug, der ihr jederzeit gestattet ist, in der Wohnung in der bis dahin üblichen Weise belassen. Für die Dauer der Nutzung nach den vorstehenden Vereinbarungen hat Frieda ein Drittel der Miete sowie der im Mietvertrag geregelten verbrauchsabhängigen Wohnungsnebenkosten zu tragen. An etwaigen Schönheits- und sonstigen Reparaturen hat sie sich nicht zu beteiligen.

---

Eine derartige Vereinbarung schützt allerdings nicht gegen einen rabiaten Partner. Allerdings gilt dies bei einem gemeinsamen Mietvertrag in gleicher Weise.

Vor tatsächlichen Problemen steht ein Paar, das in einer kleinen Wohnung, etwa sogar in einem Ein-Zimmer-Appartement zusammenlebt. Wenn sich die Partner hier nicht bereits völlig gleichgültig sind oder sich im besten Einvernehmen trennen, wird eine weitere Wohnungsgemeinschaft nicht funktionieren. Hier bleibt nur der Umzug in eine Pension. Dabei sollten sich die Partner hinsichtlich der Mehrkosten für eine bestimmte Zeitdauer bereits in „guten Tagen" einigen. In die Wohnung eingebrachte Gegenstände können bei einer entsprechenden Regelung wiederum unentgeltlich solange verbleiben.

## f) Kann das Mietverhältnis beim Tod des Mieters fortgesetzt werden?

**Beispiel:** Die sechzigjährige Erna zieht zu ihrem Lebensgefährten. Da sie nur schweren Herzens ihre Wohnung aufgibt, möchte sie auf jeden Fall sicher sein, daß sie nach einem etwaigen Ableben ihres Partners nicht ausziehen muß.

Siehe hierzu die Ausführungen unter Kap. 4, Abschnitt II, 2c.

## III. Das Zusammenleben im Eigenheim

### 1. Der Einzug „beim Partner"

### a) Aufteilung der „Unkosten"

**Beispiel:** Als Frieda Martin kennenlernt, glaubt sie zunächst an die große Liebe und daran, eine gute Partie gemacht zu haben, denn Martin ist Eigentümer eines Einfamilienhauses. Als ihr Martin nach ihrem Einzug einen Mietvertrag mit der Erklärung zur Unterschrift vorlegt, er könne steuerlich nichts mehr absetzen, müsse aber noch hohe Zinsen bezahlen, deshalb habe ihm sein Steuerberater empfohlen, das Angenehme mit dem Nützlichen zu verbinden und einen Mietvertrag zu vereinbaren. Außerdem hätte sich Frieda ja ohnehin an den „Unkosten" zu beteiligen. Die Miethöhe orientiere sich an den von ihm zu zahlenden hohen Zinsen.

Die Aufteilung der Kosten des Zusammenlebens betrifft neben den Strom-, Heizungs-, Wasser-, Kanal- und sonstigen Wohnnebenkosten beim Eigenheim auch die **ersparte Miete**. Auch der Eigentümer einer Immobilie hat Aufwendungen für deren Anschaffung und Unterhaltung sowie öffentliche Abgaben zu bezahlen. Soweit sich diese bei ihm vermögensbildend auswirken, erfordert eine gerechte Aufteilung der Kosten keine Beteiligung des Partners. Allerdings bleibt es auch hier den Beteiligten unbenommen, etwas Abweichendes zu vereinbaren. Allerdings muß der „zuschießende" Partner dann wissen, daß seinen Zahlungen **keine automatische Vermögensbeteiligung** entspricht. Im Regelfall steht er nicht besser als bei Mietzahlungen an einen fremden Vermieter. Er entrichtet ein Entgelt für die Gebrauchsüberlassung einer Wohnung.

Bei einer Beteiligung an den Unkosten der Wohnung liegt im

Normalfall dennoch kein entgeltliches Geschäft zugrunde. Beide Partner verfolgen vielmehr einen gemeinsamen Zweck: das Zusammenleben in einem gemeinsamen Haushalt, zu dem einer die Wohnung und der andere Geld beiträgt. Da dem Steuerpflichtigen für ein selbstgenutztes Eigenheim nur der **Sonderausgabenabzug nach § 10e EStG** (früher § 7b-Abschreibung) und ein begrenzter Schuldzinsenabzug zusteht, die beide zeitlich begrenzt sind, und danach keine Absetzungsmöglichkeiten mehr bestehen, empfehlen Steuerberater häufig die Vereinbarung von Mietverträgen. Der Gesetzgeber „stiftet" hierzu geradezu an, da er in § 21 Abs. 2 S. 2 EStG eine Vermietung voll anerkennt, wenn die vereinbarte Miete mindestens 50 Prozent der ortsüblichen Marktmiete beträgt. Vermietet ein Partner deshalb die Hälfte seines Hauses an die Lebensgefährtin statt zur ortsüblichen Miete von 1000,– DM zu 500,– DM, so kann er von seinen monatlichen Schuldzinsen von 2000,– DM einen Betrag von 500,– DM von der Steuer absetzen. Das heißt, daß er für 500,– DM keine Einkommensteuer bezahlen muß. Bei der mietenden Freundin tritt (steuerlich) keine Verschlechterung ein, da sie die „Miete" ohnehin vorher versteuern hätte müssen. Möglicherweise benötigt sie jedoch sogar ein Arbeitszimmer; dann muß sie den diesbezüglichen Mietzinsteil auch ihrerseits nicht versteuern. Beträgt die Fläche des Arbeitszimmers 25 % der genannten Fläche, so bleiben bei dem mietenden Partner 125,– DM steuerfrei. Allerdings sollte man jetzt nicht sofort zum Stift greifen, um einen Mietvertrag zu schließen. Das Finanzamt verschenkt nämlich nichts. Der Mietvertrag muß ernsthaft vereinbart sein und bindet beide Partner, auch wenn sie längst wieder „per Sie" sind. Spätestens wenn der vermietete Teil den anderen mit seinem neuen Lebensgefährten zu einer billigen Miete im Haus hat, wird er auf die steuerlichen Vorteile dieser Lösung keinen besonderen Wert mehr legen. Das steuerliche Problem, daß sich **nach Tilgung der Schulden** beim Eigentümer positive, d. h. zu versteuernde Einkünfte ergeben, läßt sich dagegen leicht korrigieren. Die Partner brauchen den Mietvertrag nur aufheben, da sich ihre Beziehungen nunmehr „verdichtet" haben. Wann dies zum ersten Mal passiert ist, kann das Finanzamt kaum feststellen.

Die interne Aufteilung der Unkosten führt im **Außenverhältnis** zu keiner Haftung des eingezogenen Partners gegenüber Dritten.

Anders ist dies, wenn im Rahmen eines Mietvertrages eine unmittelbare Abrechnung gegenüber Versorgungsunternehmen erfolgt.

## b) Was geschieht mit Aufwendungen bei einer Trennung?

**Beispiel:** Frieda ist in das alte, renovierungsbedürftige Haus von Martin eingezogen. Sie läßt das gesamte Haus neu renovieren und eine moderne Haustür einbauen, ferner kauft sie Heizöl für 2 000,– DM. Noch vor dem Winter trennt sich Martin von ihr. Frieda möchte ihre „Investitionen" ersetzt. Martin ist der Ansicht, bei der nächsten Freundin gehe das „Renovieren" wieder von vorne los, da jede einen anderen Geschmack habe.
Ähnlich ist der Fall bei Erna und Dieter. Allerdings leben diese seit fünf Jahren glücklich zusammen. Erna hat nur Angst, die Erben von Dieter würden für dessen Arbeiten an ihrem Haus und seine Zahlungen für ein modernes Bad einen Ersatz geltend machen.

Die Rechtsprechung geht davon aus, daß Aufwendungen, die ein Partner für das Haus des anderen erbringt, regelmäßig im engen, unmittelbaren Zusammenhang mit der Lebensgemeinschaft stehen. Dies ist insbesondere der Fall, wenn das Eigenheim für das gemeinsame Zusammenleben wohnlich hergerichtet wird. Es gilt hier der Grundsatz, daß Leistungen, die der eine oder andere Partner in diesem Zusammenhang erbringt, nicht gegeneinander abgerechnet werden sollen, wenn nichts anderes vereinbart wurde. Daß durch derartige Arbeitsleistungen und sonstige Zuwendungen auch zur Vermögensbildung des anderen Partners beigetragen wird, führt zu keiner anderen Beurteilung, wenn sich das Ganze im Rahmen des bei einem Zusammenleben üblichen hält. Als Faustregel kann man sagen, daß kein Ersatz für Aufwendungen geschuldet wird, die auch beim Einzug in eine Mietwohnung üblicherweise gemeinsam getragen werden. Hierzu gehören insbesondere Schönheitsreparaturen, aber auch normale Modernisierungsmaßnahmen.

Dieser Rechtsprechung ist zuzustimmen. Es hängt nämlich in einer funktionierenden Lebensgemeinschaft meist vom Zufall ab, wer die Rechnung des Malers überweist und wer die gemeinsame Urlaubsreise bezahlt. Ebenso zufällig und willkürlich wäre deshalb eine spätere Ausgleichspflicht. Es trifft zwar zu, daß Tapeten länger „halten" als ein zweiwöchiger Urlaub. Jedoch müßten in diese „Abrechnung" sämtliche Kosten der gemeinsamen Lebensführung auf Heller und Pfennig eingestellt werden. Diese Rechnung ist nicht nur praktisch unmöglich, sondern wird auch bei einer Ehe nicht durchgeführt. Vergleicht man das nichteheliche Zusammenleben mit einer Gütertrennung, so bestehen auch dort – abgesehen von außergewöhnlichen Zuwendungen – keine Ausgleichsansprüche.

Opfert ein Partner sein Sparbuch zur Wohnungsrenovierung, so steht es den Beteiligten frei, eine Vereinbarung zu treffen, daß bei einer Trennung der andere Teil einen Ausgleich bezahlt. Dessen Höhe kann von der Zeit des Zusammenlebens abhängig sein, d. h. durch ein „Abwohnen" reduziert werden.

## c) Kann der Eigentümer den Partner jederzeit „rauswerfen"?

**Beispiel:** Als es zwischen Frieda und Peter zu einem Streit kommt, packt Frieda Peters Koffer und schickt ihn zu seiner Mutter heim, deren Essen ihm ohnehin besser geschmeckt habe. Peter will nicht gehen. Frieda droht wegen „Hausfriedensbruch" mit der Polizei. Peters Mutter schimpft, schließlich habe sie ohnehin geraten, zur Sicherheit zu heiraten.

Der Eigentümer kann grundsätzlich jeden aus seiner Wohnung verweisen, den er dort nicht sehen will und der ihm gegenüber auch kein Recht zum Verweilen hat. Dies gilt auch für den Partner, dem ein Haus oder eine Wohnung nicht gehört. Wenn dies der andere fordert, so muß er gehen. Ein Recht zum Mitbesitz wird einem unverheirateten Partner – anders als einem Ehegatten – derzeit noch nicht zugebilligt. Allerdings kann ein sofortiges Räumungsverlangen nach einem längeren Zusammenleben in Einzelfällen treuwidrig sein. Die Polizei mischt sich deshalb in derartige private Auseinandersetzungen nicht ein.

Um dem Risiko des Rauswurfs zu begegnen, ist es auch hier möglich, eine Vereinbarung des Inhalts zu treffen, daß der Eigentümer dem Partner eine bestimmte Zeit zur Räumung gewähren muß. Diese Regelung sollte allerdings bereits in „guten Tagen" aufgesetzt werden und nicht erst, wenn der Koffer bereits vor der Türe steht.

## d) Steht dem Partner ein Wohnungsrecht beim Tode des Eigentümers zu?

**Beispiel:** Als Martin stirbt, fordern seine Kinder als Erben Frieda auf, sofort das Haus zu verlassen. Frieda meint, nachdem sie zehn Jahre mit ihrem Vater zusammengelebt habe, stünde ihr zumindest eine angemessene Kündigungsfrist zu. Außerdem habe ihr Martin das Haus mit Wirkung auch über seinen Tod hinaus unentgeltlich auf Lebenszeit überlassen. Für die Aussage gibt es mehrere Zeugen.

Anders als bei einer Mietwohnung besteht **kein automatisches Wohnungsrecht** des überlebenden Ehegatten. Die Erben als neue Eigentümer der Immobilie entscheiden über deren Verwendung, sofern dem überlebenden Partner nicht durch Rechtsgeschäft unter Lebenden oder durch Verfügung von Todes wegen ein Wohnungsrecht eingeräumt wurde. Vorsicht besteht bei **unentgeltlicher Nutzungsüberlassung,** die nicht testamentarisch angeordnet wird. Eine Leihe begründet zwar das Recht zum unentgeltlichen Gebrauch der Wohnung oder des Hauses und kann formfrei vereinbart werden. Hieran sind die Erben gebunden, falls die Leihe nicht einer zu ihren Gunsten getroffenen Erbeinsetzung widerspricht. Ist die Dauer der Gebrauchsüberlassung nicht bestimmt, so kann der Erbe die Wohnung jederzeit zurückfordern (§ 604 Abs. 3 BGB). Dies kann durch eine Gebrauchsüberlassung auf Lebenszeit verhindert werden. Aber auch hier besteht ein Kündigungsrecht wegen Eigenbedarf des Verleihers. Wer seinen Partner sichern will, räumt ihm deshalb rechtzeitig ein **im Grundbuch einzutragendes** Wohnungsrecht ein.

## 2. Das „gemeinsame" Eigenheim

### a) Was ist beim gemeinsamen Hauskauf zu beachten?

**Beispiel:** Martin und Frieda kaufen gemeinsam ein Haus. Sie finanzieren den Kaufpreis mit einem Darlehen, das durch eine Grundschuld in Höhe von 200 000,– DM im Grundbuch abgesichert werden soll. Der Notar beglückwünscht sie bei Unterzeichnung zur „Eheschließung".

Nichteheliche Partner können – wie andere Personen – eine Immobilie gemeinsam kaufen. Dies kann zu einem bestimmten, möglicherweise an den finanziellen Aufwendungen orientierten Miteigentumsverhältnis geschehen. Denkbar ist auch ein Erwerb zum Gesamthandseigentum einer BGB-Gesellschaft, deren Zweck die gemeinsame Verwaltung dieses Hauses ist. Das letztgenannte Modell wurde favorisiert, um Pfändungen in das Objekt zu verhindern und eine Veräußerung des Anteils des einzelnen

Beteiligten zu erschweren. Das erste Argument ist durch eine Entscheidung des Bundesgerichtshofs, mit der dieser eine direkte Verwertung der Immobilie zugelassen hat, nahezu hinfällig. Die Weiterveräußerung ist auch bei Miteigentumsanteilen wirtschaftlich und praktisch kaum möglich. Zudem kann auch bei einer Gesellschaft des bürgerlichen Rechts das Kündigungsrecht nicht völlig ausgeschlossen werden und ergäbe auch als Zwang zur Aufrechterhaltung der Gemeinschaft keinen Sinn.

Nichtverheiratete Partner können deshalb beruhigt ebenso wie Ehegatten als **Miteigentümer** erwerben. Mitunter regen Notare eine Miteigentümervereinbarung an, in der das Recht, die Gemeinschaft aufzuheben, ausgeschlossen wird. Zweck dieser Regelung ist es zu verhindern, daß jeder Partner jederzeit und einseitig die Versteigerung des Objekts beantragen kann. Bei Ehegatten ist ein derartiges Verlangen bei einem Familienheim wegen der Pflicht zur Aufrechterhaltung der ehelichen Lebensgemeinschaft ausgeschlossen. Eine derartige Einschränkung besteht „automatisch" bei unverheirateten Paaren nicht. Auch der vertraglich vereinbarte Ausschluß weist jedoch noch eine Lücke auf: Bei Vorliegen eines wichtigen Grundes besteht stehts das Recht, die Aufhebung der Gemeinschaft zu verlangen. Einen derartigen Grund bildet die Zerstörung des Vertrauensverhältnisses, die auch persönliche Ursachen haben kann. Mit anderen Worten: Im Fall der Trennung bietet eine derartige Vereinbarung möglicherweise keinen Schutz, im „Honeymoon" besteht keinerlei Veranlassung dafür.

Stärker binden gemeinsame Schulden! Geht man davon aus, daß die Tilgung einer Hypothek oder einer Grundschuld, die zur Finanzierung eines Darlehens für einen Hauskauf bestellt wird, ca. 20–30 Jahre dauert, ist man – jedenfalls gegenüber der Bank – wirtschaftlich verheiratet. Zwar kann eine Immobilie meist auch wieder ohne größere Verluste verkauft werden; der Trend zum Eigenheim sollte jedoch erst bei einer ernsthaften Bindung realisiert werden. Andernfalls bleibt nur die Lösung, mit dem alten und neuen Partner zum Notar zu gehen und einen Weiterverkauf des Miteigentumsanteils gegen eine Schuldübernahme zu bewerkstelligen. Der Notar wird – diskret – nicht die gesamten Voreigentümer verlesen; jedoch kann sich der aktuelle Partner durch Einsicht in das Grundbuch einen Überblick über die „Ahnengalerie" seiner Vorgänger verschaffen.

## b) Wer wird Eigentümer beim gemeinsamen Hausbau oder -kauf?

**Beispiel:** Martin hat von seinen Eltern einen Bauplatz erhalten. Frieda und er bauen gemeinsam durch Eigenleistungen, Einsatz des Ersparten und Darlehen ein Haus. Als eine Grundschuld zugunsten einer Bank bestellt werden muß, erfährt Frieda vom Notar, daß ihr das Haus nicht zur Hälfte gehört, wovon sie ausgegangen ist. Martin meint, sie müsse immer nett zu ihm sein, sonst gehe sie bei einer Trennung leer aus. Frieda fällt das schwerer als je zuvor.

Die dingliche Rechtslage ist eindeutig: zu den wesentlichen Bestandteilen eines Grundstücks gehören Gebäude. Sie können nicht Gegenstand besonderer Rechte sein (§§ 94, 95 BGB). Deshalb stehen sie im Eigentum dessen, dem das Grundstück gehört. Das gilt unabhängig davon, wer das Gebäude gebaut und bezahlt hat. Diese sog. dingliche Zuordnung entspricht regelmäßig nicht den Vorstellungen der Beteiligten, insbesondere nicht derjenigen des mitbauenden und mitzahlenden Partners.

Ist die Situation bereits bei einer funktionierenden Partnerschaft unbefriedigend, so kann sie im Fall der Trennung nahezu zur Katastrophe werden. Der Bundesgerichtshof ging nämlich in seiner bisherigen Rechtsprechung zu den sog. Hausbau- und Ausbaufällen davon aus, daß Partner in einer nichtehelichen Lebensgemeinschaft persönliche und wirtschaftliche Leistungen grundsätzlich nicht untereinander abrechnen, sondern derartige Zuwendungen ersatzlos von dem erbracht werden, der hierzu finanziell oder aufgrund seiner Fertigkeiten in der Lage ist. Zweck dieser Leistungen sei die Verwirklichung der Lebensgemeinschaft. Ihre Grundlage sei deshalb kein irgendwie geartetes Rechtsverhältnis, sondern die partnerschaftliche Solidarität. Dies gelte auch für solche Leistungen eines Teils, die über die Trennung hinaus zu einer fortdauernden Verbesserung im Vermögen des anderen führten. Ein Partner, der langlebige Wirtschaftsgüter anschaffe, dürfe nicht besser gestellt sein als einer, der für den täglichen Bedarf einkaufe. Das Risiko, daß ein Beteiligter wirtschaftliche Leistungen erbringe, die er selbst nach einer Trennung nicht voll ausnutzen und auch nicht ersetzt verlangen könne, trage jeder selbst, der eine rechtliche Dauerbindung gerade nicht eingehen wolle. Von Bedeutung sei auch, daß der „freigiebige" Partner während der Partnerschaft nicht auch auf die Übertragung eines Miteigentumsanteils oder zumindest auf Einräumung eines Wohnrechts hingewirkt habe.

Sieht man von dem erhobenen moralischen Zeigefinger einmal ab, entspricht diese Rechtsprechung den Interessen der Partner in einer funktionierenden Lebensgemeinschaft. Davon wollen aber die meisten „Paare" nach einer Trennung nichts mehr wissen. Nunmehr soll auf- und abgerechnet werden. Diesem Begehren haben sich die Gerichte bisher zu Recht verschlossen. Allerdings gibt es Fälle, in denen ein Partner Leistungen erbringt, die weit über das hinausgehen, was nur der Verwirklichung der eigentlichen Lebensgemeinschaft dienen soll. Beispiel ist die Mitfinanzierung eines Dreifamilienhauses, das im Alleineigentum eines Partners steht, durch den Lebensgefährten.

In derartigen Sonderfällen hat bereits die bisherige Rechtsprechung einen Ausgleichsanspruch bei einer Trennung der Partner anerkannt. Der Ausgleich erfolgt nach gesellschaftsrechtlichen Grundsätzen (analog §§ 730 ff. BGB), geht also nicht auf Einräumung einer Mitberechtigung an dem Vermögensgegenstand, sondern besteht allein in einem **Geldanspruch**. Der Partner erhält nicht seine Zahlungen zurück, sondern eine **wirtschaftliche Beteiligung**. Wurde das Dreifamilienhaus von beiden Partnern je zur Hälfte bezahlt und betragen die Aufwendungen einschließlich der Zinsen je Partner 500 000,– DM, so hat derjenige Partner, der nicht als Eigentümer im Grundbuch eingetragen wurde, gegen den anderen einen Geldanspruch in Höhe der Hälfte des Wertes des Hauses. Dieser Anspruch kann, muß aber nicht den Aufwendungen entsprechen. Ist das Haus zwischenzeitlich mehr als 1 Million DM wert, so wird auch der „Gewinn" zur Hälfte geteilt; entsprechend gilt dies bei einem Wertverlust. Mindestvoraussetzung für derartige Ausgleichsansprüche ist aber, daß die Partner überhaupt die Absicht verfolgt haben, mit dem Erwerb des Vermögensgegenstandes einen – wenn auch nur wirtschaftlich – gemeinschaftlichen Wert zu schaffen, der von ihnen für die Dauer der Partnerschaft nicht nur gemeinsam genutzt werden, sondern ihnen nach ihrer Vorstellung auch gemeinsam gehören sollte.

Bei einer Baumaßnahme oder einem Erwerb, der nicht über den Zweck der Schaffung eines Heimes für die Partner und ihre Kinder hinausging, gewährte die frühere Rechtsprechung bei einer Trennung kaum Ausgleichsansprüche. Bei Arbeitsleistungen kommt noch hinzu, daß für sie nach dem Gesetz (§ 733 Abs. 3 S. 3 BGB) kein Ersatzanspruch besteht. Der Bundesgerichtshof hat nunmehr jedoch zunächst in einem Fall, der einen Streit zwischen zwei zusammenlebenden Schwestern betraf, auch bei einem Haus, das gemeinsam bewohnt wurde, relativ unproblematisch die Möglichkeit einer wertmäßigen Beteiligung angedeutet. Außerdem hat er auch Bauleistungen als ersatzfähig angesehen, wenn sich diese in einem fest umrissenen und meßbarem Vermögenswert niedergeschlagen haben.

**Beispiel:** Da die geschiedene Frieda bereits in ihrer früheren Ehe den „§ 7 b EStG" zweimal in Anspruch genommen hatte und auch über keine großen Einkünfte verfügte, kaufte Martin eine Eigentumswohnung zu Alleineigentum. Beide teilten sich den Kaufpreis. Nach der Trennung möchte Frieda die von ihr erbrachten Leistungen zurück.

Die Kurskorrektur der Rechtsprechung wurde auch auf Partner einer eheähnlichen Gemeinschaft übertragen, bei denen einer eine Eigentumswohnung erworben hatte, zu deren Kauf der andere erhebliche Beiträge leistete. Anders als in älteren Entscheidungen kann jetzt die Position des Alleineigentümers nicht mehr als ausschlaggebendes Argument gegen eine wertmäßige Beteiligung des Partners herangezogen werden. Außerdem schließt auch der Umstand, daß es sich um ein für das Zusammenleben gemeinsam erworbenes oder erbautes Haus oder eine gemeinsam gekaufte Eigentumswohnung handelt, eine Ausgleichspflicht nicht aus. Es genügt also bereits ein Handeln, das in Verwirklichung der Lebensgemeinschaft erfolgt. Der Einkauf von Lebensmitteln unterfällt allerdings nicht der Ausgleichspflicht. Vielmehr müssen wesentliche Beträge eines Partners zu größeren Anschaffungen vorliegen. Zahlenangaben hat der Bundesgerichtshof nicht gemacht. Er hat nur angedeutet, daß es auf die Art des geschaffenen Vermögenswertes und die finanziellen Verhältnisse der beiden Partner in der konkreten Lebensgemeinschaft ankomme. Dies deutet darauf hin, daß in einer Studenten-Lebensgemeinschaft das „gemeinsame" Auto bereits unter diese Rechtsprechung fallen kann, während bei gutsituierten Doppelverdienern ausnahmsweise auch eine Eigentumswohnung davon ausgenommen sein kann.

**Beispiel:** Dora und Peter stehen beide noch in der Ausbildung. Dora
finanziert von ihren in den Ferien erarbeiteten 3000,– DM eine gemeinsame Urlaubsreise. Peter bekommt von seinen Eltern 1000,– DM
geschenkt; davon wird ein „Oldtimer" gekauft, der im Alleineigentum
von Dora steht, da Peter keinen Führerschein hat. Nach der Trennung
möchte Peter sein Auto zurück. Dora hält das für ungerecht, da sie die
Urlaubsreise auch nicht zurück erhalte.

Die neue Rechtsprechung versucht zwar, in unbilligen Einzelfällen zu gerechten Ergebnissen zu kommen. Allerdings kann sie
dazu führen, daß derjenige Partner, der in langlebige Güter des
anderen investiert, bei einer Trennung besser steht, als derjenige
Teil, der den laufenden gemeinsamen Lebensunterhalt allein
bestreitet. Will man dieses Ergebnis vermeiden, droht die Gefahr
einer (wirtschaftlichen) Gesamtabrechnung der Beziehung nach
deren Ende. Dieser Gefahr sollten die Partner dadurch begegnen,
daß sie bei größeren Zuwendungen selbst regeln, ob der andere
Partner sofort oder bei einer Trennung an dem angeschafften Vermögensgegenstand beteiligt werden soll oder nicht. Dies hilft,
späteren (Rechts-)Streit zu vermeiden.

## c) Die Zuwendung einer Immobilie an den Partner

**Beispiel:** Martin und Frieda bauen gemeinschaftlich ein Haus auf einem
Grundstück, das Frieda von ihren Eltern erhalten hat. Martin möchte
möglichst noch vor der geplanten Eheschließung Miteigentümer werden. Frieda schreibt deshalb an das Grundbuchamt und bittet, Martin
im Grundbuch miteinzutragen.

Die Übertragung einer Immobilie bedarf der notariellen Beurkundung (§§ 313, 925 BGB). Paare können gleich beim Kauf eines
Grundbesitzes den Erwerb in einem bestimmten Mitberechti-
gungsverhältnis vornehmen. Allerdings verbrauchen sie, wenn sie
nicht später noch heiraten, die **Sonderabschreibung nach § 10 e
EStG** für jeden Partner, da jeder Miteigentumsanteil als eigenes
begünstigtes Objekt gilt. Andererseits kann bei einem entsprechend hohen Kaufpreis die doppelte steuerliche Begünstigung
auch vorteilhaft sein. So ist es bei nicht verheirateten Paaren auch
möglich, daß diese jeweils eine Wohnung im selben Haus erwerben und jeder die steuerliche Förderung in Anspruch nimmt; Ehegatten haben diese Möglichkeit nicht.

Auch die **ehevertragliche Vereinbarung der Gütergemein-**

**schaft** für den Fall der Eheschließung kann demjenigen Verlobten, der nicht Eigentümer eines von ihm renovierten Hauses des Partners ist, den steuerlichen Abzug von Aufwendungen (§ 10 e Abs. 6 EStG) ab notarieller Beurkundung ermöglichen. Allerdings sollte nicht allein wegen dieses Vorteils die ansonsten überwiegend nachteilige Gütergemeinschaft vereinbart werden. Das entsprechende Schreiben des Bundesfinanzministers, in dem diese Möglichkeit aufgezeigt wird, müßte, wenn die Finanzverwaltung – ausnahmsweise – konsequent wäre, auch auf folgende bessere Lösung Anwendung finden.

Planen Partner eine spätere Eheschließung, kann die Überlassung eines Miteigentumsanteils unter der (aufschiebenden) Bedingung der Eheschließung erfolgen. Dies vermeidet eine Auseinandersetzung und vor allem Steuern. Erfolgt nämlich die unbedingte Übertragung vor Eheschließung, so fällt bei einem entgeltlichen Geschäft Grunderwerbsteuer und bei einer Schenkung Schenkungsteuer an. Die Grunderwerbsteuer beträgt 2% aus der Gegenleistung. Die Schenkungsteuer wird zwar nur – derzeit noch – aus dem um 40% erhöhten anteiligen Einheitswert, der 3000,– DM übersteigt, berechnet, kann aber wegen des hohen Eingangssteuersatzes von 20% auch teuer werden.

Geld kostet auch eine Rückübertragung, falls sich beide Partner doch noch trennen sollten. Diese steuerlichen und sonstigen Nachteile vermeidet die oben geschilderte bedingte Übertragung. Allerdings muß sie mit einer Regelung für den Fall der Trennung verbunden werden. Hier können dem Partner, der nicht Eigentümer ist, entweder seine Aufwendungen ganz oder teilweise erstattet werden, oder er kann an Werterhöhungen des Objekts beteiligt werden. Die letztgenannte Regelung entspricht der Wertung des Gesetzgebers beim Zugewinnausgleich geschiedener Ehegatten, allerdings gegenständlich beschränkt auf einen Vermögensgegenstand. Vergessen werden sollte nicht, auch an den **Fall des Todes vor Eheschließung** zu denken. Zu entscheiden ist, ob der überlebende Partner an die Erben des Verstorbenen einen Ausgleich bezahlen muß. In den Fällen, in denen kein gesetzlicher Ausgleichsanspruch besteht, kann der vertragliche als **nicht vererblich** vereinbart werden. Dadurch wird das Problem der diesbezüglichen Erbschaftssteuerpflicht für den überlebenden Partner vermieden.

## d)  *Lastentragung und Schutz gegen einen Rauswurf*

**Beispiel:** Martin und Frieda haben ein Haus gemeinsam gekauft. Im
  Grundbuch sind sie als Miteigentümer zu je ein Halb eingetragen. Als
  ihre Beziehung und das Dach nahezu gleichzeitig defekt sind, fordert
  Martin von Frieda die Bezahlung der Hälfte der Rechnung. Frieda hat
  entsprechend ihrem geringeren Einkommen bisher nur ein Drittel aller
  Aufwendungen bezahlt. Außerdem droht sie Martin, der ständig andere Frauen mitbringt, ihn kurzerhand rauszuwerfen.

Bei Miteigentum ist jeder Teilhaber dem anderen gegenüber
verpflichtet, die Lasten des gemeinschaftlichen Eigentums sowie
die Kosten der Erhaltung, der Verwaltung und einer gemeinschaftlichen Benutzung nach dem Verhältnis seines Anteils zu tragen (§ 748 BGB). Freilich kann eine davon abweichende Regelung
vereinbart werden. Dies geschieht häufig stillschweigend, indem
der besserverdienende Partner Rechnungen ganz oder überwiegend allein bezahlt. Derartige Abreden stehen aber regelmäßig
unter der erklärten oder ebenfalls stillschweigenden Bedingung,
daß dies nur für die Zeit des Funktionierens der Lebensgemeinschaft gelten soll. Denn kein Partner hat im Normalfall einen
Anlaß, die Vermögensbildung des anderen nach einer Trennung
zu subventionieren. Paare, die mitunter etwas anders am Anfang
ihrer Beziehung großzügig vereinbaren wollen, sollten sich klar
vor Augen führen, ob sie wirklich die menschliche Größe aufbringen, das Zusammenleben des Lebensgefährten mit einem neu-
en Partner finanziell zu fördern. Dies fordert selbst der Gesetzgeber von geschiedenen Ehegatten nicht!
  Auch die Benutzung des im Miteigentum stehenden Grundbesitzes können die Partner durch eine Vereinbarung regeln. Hierzu
haben sie bei einer funktionierenden Partnerschaft kaum Veranlassung. Auch in oder nach einer (nicht überstandenen) Krise
kann jeder Miteigentümer noch eine dem Interesse beider Teile
entsprechende Benutzung verlangen (§ 745 Abs. 2 BGB). Kein
Partner kann dem anderen die Mitbenutzung untersagen (§ 745
Abs. 3 S. 2 BGB). Er muß deshalb auch – soweit diese Nutzung
angemessen ist – seinen „Nachfolger" oder seine „Nachfolgerin"
im Haus dulden. Um diese unbefriedigende Situation zu bereini-
gen, kann bereits beim gemeinsamen Kauf oder der Überlassung
eines Miteigentumsanteils ein **Übernahmerecht** für einen Ver-

tragspartner gegen Zahlung einer bestimmten Geldsumme oder einer wertmäßigen Beteiligung und Übernahme der Verbindlichkeiten zur Alleinschuld vereinbart werden.

### e) Probleme beim Tod eines Partners

**Beispiel:** Martin und Frieda haben gemeinsam eine Eigentumswohnung erworben. Das zur Kaufpreisfinanzierung aufgenommene Darlehen haben sie nahezu getilgt, als Frieda tödlich verunglückt. Da sie weder ein Testament noch einen Erbvertrag errichtet hatte, erben ihre beiden Geschwister. Diese fordern von Martin die Hinauszahlung des halben Wertes der Wohnung, andernfalls wollen sie verkaufen oder notfalls versteigern. Martin will zumindest die von ihm geleisteten Tilgungen ersetzt, die über seinen Hälfteanteil hinausgehen.

Paaren, die gemeinsam einen größeren Vermögensgegenstand erwerben und den Partner für den Fall des Todes nicht absichern, handeln leichtsinnig, wenn nicht sogar verantwortungslos. Denn dieses Verhalten hat zur Konsequenz, daß dem überlebenden Teil beispielsweise das gemeinsame Haus oder die Eigentumswohnung zusammen mit den Erben des Verstorbenen gehört. Diese können die Auseinandersetzung im Wege der **Teilungsversteigerung**, also eine Zwangsversteigerung, verlangen. Der überlebende Partner muß – wenn er „sein" Haus oder „seine" Wohnung behalten will – die Erben des Verstorbenen „hinauszahlen". Diese profitieren von der Tilgung der Verbindlichkeiten, die beide Partner gemeinsam geleistet haben. Dabei ist es unwesentlich, ob ein Beteiligter mehr bezahlt hat, als er gesetzlich mußte. Hat er sich die Rückforderung nicht vorbehalten, steht ihm grundsätzlich kein Erstattungsanspruch zu. Während somit die Erben von einer raschen Darlehensrückzahlung profitieren, beginnt der überlebende Partner von neuem mit Schulden und deren Tilgung. Partner, die dies dem anderen Teil bewußt zumuten wollen, sollten überprüfen, ob sie wirklich den richtigen Lebensgefährten haben. Es bleibt jedem Partner unbenommen, sein Vermögen einem Dritten zu vererben; er sollte jedoch dafür sorgen, daß der Überlebende nicht das gemeinsame Eigenheim verlassen muß. Denkbar ist es beispielsweise, dem Partner zumindest ein **lebenslanges unentgeltliches Nutzungsrecht** zu vermachen. Dadurch ist gewährleistet, daß der Partner, solange er lebt, das gemeinsame Haus weiter bewohnen und nutzen kann.

## IV. Dingliche Wohnungsrechte

### 1. Kann der Wohnungsberechtigte einen Partner in die Wohnung aufnehmen?

**Beispiel:** Martin und Frieda haben ihr Zweifamilienhaus bereits zu Lebzeiten auf ihre Tochter Berta übertragen. Dabei wurde zu ihrer Absicherung ein Wohnungsrecht für Martin und Frieda hinsichtlich der im
ersten Stock liegenden Wohnung bestellt. Als Frieda verstorben ist,
lernt Martin die jüngere Gabi kennen, die zu ihm zieht. Berta findet das
pietätlos; außerdem ist sie – ebenso wie ihr dritter Mann – der Ansicht,
ihre kleinen Kinder würden durch die „wilde Ehe" des Opas sittlich
geschädigt. Berta will deshalb Gabi „rauswerfen".

Der Inhalt eines Wohnungsrechtes ist die Berechtigung, ein
Gebäude oder einen Teil eines Gebäudes unter Ausschluß des
Eigentümers als Wohnung zu benutzen. Es umfaßt auch die
Befugnis des Wohnungsberechtigten, „seine Familie" in die Wohnung aufzunehmen (§ 1093 BGB). Angesichts der Tolerierung
nichtehelicher Lebensgemeinschaften darf der Inhaber eines ding-
lichen Wohnungsrechtes den Partner einer nichtehelichen
Lebensgemeinschaft jedenfalls dann in die Wohnung aufnehmen,
wenn beide unverheiratet sind und ihr Verhältnis auf Dauer angelegt ist. Ob diese Entscheidung des Bundesgerichtshofs auch auf
gleichgeschlechtliche Paare und noch verheiratete Partner übertragbar ist, muß abgewartet werden. Ebenso wie die Berechtigung
zur Aufnahme eines Partners bei Bestellung eines Wohnungsrechtes ausgeschlossen werden kann, ist auch eine Ausweitung auf den
vorgenannten Personenkreis möglich. Bei Einigkeit mit dem
Grundstückseigentümer kann auch später noch eine etwa erforderliche Änderung im Grundbuch eingetragen werden. Ob allerdings der grundlose Ausschluß des Rechts zur Aufnahme eines
Partners, also das auferlegte „Zölibat", nicht gegen die allgemeine
Handlungsfreiheit und die guten Sitten verstößt, erscheint fraglich.

### 2. Welche Rechte und Pflichten hat der aufgenommene Partner?

**Beispiel:** Gabi wohnt mit Martin in der Wohnung zusammen, an der ein
Wohnungsrecht für Martin besteht. Martin muß nach der Bestellungs-

urkunde sämtliche Wohnungsnebenkosten selbst tragen. Martin fordert Gabi auf, sich daran zu beteiligen. Gabi möchte wissen, ob sie dadurch in ein Mietverhältnis zu Martin trete und gegen einen Rauswurf geschützt sei.

Der Wohnungsberechtigte muß nach der gesetzlichen Lastentragungsregelung im Verhältnis zum Grundstückseigentümer die durch die Benutzung verursachten Wohnungsnebenkosten (z. B. Müll, Wasser, Heizung, Strom etc.) selbst tragen. Allerdings sind abweichende Vereinbarungen, die als Inhalt des Wohnungsrechtes im Grundbuch eingetragen werden können, zulässig. Unabhängig von dem Verhältnis zwischen dem Wohnungsberechtigten und dem Grundstückseigentümer bleibt es den Partnern unbenommen, untereinander die Bestreitung der Kosten des gemeinsamen Haushalts zu regeln. Da es sich dabei um eine Unkostenbeteiligung handelt, wird dadurch ein Mietverhältnis nicht begründet.

Ist dem Wohnungsberechtigten nicht gestattet, die Ausübung des Wohnungsrechtes einem anderen zu überlassen, ist dieser ohnehin nicht befugt, einen Mietvertrag abzuschließen. Dem aufgenommenen Partner steht somit kein eigenes Besitzrecht gegen den Grundstückseigentümer und dem Wohnungsberechtigten zu. Ob eine „Schonfrist" gegenüber einem Rauswurf vereinbart werden kann, ist fraglich. Allerdings ist es nicht ausgeschlossen, daß sich der Wohnungsberechtigte verpflichtet, bei einem sofortigen Rauswurf dem anderen Partner die Kosten einer Unterbringung in einer Pension (mit) zu bezahlen.

## 3. Sicherung des Partners durch ein Wohnungsrecht?

**Beispiel:** Martin befürchtet, daß Gabi nach seinem Tode von Berta sofort „an die Luft gesetzt" wird. Deshalb möchte er sein Wohnungsrecht an Gabi vererben.

Moritz gehört nach dem Tode seiner Frau die gemeinsame Eigentumswohnung als Eigentümer zu einer Hälfte und in Erbengemeinschaft mit seiner Tochter Sonja zur anderen Hälfte. Er möchte seine Lebensgefährtin durch ein Wohnungsrecht absichern. Sonja will nicht unterschreiben.

Manuela liebt Dora sehr; deshalb soll sie bereits zu ihren Lebzeiten ein Wohnungsrecht an ihrer Eigentumswohnung erhalten. Auf den Hinweis des Notars, daß dieses Recht auch nach einer eventuellen Trennung bestehen bleibe, wird sie zornig.

Ein Wohnungsrecht kann für den überlebenden Partner eine zweckmäßige Absicherung darstellen. Dies gilt insbesondere für ältere Paare, bei denen beide Teile über eine ausreichende Rente verfügen und Kinder aus einer durch Tod oder Scheidung aufgelösten Ehe das Vermögen erhalten sollen. Häufig wünschen Partner bereits zu Lebzeiten, eine Wohnungsrecht für den Partner **im Grundbuch eintragen** zu lassen. Zu Lebzeiten desjenigen Partners, der Eigentümer der Immobilie ist, kann nur ein Mitbenutzungsrecht oder ein gemeinsames Wohnungsrecht für beide Partner im Grundbuch eingetragen werden, da sich sonst der Eigentümer im Streitfall selbst von der Benutzung der dem Wohnungsrecht unterliegenden Räume ausschließt. Zudem berücksichtigt ein bereits zu Lebzeiten bestelltes Wohnungsrecht nicht das Problem einer späteren Trennung. Ohne Zustimmung des Wohnungsberechtigten ist das Recht dann im Grundbuch nicht zu löschen. Selbst wenn dieser sein Recht nicht ausübt, ergeben sich zahlreiche Nachteile. Der Grundbesitz ist nämlich mit dem Wohnungsrecht nahezu unverkäuflich und für Banken schwer beleihbar. Ein Wohnungsrecht kann ferner steuerliche Nachteile haben, da es einen Sonderausgabenabzug für die betroffenen Räume ausschließt.

Zweckmäßigerweise wird deshalb dem aufgenommenen Partner ein Wohnungsrecht **vermächtnisweise**, also z. B. durch Testament, zugewandt. Dieses wird nach dem Tode des Eigentümers im Grundbuch eingetragen. War der Verstorbene nicht Alleineigentümer, bestehen allerdings Probleme, da das Wohnungsrecht – auch wenn es nur bestimmte Räume betrifft – aus rechtlichen Gründen nur am ganzen Grundstück eingetragen werden kann. Stimmen die Miteigentümer der Einräumung nicht zu, besteht zu Lebzeiten des Partners ohnehin keine Möglichkeit zur Grundbucheintragung. Werden die Miteigentümer allerdings Erben, kann man diese ärgern, indem man sie mit einem sog. **Verschaffungsvermächtnis** (§§ 2169, 2170 BGB) beschwert. In diesem Fall müssen sie für den Hinterbliebenen das Vermächtnis im Grundbuch eintragen lassen, wenn sie die Erbschaft nicht ausschlagen. Besonders raffiniert ist es, für den Fall der Ausschlagung der Erbschaft den Partner als Ersatzerben zu bestimmen.

Da ein Wohnungsrecht nicht vererblich ist, kann der Wohnungsberechtigte sein Recht nicht an den Partner vererben. Auch hier bleibt nur der Ausweg des Verschaffungsvermächtnisses. Allerdings kann es passieren, daß der Nachlaß für den Erben nicht mehr so interessant ist und er deshalb auf die Annahme der Erbschaft verzichtet. In diesem Fall muß der überlebende Partner ausziehen, wenn es zu keiner Einigung mit dem Erben kommt. Grundsätzlich empfiehlt es sich, eine gewünschte Absicherung des Partners mit den künftigen Erben, meist mit den Kindern aus einer früheren Ehe, zu besprechen, um eine einvernehmliche Lösung herbeizuführen.

## V. Probleme mit dem Partner

### 1. Aufnahme Dritter in die gemeinsame Wohnung

**Beispiel:** Gabi hat gehört, daß jede Frau drei Männer benötige: einen guten Freund, einen Liebhaber und einen, den sie liebt. Sie erklärt Martin, daß sie ihn liebt, geht ab und zu mit Fabian aus und bringt Dieter über Nacht mit. Martin hat sich die Rollenverteilung anders vorgestellt. Er fordert Dieter auf, die Wohnung zu verlassen. Dieser erklärt, Gabi habe ihn eingeladen. Gabi meint, sie habe nicht weniger Rechte als Martin hinsichtlich der Wohnung, und er bringe auch manchmal Freunde zum Kartenspielen mit.

Jeder Ehegatte kann – unabhängig davon, wer Eigentümer oder Mieter der Ehewohnung ist – vom anderen Ehegatten und dem störenden Dritten verlangen, daß dieser „Angriffe" auf den „räumlich-gegenständlichen Bereich der Ehe" unterläßt. Es kann deshalb der ehebrechende Dritte aus der ehelichen Wohnung und dem gemeinsamen Geschäft entfernt werden. Einen Räumungsschutz genießt der Dritte nicht.

Anders als die Ehe ist jedoch das nichteheliche Zusammenleben nicht als absolutes Recht geschützt. Jedenfalls derjenige Partner, der nicht Miteigentümer oder Mieter der gemeinsamen Wohnung ist, müßte „zusehen", wie der andere das Prinzip „festhalten und weitersuchen" praktiziert. Allerdings läßt sich das Problem, daß ein Partner einen neuen (potentiellen) Lebensgefährten in die Wohnung mitbringt – nicht jedoch das des Verliebens in einen anderen Partner – durch eine Regelung leicht in den Griff bekommen. Das Zustimmungserfordernis für die Aufnahme dritter Personen in die gemeinsame Wohnung, das bei der Ehe kraft Gesetzes besteht, ist bei unverheirateten Paaren vertraglich zu vereinbaren:

**Formulierungshilfe:**

> Zur – auch nur vorübergehenden – Aufnahme dritter Personen in die gemeinschaftlich genutzte Wohnung ist unabhängig davon, wer Mieter oder Eigentümer ist, die Zustimmung beider Partner erforderlich. Die Zustimmung darf bei erstehelichen minderjährigen Kindern und den Eltern nur aus wichtigem Grunde versagt und widerrufen werden.

## 2. Der prügelnde Partner

**Beispiel:** Martin ist grundlos eifersüchtig. Es kommt aus diesem Grunde häufig zu Streitigkeiten mit Gabi. Da er sich ihr intellektuell unterlegen fühlt, hat er sie auch bei heftigen Auseinandersetzungen schon geohrfeigt, gewürgt und gedroht, er werde sie umbringen. Gabi möchte ihn deshalb aus der gemeinsam gemieteten Wohnung „entfernen".

Jeder Partner kann im Prozeßwege den anderen Teil bei Vorliegen gewichtiger Gründe auf Räumung verklagen. Man kann aber wohl nicht verlangen, daß er sich bis zum Erlaß eines rechtskräftigen Urteils und seiner Vollstreckung auch die zur Selbstverteidigung nötigen Kenntnisse einer fernöstlichen Kampfsportart aneignet. Deshalb haben Gerichte im „Schnellverfahren", obwohl die gesetzlichen Voraussetzungen eigentlich nicht vorliegen, eine **einstweilige Verfügung** auf Untersagung des Betretens der Wohnung zugelassen, wenn ein Partner um sein Leben fürchten muß. Bis zu einer endgültigen Entscheidung ist es dem „prügelnden" Partner zuzumuten, anderweitig unterzukommen.

## 3. Streit um die Benutzung der Wohnung

Beispiel: Martin und Gabi lebten fünf Jahre in der gemeinsam gemieteten Wohnung zusammen. In den letzten Monaten kam es mehrfach zu Streit und teilweise auch zu Tätlichkeiten. Gabi hat deshalb heimlich den Wohnungsschlüssel von Martin entwendet und läßt ihn nun nicht mehr in die Wohnung.

Leben Ehegatten getrennt oder will einer von ihnen getrennt leben, so kann jeder Ehegatte verlangen, daß ihm der andere die Ehewohnung oder einen Teil zur alleinigen Benutzung überläßt, soweit dies notwendig ist, um eine schwere Härte zu vermeiden. Diese ist bei körperlichen Mißhandlungen und schweren Störungen des Familienlebens etwa durch Alkohol gegeben. Auch bei der Trennung unverheirateter Paare geht es um die Frage nach der Zumutbarkeit weiteren Zusammenlebens auf engem Raum, obwohl die persönlichen Beziehungen gescheitert sind. Diese Gleichheit der Interessenlage hat Gerichte dazu veranlaßt, die entsprechende Vorschrift für Ehegatten (§ 1361 b BGB) auf nicht-eheliche Lebensgemeinschaften analog anzuwenden. Eine höchstrichterliche Entscheidung zu dieser Problematik liegt allerdings noch nicht vor. Es empfiehlt sich deshalb, in „guten Tagen" durch Vereinbarung – wie in Ziffer II 2 b vorgeschlagen – bereits den „Ernstfall" zu regeln.

# 5. Kapitel:
## Die Haushalts-, Wirtschafts- und Vermögensgemeinschaft

Das Zusammenleben zweier Menschen, das sich nicht auf eine bloße Wohngemeinschaft beschränkt, führt auf Dauer mehr oder weniger zwangsläufig zu „Gemeinsamkeiten" auch im Vermögensbereich. Offenkundig ist dies bei gemeinsamen Anschaffungen, betroffen ist aber auch der „banale" Alltag, das Einkaufen, die Haushaltsführung und die Begleichung von Ausgaben. An dieser Stelle sei deshalb nochmals die Warnung wiederholt, die sich vor allem an jüngere Paare richtet, die zunächst nur auf Probe zusammenleben wollen: Um Probleme bei einem späteren Zerbrechen der Beziehung zu vermeiden, sollte auf eine möglichst klare Trennung der Vermögen geachtet werden.

## I. Die Rollenverteilung

### 1. Die Haushaltsführung

### a) Wer muß das Geschirr spülen und bügeln?

**Beispiel:** Für Martin und Frieda ist es die große Liebe. Sie haben gleiche Interessen, dieselbe Weltanschauung und eine identische politische Einstellung. Nur in Kleinigkeiten gibt es noch Probleme, da sie sich nicht darüber einigen können, wer kocht, Geschirr spült, putzt und bügelt. Martin meint, das sei „Frauensache". Frieda bereut, nicht geheiratet zu haben, da dann Martin mithelfen müsse. Als Frieda mit Martin die Aufteilung der Haushaltsarbeiten schriftlich festlegen will, kontert dieser mit dem Argument, das Recht verweigere sich legitimerweise der Absicherung derartiger Banalitäten, eine diesbezügliche Vereinbarung sei unwirksam.

Ehegatten sind gesetzlich verpflichtet, die Haushaltätigkeit im **gemeinsamen Einvernehmen** zu regeln. Dabei kann die Haushaltsführung einem Ehegatten, der Hausfrau oder dem Hausmann allein überlassen werden. Sind beide Beteiligten berufstätig, ist (theoretisch) jeder Ehegatte verpflichtet, nach seinen Kräften und Fähigkeiten an der Haushaltsarbeit mitzuwirken. Die Praxis sieht freilich meist anders aus. Auch der Grundsatz der Gleichberechtigung hat nichts daran geändert, daß die im Haushalt anfallenden Arbeiten „Frauensache" sind.

Eine gesetzliche Pflicht zur Mitarbeit existiert zwischen unverheirateten Partnern nicht, falls man nicht lebensfremd im Zusammenleben als solchem bereits die Gründung einer Gesellschaft des bürgerlichen Rechts sieht. Hat der Gesetzgeber den Ehegatten die Freiheit gelassen, die Einzelheiten der Haushaltsorganisation einvernehmlich zu regeln, so kann dieses Recht unverheirateten Paaren nicht verweigert werden. Das Argument „Bagatellabreden", die den Alltag jeder Lebensgemeinschaft beherrschen, seien rechtsfrei, ist ebenso überzeugend wie die Ansicht, Haushaltsarbeiten seien Frauensache. Die Festlegung von Einzelheiten der Haushaltsorganisation gehört gerade bei beiderseits berufstätigen Partnern mit zur **Rollenverteilung**. Derjenige Partner, der Einkaufen, Kochen, Abwaschen, Putzen, Wäsche waschen und Bügeln muß, wird kaum noch die Zeit haben, voll erwerbstätig zu sein. Deshalb ist die Aufteilung der Einzelheiten der Haushaltsorganisation nahezu zwingend mit der Regelung der Erwerbstätigkeit verbunden. Paare sollten sich deshalb nicht durch (lebensfremde) juristische Abhandlungen von der vertraglichen Aufteilung der Haushaltstätigkeiten abschrecken lassen, wenn sie diese im Partnerschaftsvertrag regeln wollen.

## b) Wie kann die vereinbarte Mitarbeit im Haushalt durchgesetzt werden?

**Beispiel:** Frieda hat Martin dazu gebracht, ihr schriftlich zu bestätigen, daß er den Einkauf erledigt sowie das Geschirr spült und abtrocknet. Nach drei Wochen ist wieder alles beim alten. Frieda weiß nicht, was sie tun soll.

Es gibt Rechtspflichten, deren Durchsetzung mit staatlicher Hilfe nicht möglich ist. So besteht beispielsweise zwischen Ehegatten eine Verpflichtung zur Geschlechtsgemeinschaft. Will ein Partner aber nicht (mehr) mit dem anderen schlafen, so kann dieser sein „Recht" nicht per Gerichtsvollzieher vollstrecken. Ähnlich verhält es sich in anderen Bereichen des Zusammenlebens. Zu diesen gehört auch die Übernahme bestimmter Haushaltstätigkeiten. Allerdings ist es denkbar, die Verletzung übernommener Pflichten zur

Mitarbeit im Haushalt dadurch zu „sanktionieren", daß auf Kosten des „faulen" Partners oder auf gemeinsame Kosten eine Putzhilfe angestellt wird, die die entsprechenden Arbeiten übernimmt. Auch dies kann einvernehmlich festgelegt werden.

## 2. *Berufstätigkeit und Mitarbeit im Geschäft des Partners*

**Beispiel:** Frieda ist gelernte Arzthelferin. Als sie den Medizinstudenten Martin kennenlernt, ist es beiden klar, daß Frieda später bei Martin in dessen Praxis arbeiten wird. Als es endlich soweit ist, wird Frieda unsicher, denn Martin will sie nicht „anmelden", um die überflüssigen Abgaben zu sparen.

Wenn beide Partner nicht (mehr) berufstätig sind und über eine ausreichende Versorgung verfügen, stellen sich für sie die nachfolgend behandelten Fragen nicht. Dies gilt auch für Paare, bei denen jeder Teil seine bisherige Berufstätigkeit beibehält und dies auch später so bleiben soll. Probleme entstehen dagegen, wenn ein Beteiligter aufgrund der Lebensgemeinschaft seine Erwerbstätigkeit einschränken oder sogar aufgeben muß. Erzieht ein Partner die Kinder des anderen oder gemeinschaftliche Kinder oder bleibt er auf Wunsch des Partners zu Hause, muß er darauf achten, daß er im Falle einer Trennung oder Erkrankung und im Alter nicht ungesichert ist (vgl. Kapitel 6).

Mitunter arbeiten unverheiratete Partner im Geschäft des anderen mit. Eine gesetzliche Verpflichtung hierzu besteht nicht. Auch aus Liebe sollte kein Beteiligter voreilig seine Arbeitsstelle gegen eine ungewisse berufliche Zukunft mit dem Partner eintauschen. Eine diesbezügliche Weigerung ist kein Zeichen fehlender Zuneigung. Vielmehr zeugt umgekehrt das Verlangen des Partners, in seinem Geschäft „unangemeldet" mitzuarbeiten, von mangelndem Verantwortungsbewußtsein für den Partner. Dessen soziale Sicherung darf keinesfalls vernachlässigt werden. Mit dem Partner sollte deshalb wie mit einem Fremden ein **Arbeitsverhältnis** vereinbart werden. Bei gewerbesteuerpflichtigen Betrieben kann dies sogar steuerlich günstig sein, da es die Gewerbesteuer mindert. Ist der Einkommensteuersatz des selbständigen Partners – wie im Regelfall – höher als derjenige des mitarbeitenden Partners, so ergeben sich ferner Einsparungen bei der Einkommensteuer. Die anfallenden Sozialabgaben muß der Partner „wert" sein.

### 3. Die Erteilung von Vollmachten

#### a) Benötigt der Partner eine Vollmacht?

**Beispiel:** Frieda hat gelesen, daß gegenseitige Vollmachten den täglichen „Kleinkram" erleichtern könnten und deshalb ihre Erteilung ratsam sei. Martin weiß nicht so genau, wofür eine Vollmacht genau erforderlich ist.

Eine Vollmacht berechtigt den Bevollmächtigten dazu, mit einem Dritten Rechtsgeschäfte im Namen des Vertretenden abzuschließen. Erteilt ein Mann seiner Freundin eine Vollmacht, für ihn einen Personalcomputer zu erwerben, so kommt der Kaufvertrag zwischen ihm und dem Verkäufer zustande. Er, nicht die für ihn handelnde Person, wird aus dem Geschäft berechtigt und verpflichtet. Bei Ehepaaren, die im gesetzlichen Güterstand leben, ist kraft Gesetzes kein Ehegatte berechtigt, für den anderen Rechtsgeschäfte abzuschließen, obwohl bei ihnen der „tägliche Kleinkram" nicht geringer als bei anderen Lebensgemeinschaften ist. Lediglich zur Stärkung der Handlungsfähigkeit des nicht erwerbstätigen Ehegatten hat der Gesetzgeber die sog. Schlüsselgewalt (§ 1357 BGB) gewährt. Jeder Ehegatte kann danach auch mit Wirkung gegenüber dem anderen Geschäfte zur Deckung des gesamten Lebensbedarfs tätigen.

Diese – für Ehegatten geltende – Vorschrift ist zu Recht kritisiert worden. Sie schützt allein den Gläubiger, dem sie zwei Schuldner gibt, die möglicherweise sogar beide berufstätig sind. Es wäre unklug, diese Folge freiwillig auf nichteheliche Lebensgemeinschaften durch Vollmachtserteilung auszudehnen. Die Geschäfte zur Deckung des Lebensbedarfs werden heute überwiegend durch Barzahlung getätigt. Statt einer Vollmacht sollte der erwerbstätige Teil dem nicht berufstätigen Ehegatten besser ausreichend Geld zum Einkauf mitgeben. Wird bar bezahlt, ist es dem Verkäufer gleichgültig, wer Eigentümer des Kaufgegenstandes wird; auch aus diesem Grunde ist eine Vollmacht nicht nötig.

Eine erteilte Vollmacht gilt solange als bestehend, bis die Vollmachtsurkunde dem Vollmachtgeber zurückgegeben oder durch öffentliche Bekanntmachung nach den Vorschriften der Zivilprozeßordnung für kraftlos erklärt wird (§ 172 Abs. 2 BGB). Mußte der Geschäftsgegner das Erlöschen der Vollmacht bei Vornahme des Rechtsgeschäftes allerdings kennen, so kann er sich auf die Vorlage der Urkunde nicht berufen. Eine erteilte Vollmachtsurkunde muß nach einer Trennung unverzüglich zurückgefordert werden, da sonst der bevollmächtigte Partner weiterhin für den anderen handeln kann, auch wenn er sich dadurch schadensersatzpflichtig macht. Zur Sicherheit kann wichtigen Geschäftspartnern der Widerruf der Vollmacht mitgeteilt werden.

Die Frage, ob ein Partner eine Vollmacht benötigt, ist deshalb grundsätzlich mit „nein" zu beantworten. Zwei Ausnahmen gibt es: Erstens kann eine Vollmacht in bestimmten Partnerschaften und für einzelne Geschäfte durchaus zweckmäßig sein. Möglich ist beispielsweise eine **Kontovollmacht** für ein Bankkonto, über das bestimmte Zahlungen laufen. Ein weiteres Beispiel ist der Kauf eines Grundstücks, Autos etc., bei dem ein Partner z. B. berufsbedingt nicht anwesend sein kann. Die zweite Fallgruppe zweckmäßiger Vollmachten betrifft diejenigen Bereiche, in denen der Ehegatte quasi kraft Verkehrssitte für den anderen Handeln kann, der unverheiratete Partner aber wie ein Fremder behandelt wird. Gemeint sind hier vor allem die Fälle der Krankheit oder des Todes des Partners.

### b) Was ist bei der Erteilung einer Generalvollmacht zu beachten?

**Beispiel:** Martin lebt seit 10 Jahren von seiner Frau Gerda getrennt und mit Frieda zusammen. Er erteilt ihr eine Generalvollmacht, die auch noch nach seinem Tode gelten soll, um die Formalitäten der Beerdigung zu erledigen. Als Martin begraben ist, widerruft Gerda die Vollmacht, fordert die erteilte Ausfertigung zurück und Frieda zur Rechenschaft über ihre Handlungen als Vertreterin auf.

Für eine Generalvollmacht gilt in verstärktem Maße, was auch für andere Vollmachten gilt: Jede Bevollmächtigung ist Vertrauenssache! Ein Generalbevollmächtigter kann für den Vollmachtgeber jede rechtsgeschäftliche Handlung vornehmen, bei der nicht kraft Gesetzes eine Vertretung unzulässig ist. Derartige höchstpersönlichen Geschäfte sind im wesentlichen nur die Adoption eines Kindes, die Eheschließung und die Errichtung eines Testaments oder Erbvertrages. Dagegen ist der Generalbevollmächtigte beispielsweise befugt, das Haus des Partners zu verkaufen, zu verschenken oder zu belasten; er kann auch den Verkaufserlös und etwaige Darlehensvaluten entgegennehmen. Diese Fälle sind leider nicht reine Theorie.

Zur Erteilung einer Generalvollmacht bedarf es nicht der Einhaltung einer bestimmten Form. Zweckmäßigerweise erfolgt sie **schriftlich**, da sonst dem Bevollmächtigten der Nachweis ihres Bestehens kaum möglich ist. Für Grundstücksgeschäfte muß zudem die Unterschrift des Vollmachtgebers durch einen Notar beglaubigt werden. Aber auch im sonstigen Geschäftsverkehr, insbesondere bei Banken, hat es sich eingebürgert, eine notariell beurkundete oder zumindest beglaubigte Vollmacht zu fordern. Beim Handeln muß der Bevollmächtigte stets das **Original** oder eine vom Notar erteilte Ausfertigung der Vollmacht vorlegen, eine einfache und eine beglaubigte Kopie genügen nicht.

Soll der Bevollmächtigte auch Geschäfte mit sich selbst oder mit einer weiteren von ihm vertretenen Person tätigen können, so ist eine Befreiung vom **Verbot des sog. Selbstkontrahierens (§ 181 BGB)** in die Vollmacht aufzunehmen. Überlegt werden sollte auch, ob die Erteilung einer **Untervollmacht** gestattet ist.

Vollmachten erlöschen durch den Tod des Vollmachtgebers grundsätzlich nicht. Zweckmäßig ist, dies in der Vollmacht ausdrücklich klarzustellen, wenn dies gewünscht ist. Allerdings können die Erben, die in die Position des Vollmachtgebers einrücken, die Vollmacht, durch die nunmehr der Nachlaß verpflichtet wird, widerrufen. Sind die Erben Verwandte oder gar der „Noch"-Ehegatte des verstorbenen Partners, von denen die Lebensgemeinschaft nie akzeptiert wurde, sind Probleme nahezu vorprogrammiert. Grundsätzlich ist ein Bevollmächtigter dem Vollmachtgeber rechenschaftspflichtig. Die Erfüllung dieser Pflicht mag gegenüber den Lebensgefährten einen Sinn haben, gegenüber den Erben wird sie mitunter zum „Spießrutenlauf". Die Generalvollmacht hat meist gerade auch den Zweck, dem Partner freien Spielraum auch hinsichtlich eigener Wünsche, die aus dem Vermögen des anderen erfüllt werden, zu lassen. Dieser Sinn würde durch eine postmortale Rechenschaftspflicht beinahe in sein Gegenteil verkehrt. Deshalb ist es empfehlenswert in die Generalvollmacht den Passus aufzunehmen, daß der Partner von seiner Rechenschaftspflicht, ausgenommen gegenüber dem Vollmachtgeber, ausdrücklich befreit wird.

## c) Welche Probleme ergeben sich bei Kontovollmachten?

**Beispiel:** Die Chefsekretärin Frieda und der Student Martin ziehen zusammen. Auf der Bank erteilt Frieda Martin Vollmacht für ihr Girokonto; Martin tut dies umgekehrt mit seinem Girokonto, auf das sein „BAföG" fließt, ebenso. Außerdem läßt Frieda ihr Sparkonto in ein „Oder"-Konto abändern, so daß auch Martin frei darüber verfügen kann. Dieser macht davon Gebrauch. Als er zudem Frieda betrügt, will diese das Konto wieder abändern; der Bankbeamte erklärt ihr, das sei nicht möglich.

Zunächst ist auf den wichtigen Unterschied hinzuweisen, der zwischen einer Kontovollmacht und einem gemeinschaftlichen Konto besteht. Eine **Kontovollmacht** erteilt der Kontoinhaber einer anderen Person. Diese ist berechtigt, über sein Guthaben und den Kontokorrentkredit durch Abhebungen zu verfügen. Die Vollmacht, die bei der Bank hinterlegt wird, ist **frei widerruflich** und kann auch in der Weise erteilt werden, daß sie erst nach dem Tode des Kontoinhabers Gültigkeit hat. Bei einem **gemeinsamen Konto** sind beide Partner Kontoinhaber. Bei einem sog. **Und-Konto** können nur beide gemeinsam über das Konto verfügen, bei einem **Oder-Konto** kann dies jeder so, als wäre er alleiniger Kontoinhaber.

Abgesehen von einem gemeinschaftlichen Konto, das der Bestreitung der Lebenshaltungskosten der Lebensgemeinschaft dient, sollten sich die Partner auf gegenseitige Konto-Vollmachten beschränken, falls sie eine gegenseitige Verfügungsbefugnis wünschen. Diese Vollmachten können jederzeit bei einer Trennung einseitig widerrufen werden. Ein Und-Konto empfiehlt sich nur, wenn ein gemeinsames Sparkonto angelegt wird, über das nur beide Teile verfügen sollen. Ein Oder-Konto ist – ausgenommen das Konto der „Haushaltskasse" – in zweifacher Hinsicht problematisch. Wird nämlich kein entsprechendes Weisungsrecht vereinbart, so kann die Einzelverfügungsbefugnis nicht durch einseitige Erklärung eines Kontoinhabers, sondern nur durch Änderung des Kontovertrages und **mit Zustimmung des Partners** in ein Konto mit gemeinschaftlicher Vertretungsbefugnis umgewandelt werden. Das bedeutet im Fall der Trennung, daß der schnellere Teil das Konto „abräumen" kann, ohne daß der andere etwas dagegen unternehmen kann. Ihm bleibt nur die Möglichkeit, kein Geld mehr auf das Konto einzubezahlen. Ob derjenige Partner, der das Konto „abräumte", gegenüber dem anderen ausgleichspflichtig ist, kommt auf die Vereinbarung im Einzelfall an. Wenn das Konto eine bestimmte Zweckbestimmung (z. B. Kosten der gemeinsamen Lebensführung) aufwies und Geld anders verwendet wurde, ist eine Ausgleichspflicht gegeben. Die Rechtsprechung tendiert ferner dazu, bei Verfügungen nach einer Trennung generell eine Ausgleichspflicht zu bejahen.

### d) Sind Krankheits-, Betreuungs- und Beerdigungsvollmachten zweckmäßig?

**Beispiel:** Martin ist verunglückt. Als sich Frieda nach seinem Gesundheitszustand erkundigt, wird ihr erklärt, man dürfe ihr wegen der ärztlichen Schweigepflicht nichts sagen. Da Martin bewußtlos ist, kann er auch sein Einverständnis in eine riskante Operation nicht erklären. Das Krankenhaus nimmt deshalb Kontakt mit seiner Ehefrau auf, von der er seit 10 Jahren getrennt lebt. Als Martin stirbt, wird Frieda wieder bedauernd abgewiesen, als sie erklärt, daß Martin verbrannt werden wollte.

In einem Unglücksfall werden die nächsten Angehörigen des Betroffenen verständigt. Da die Beziehung zu einem nichtehelichen Partner nirgendwo registriert ist, kann dieser nicht benachrichtigt werden. Dieses Problem läßt sich durch einen Zettel beim Personalausweis mit der Bitte, bei einem Unfall Herrn/Frau ... zu verständigen, leicht lösen.

Der Partner gilt aber auch in anderer Hinsicht als Fremder, da eine Liebesbeziehung, als eine Rechtsbeziehung nicht nachweisbar ist. Erkrankt der Partner schwer und ist er selbst nicht mehr bei Bewußtsein oder seine Lage so ernst, daß ihm die Ärzte aus Angst vor einer Gesundheitsgefährdung nicht über seinen Zustand aufklären, erfährt auch der Partner meist nichts über den Gesundheitszustand der Person, die er liebt. Die Auskunftserteilung verbieten die ärztliche Schweigepflicht und der Umstand, daß das „Verhältnis" zum Patienten eben nicht nachweisbar ist. Auch zur Ermittlung des mutmaßlichn Willens eines schwer Kranken zur Einwilligung in eine lebensgefährliche Operation könnte der Partner zwar viel sagen, für die Ärzte ist es aber schwer festzustellen, woher dieser den Betroffenen kennt. Ebenso ist dies beim Versterben eines Lebensgefährten. Die Sterbeurkunde und die Formalitäten der Beerdigung kann nur ein Angehöriger, nicht der Erbe und vor allem nicht ein „Fremder" regeln. Und als fremd gilt der Lebensgefährte eben, solange seine Berechtigung nicht nachgewiesen wird.

Es empfiehlt sich deshalb, dem Partner eine sog. **Krankheits- und Beerdigungsvollmacht** zu erteilen, die ihn in die Lage versetzt, alles das zu tun, was auch ein Ehegatte erledigen kann. Zum Nachweis der Echtheit der Unterschrift sollte diese von einem Notar beglaubigt werden.

**Formulierungshilfe:**

---

Ich, Martin Meier, geb. am 01. 12. 1950, wohnhaft Dorfstr. 1, 8080 Schönberg, ermächtige hiermit Frau Frieda Klein, geb. am 30. 01. 1955, wohnhaft Dorfstr. 1, 8080 Schönberg, für den Fall, daß ich dazu nicht mehr in der Lage sein sollte, für mich Zustimmungserklärungen zu medizinischen Eingriffen abzugeben. Die Vorbezeichnete ist auch berechtigt, wenn ich in einem Krankenhaus in stationärer Behandlung bin, sich über meinen Gesundheitszustand zu informieren.

Für den Fall meines Todes soll sie sämtliche Einzelheiten der Beerdigung regeln. Sie hat insbesondere die Art der Bestattung und die Auswahl meiner letzten Ruhestätte zu bestimmen. Ihr obliegt, soweit zulässig, das Recht der Totenfürsorge für meinen Leichnam.

Sofern erforderlich, erteile ich Frau Klein unter Befreiung von den Beschränkungen des § 181 BGB Vollmacht zur Erledigung der vorstehenden Angelegenheiten. Diese Vollmacht erlischt durch meinen Tod nicht.

---

Für einen Volljährigen, der aufgrund einer Krankheit oder Behinderung seine Angelegenheiten ganz oder teilweise nicht selbst besorgen kann, wird vom Vormundschaftsgericht ein Betreuer bestellt (§ 1896 BGB). Hinsichtlich der Person des Betreuers wird der Betroffene angehört sowie sein Ehegatte, Eltern und Kinder. Allerdings kann jeder bereits in gesunden Tagen Regelungen für den Fall der Betreuung treffen und diese zweckmäßigerweise schriftlich niederlegen. Insbesondere kann ein Vorschlag zur Person des Betreuers gemacht werden. Wird dabei der Partner bestimmt, so prüft das Gericht später zur Sicherheit nochmals, ob der Vorschlag dem Wohl des Betroffenen entspricht und dieser noch an ihm festhalten will. Die Betreuung kann aber auch gänzlich vermieden werden, wenn bereits ein Bevollmächtigter früher durch den Betreuten eingesetzt wurde. Eine derartige **Vorsorgevollmacht** ist eine normale Spezial- oder Generalvollmacht, die auch nicht für den Fall „der Betreuungsbedürftigkeit" erteilt werden sollte, da sie sonst im Rechtsverkehr unbrauchbar ist. Vielmehr behält der Vollmachtgeber zunächst die Vollmachtsurkunde und händigt sie erst aus, wenn er es für richtig hält. Zur Überwachung des Bevollmächtigten kann das Vormundschaftsgericht einen Betreuer mit einem diesbezüglichen Aufgabenkreis bestellen.

## II. Der gemeinsame Haushalt

### 1. Haushaltsgemeinschaft und Rechtspflichten

#### a) Ergeben sich allein aufgrund des gemeinsamen Haushalts Rechtspflichten?

**Beispiel:** Martin und Frieda ziehen in eine gemeinsame Wohnung. Martin hebt mit Hilfe der Scheckkarte von Frieda am Automaten mehrfach Geld ab. Er erklärt Frieda, er sei hierzu berechtigt, da sie jetzt eine BGB-Gesellschaft bilden würden und jeder Partner zur Zweckerreichung beitragen müsse.

Vereinzelt haben Gerichte bereits die nichteheliche Lebensgemeinschaft und die damit verbundene Haushaltsführung als Gesellschaft bürgerlichen Rechts gewertet. Davon kann allerdings im Regelfall nicht ausgegangen werden. Deshalb ist auch kein Partner verpflichtet, ihm gehörende Sachen oder Rechte in die „Gesellschaft" einzubringen.

#### b) Die gemeinsame Haushaltskasse

**Beispiel:** Bei Martin und Frieda ist das Geld – wie immer – knapp. Frieda meint, Martin müsse den gemeinsamen Urlaub zu zwei Dritteln bezahlen, da er doppelt soviel verdiene wie sie. Martin meint, wenn beide verreisen, müsse jeder seine Unkosten bezahlen.

Die Kosten der gemeinsamen Lebensführung betreffen vor allem die Wohnungs- und Wohnungsnebenkosten, die Lebens- und Putzmittel, Kosmetika, Bekleidung, Anschaffungen für den

Haushalt, eventuell ein oder mehrere Autos und die Freizeitgestaltung. In manchen Partnerschaften bezahlt entsprechende Rechnungen derjenige, der gerade Geld hat. Bewährt hat sich aber die gemeinsame Haushaltskasse, früher mitunter eine alte Dose, heute meist ein gemeinsames Girokonto. Beide Partner sollten berechtigt sein, Ausgaben für die gemeinsame Lebensführung hiervon, auch einzeln, zu tätigen. Dies setzt voraus, daß zunächst in die „Kasse" etwas einbezahlt wird. Dabei sind die Partner frei, ob jeweils ein bestimmter Betrag oder ein Prozentsatz des jeweiligen Einkommens in die „Kasse" einbezahlt wird. Ihnen bleibt es auch überlassen, ob sie die Beteiligung nach dem Kopfprinzip, also jeweils zur Hälfte, oder nach den Möglichkeiten, d. h. wer mehr verdient, muß auch mehr bezahlen, regeln. Klar sollte jedem Partner sein, daß er bei einer Trennung vom anderen nicht „Zuvielleistungen" erstattet bekommt. Wird eine schriftliche Vereinbarung über die Beiträge zur Haushaltskasse getroffen, sollte dieser Satz nicht fehlen. Berücksichtigt werden muß auch, daß sich in den wirtschaftlichen Verhältnissen, z. B. durch den Abschluß einer Ausbildung, Arbeitslosigkeit und eine Beförderung Änderungen ergeben können und Abreden deshalb der Anpassung unterliegen sollten.

## c) Der Lebensgefährte im Versicherungsrecht und bei Zustellungen

**Beispiel:** Frieda ist etwas schlampig. So vergißt sie mitunter, die Kellertüre des Hauses von Martin abzusperren. Einbrecher dringen deshalb, indem sie ein Loch in die Scheibe schlagen und die Tür von innen öffnen, in das Haus ein und nehmen einige Antiquitäten mit. Die Versicherung will Martin den Schaden nicht ersetzen. Auch als Frieda mit dem Auto von Martin eine rote Ampel überfährt und dabei ein Schaden entsteht, bezahlt die Vollkaskoversicherung zwar zunächst an Martin, möchte aber von Frieda Erstattung des bezahlten Betrages. Martin beschimpft daraufhin mehrere Versicherungsangestellte und erhält hierfür einen Strafbefehl zugestellt. Frieda nimmt ihn entgegen, vergißt aber, ihn Martin zu zeigen. Als die Einspruchsfrist abgelaufen ist, findet ihn Martin.

Im Versicherungsrecht muß sich der Versicherte fremdes Verhalten mit der Folge zurechnen lassen, daß die Versicherung ganz oder teilweise leistungsfrei wird, wenn es sich bei der betreffenden Person um einen Repräsentanten handelt. Voraussetzung ist, daß der Repräsentant in dem Geschäftsbereich, zu dem das versicherte Risiko gehört, aufgrund eines Vertretungs- oder ähnlichen Verhältnisses an die Stelle des Versicherungsnehmers getreten ist. Die bloße Eigenschaft als Lebensgefährte und die damit verbundene Obhut für eine versicherte Sache reichen ohne weitere Anhaltspunkte für eine alleinige Obhut und irgendwelche Handlungsbefugnisse nicht zur Bejahung der Repräsentanteneigenschaft aus.

Umgekehrt sollen nichteheliche Partner aber auch **nicht** in den Genuß des sog. **Angehörigenprivilegs** (§ 67 Abs. 2 VVG) kommen. Danach ist der Regreß des Versicherers gegen einen Schädiger, dessen Schaden er setzen mußte, ausgeschlossen, wenn dieser mit dem Versicherten als Familienangehöriger in häuslicher Gemeinschaft lebt. Der Zweck dieser Regelung, die „Familienkasse" und den Familienfrieden zu schützen, trifft auch bei unverheirateten Paaren zu. Gleichwohl lehnt die Rechtsprechung wegen der Unsicherheit festzustellen, wer Lebensgefährte ist und wer nicht, eine Anwendung dieses Privilegs auf nichteheliche Lebensgemeinschaften ab.

Die Zustellung von amtlichen Schriftstücken wird durch deren Aushändigung an den Adressaten oder an einen Hausgenossen bewirkt. In der Rechtsprechung des Bundesgerichtshofs wurde es bisher abgelehnt, einen nichtehelichen Partner des Zustellungsadressaten, der allein mit ihm zusammenlebt, als Familienangehörigen im Sinne der Zustellungsvorschriften anzusehen. Ersatzzustellungen an ihn sind deshalb unwirksam; sie setzen deshalb insbesondere keine Rechtsbehelfsfristen in Gang. Damit ergibt sich die groteske Situation, daß die Aushändigung des Schriftstücks an die stundenweise beschäftigte Zugehfrau wirksam ist, nicht aber diejenige an die langjährige Lebensgefährtin. Dieses Ergebnis wurde zwischenzeitlich teilweise korrigiert. Nunmehr soll eine Ersatzzustellung an den nichtehelichen Lebensgefährten wirksam sein, wenn der Adressat nicht nur mit diesem, sondern mit einer Familie, also beispielsweise den eigenen oder den Kindern des Partners, zusammenlebt.

## d) Was tun, wenn der Gerichtsvollzieher kommt?

**Beispiel:** Martin hat nichts außer Schulden und Charme. Letzterem erliegt Frieda. Martin zieht in ihre Mietwohnung. Allerdings stört ihr Glück der ständig „zu Besuch" kommende Gerichtsvollzieher. Wegen einer

Steuerschuld des Finanzamtes pfändet er einen wertvollen Teppich, einen Videorecorder und mehrere Bilder. Frieda ist damit nicht einverstanden; sie behauptet, diese Gegenstände stünden in ihrem Eigentum. Der Gerichtsvollzieher meint, das sei aufgrund ihres Zusammenlebens mit Martin unerheblich, er müsse pfänden.

Bei Vollstreckungsmaßnahmen gegen einen Ehegatten schützt der Gesetzgeber den Gläubiger davor, daß bei einer ehelichen Wohnungsgemeinschaft immer gerade derjenige Ehegatte als Eigentümer angegeben wird, der keine Schulden hat (§ 1362 BGB, § 739 ZPO). Eine ähnliche Situation besteht beim nichtehelichen Zusammenleben. Gleichwohl wird eine entsprechende Anwendung der Vorschriften, die das Eigentum und den Gewahrsam des Schuldner-Ehegatten vermuten, bisher überwiegend abgelehnt. Allerdings gibt es auch gewichtige Stimmen, die nichteheliche Partnerschaften nicht gegenüber der Ehe besserstellen wollen. Freilich bleibt unklar, wie der Gerichtsvollzieher ermitteln sollte, ob zwei Menschen als Paar oder als bloße Wohngemeinschaft zusammenleben.

Vollstreckungsmaßnahmen dürfen jedenfalls in keinem Fall ignoriert werden. Vielmehr muß der betroffene Partner sein Eigentum im Wege der **Vollstreckungsgegenklage** geltend machen. Nur so kann er verhindern, daß eine gepfändete Sache, die ihm allein gehört, versteigert wird. Oft hilft es bereits, bevor der Gerichtsvollzieher den „Kuckuck" anbringt, auf das Alleineigentum desjenigen Partners hinzuweisen, der nicht Schuldner ist, und ihm gegebenenfalls eine Rechnung zu zeigen, die diese Angaben belegt.

## 2. Steuerpflichten und Steuertricks

### a) Haften Partner für Steuerschulden des anderen?

**Beispiel:** Frieda befürchtet, daß das Finanzamt sie für Steuerschulden ihres Lebensgefährten Martin in Anspruch nehmen könnte. Grund dafür ist, daß Martin als Selbständiger kaum Rückstellungen bildet und beide das (unversteuerte) Geld mit vollen Händen ausgeben. Ein Bekannter beruhigt Frieda. Doch dann erhält sie einen Steuerbescheid für Micky. „Micky" ist nicht der Kosename ihres Partners, sondern dessen Bernhardiner.

Kein Partner haftet für Schulden des anderen. Dies gilt grundsätzlich auch gegenüber dem Finanzamt. Einkommensteuerschulden muß derjenige Partner begleichen, der sie hat; sein Lebensgefährte hat damit nichts zu tun, sofern er nicht bei einer Steuerhinterziehung mitgewirkt hat. Anders ist dies bei der **Hundesteuerpflicht**. Diese trifft jedes über Einkommen verfügende erwachsene Mitglied eines aus mehreren Personen bestehenden Haushalts, in den ein Hund aufgenommen wurde.

### b) Ehegatten-Splitting für unverheiratete Paare?

**Beispiel:** Frieda und Martin verfügen über dasselbe Einkommen wie Gabi und Wolfgang, die verheiratet sind. Es ärgert sie, daß sie mehr Steuern bezahlen müssen.

Der Gesetzgeber begünstigt Ehegatten bei der Einkommen- und Vermögensteuer, indem die Freibeträge, unabhängig davon, wer das Einkommen erzielt bzw. Vermögen hat, zusammengerechnet werden. Außerdem sorgt bei der Einkommensteuer der sog. Splitting-Tarif dafür, daß die Steuerprogression gemindert wird. Dies geschieht dadurch, daß das Gesamteinkommen beiden Ehegatten je zur Hälfte zugerechnet wird. Nicht verheiratete Partner haben keinen Anspruch darauf, daß diese Vergünstigung auch auf sie erstreckt wird. Andererseits werden nichtverheiratete Paare auch gegenüber Ehegatten bessergestellt: Für Vereinbarungen zwischen ihnen gelten nicht die strengen Anforderungen, die für Rechtsgeschäfte zwischen Ehegatten Anwendung finden. Deshalb kann der selbständige Partner beispielsweise seiner Freundin eine Versorgungszusage machen, die er anderen Mitarbeiterinnen nicht macht. Der Ehemann kann dies mit steuerlicher Wirkung zugunsten seiner Ehefrau nicht.

### c) Mehraufwendungen für doppelte Haushaltsführung

**Beispiel:** Martin und Frieda leben mit Friedas kleinem Sohn aus erster Ehe zusammen. Martin wird beruflich versetzt. Täglich nach Hause zu fahren ist zu weit, deshalb mietet er sich am Beschäftigungsort eine Wohnung. Auch als eine gemeinsame Tochter geboren wird, ändert sich an den Verhältnissen nichts. Allerdings lernt Martin später Gabi kennen, die zu ihm zieht und mit der er ein gemeinsames Kind hat.

Zu den bei den Einkünften aus nichtselbständiger Arbeit abziehbaren Werbungskosten gehören auch notwendige Mehrausgaben, die einem Arbeitnehmer wegen einer aus beruflichem Anlaß begründeten doppelten Haushaltsführung entstehen (§ 9

Abs. 1 Nr. 5 EStG). Eine doppelte Haushaltsführung liegt vor, wenn ein Arbeitnehmer außerhalb des Orts, in dem er einen Hausstand unterhält, beschäftigt ist und am Beschäftigungsort wohnt. Entscheidend ist, daß die Aufsplitterung einer bisher einheitlichen Haushaltsführung auf zwei getrennte Haushalte **beruflich** veranlaßt ist.

Verlegt der Arbeitnehmer den Mittelpunkt seiner Lebensinteressen in den Hausstand am Beschäftigungsort, so ist trotz einer Beibehaltung der Familienwohnung am früheren Beschäftigungsort keine doppelte Haushaltsführung mehr gegeben. Dies ist dann der Fall, wenn ein verheirateter Mann am Beschäftigungsort mit einer anderen Frau und einem gemeinsamen Kind in einem eigenen Hausstand lebt.

Eine doppelte Haushaltsführung ist auch nicht gegeben, wenn ein unverheirateter Partner versetzt wird und deshalb an einem anderen Ort als sein Lebensgefährte wohnt. Denn beim bisherigen Hausstand handelt es sich mangels ehelicher oder verwandtschaftlicher Beziehungen nicht um einen Familienhausstand. Dies gilt auch dann, wenn ein Kind des Lebensgefährten zum Hausstand gehört, da auch zu ihm keine rechtliche Verwandtschaft besteht. Ein Familienhausstand liegt bei nichtehelichen Paaren nur vor, wenn mindestens ein gemeinschaftliches Kind vorhanden ist. Es schadet nicht, wenn das Kind erst nach der Versetzung geboren wird bzw. entsteht. Statt eines gemeinsamen Kindes kann auch eine spätere Eheschließung zum **Werbungskostenabzug** führen. In beiden Fällen gilt dies allerdings erst ab dem jeweiligen „freudigen" Ereignis.

*d) Wann stellen Unterhaltsleistungen an den Partner außergewöhnliche Belastungen dar?*

**Beispiel:** Martin und Frieda leben zusammen. Frieda betreut das gemeinsame Kind und geht deshalb keiner Erwerbstätigkeit nach. Auch zwischen Irene und Manuela besteht eine nichteheliche Lebensgemeinschaft. Manuela führt den Haushalt. Martin und Irene wollen die Unterhaltsleistungen für ihre jeweilige Partnerin steuerlich geltend machen.

Unterhaltsleistungen sind als außergewöhnliche Belastungen bei der Einkommensteuer zu berücksichtigen, wenn sie – neben anderen Erfordernissen – dem Steuerpflichtigen zwangsläufig erwachsen (§ 33a Abs. 1 EStG). Das heißt, daß er sich ihnen aus rechtlichen, tatsächlichen und sittlichen Gründen nicht entziehen kann. Entscheidend ist, daß diese Gründe unabhängig vom Willen des Steuerpflichtigen auf seine Entschließung in einer Weise einwirken, daß er ihnen nicht auszuweichen vermag. Eine vertragliche Unterhaltsvereinbarung reicht somit nur dann aus, wenn zusätzlich zu dieser selbstbegründeten Rechtspflicht eine sittliche bzw. tatsächliche Zwangslage zur Leistung der Aufwendungen bestände. Letztere Voraussetzung kann z. B. erfüllt sein, wenn bei einer auf längere Dauer angelegten Partnerschaft die Bedürftigkeit des einen Partners durch Pflegedienste für den anderen Partner oder durch die Betreuung gemeinsamer Kinder veranlaßt ist. Ist die Bedürftigkeit **gemeinschaftsbedingt**, so sind auch Unterhaltsleistungen an den gleichgeschlechtlichen Partner zu berücksichtigen. In sämtlichen Fällen darf der Höchstbetrag von 6300,– DM nicht überschritten werden. Der vorstehende Unterhaltshöchstbetrag kann sich durch Einkünfte und Bezüge des unterstützenden Partners noch mindern.

### e) Kann der haushaltsführende Partner von der Steuer abgesetzt werden?

**Beispiel:** Der 63jährige Ludwig und die 60jährige Petra ziehen zusammen. Petra betreut den Haushalt. Ludwig geht noch einer Erwerbstätigkeit nach. Sie vereinbaren, daß Petra für ihre Haushaltstätigkeit 100,– DM im Monat erhält.

Der Partner einer eheähnlichen Lebensgemeinschaft, der vereinbarungsgemäß den Haushalt für die Gemeinschaft führt, kann Hilfe im Haushalt im Sinne von § 33a Abs. 3 EStG sein. Die Folge ist, daß der steuerpflichtige Partner, der das 60. Lebensjahr vollendet hat oder der selbst krank ist oder ein krankes Kind hat, bis zu 1200,– DM jährlich bei der Steuer geltend machen kann. Ist eine der vorgenannten Personen schwer behindert, erhöht sich dieser Höchstbetrag nochmals. Die Finanzgerichte sind hier recht großzügig. Bereits in der Gewährung freier Kost und Logis für den Partner können Aufwendungen im steuerlichen Sinn gesehen werden. Außerdem werden diesbezügliche Vereinbarungen zwischen unverheirateten Partnern auch anerkannt, während sie zwischen Ehegatten abgeschlossen beim Finanzamt allenfalls ein Lächeln auslösen würden.

## III. Die Vermögenszuordnung

### 1. Mein und Dein in der nichtehelichen Partnerschaft

#### a) Gehören Neuanschaffungen beiden Partnern gemeinsam?

**Beispiel:** Martin kauft sich ein wertvolles Buch. Dazu verwendet er auch Geld aus der gemeinsamen Kasse. Frieda möchte wissen, ob ihr bei einer Trennung das Buch zur Hälfte gehört.

Die Eingehung einer nichtehelichen Lebensgemeinschaft führt nicht automatisch zu einer „Gütergemeinschaft". Selbst in der Ehe gibt es keine Automatik dergestalt, daß das gesamte Vermögen beiden Ehegatten gemeinsam gehören würde. Das nichteheliche Zusammenleben führt auch nicht zur Gründung einer Gesellschaft des bürgerlichen Rechts zwischen den Partnern mit der Konsequenz, daß das gesamte Vermögen Gesamthandseigentum würde. Auch die entsprechende Anwendung gesellschaftsrechtlicher Grundsätze würde voraussetzen, daß die Partner über die Lebensgemeinschaft hinaus die Absicht verfolgten, gemeinschaftlich einen erheblichen Vermögenswert zu schaffen.

Gegenstände ohne erheblichen wirtschaftlichen Wert werden, darüber scheinen die Gerichte weitgehend einig zu sein, von demjenigen Partner zu Eigentum erworben, der sie mit dem Willen, Alleineigentümer zu werden, kauft. Dies gilt unabhängig davon, mit wessen Mitteln der Kaufpreis bezahlt wird. Insoweit ist die Rechtslage nicht anders als bei Ehegatten.

#### b) Wer erwirbt das Eigentum an Haushaltsgegenständen?

**Beispiel:** Martin kauft von seinem Geld einen Videorecorder. Als Frieda einen Film mit Alain Delon aufnehmen will, ist er eifersüchtig und läßt das nicht zu. Frieda löscht daraufhin Martins Filme mit Kim Basinger; zwar habe Martin das Gerät bezahlt, dafür habe sie aber immer die Lebensmittel von ihrem Geld eingekauft.

Bei Ehegatten gingen die Gerichte bis vor kurzem davon aus, daß diese Haushaltsgegenstände zu Miteigentum erwerben, und zwar unabhängig davon, welcher Ehegatte den Kauf tätigt und mit wessen Geld der Preis bezahlt wird. Deshalb wurde vereinzelt für nichteheliche Partnerschaften angenommen, die Anschaffung eines Gegenstandes für den gemeinschaftlichen Haushalt bedeute, daß der Erwerb zum Eigentum beider Partner erfolgen solle. Da die neue Rechtsprechung auch bei Ehegatten keine Vermutung mehr für hälftiges Miteigentum an Haushaltsgegenständen annimmt, ist wohl folgendermaßen zu unterscheiden: Schafft ein Partner Haushaltsgegenstände mit **eigenen** Mitteln an, so wird er in der Regel auch deren Eigentümer sein wollen. Ohne weiteres hat nämlich kein Partner einen Grund, dem anderen Miteigentum an den von ihm aus eigener Tasche bezahlten Haushaltsgegenständen einzuräumen. Für die Zwecke der Lebensgemeinschaft reicht es aus, daß beide Partner die angeschafften Gegenstände **in gleicher Weise nutzen** können. Die Eigentumsverhältnisse sind dagegen für die Gestaltung der Lebensgemeinschaft ohne Belang. Wird dagegen ein Haushaltsgegenstand aus **gemeinsamen** Mitteln angeschafft und besitzen die Partner die Sache auch **gemeinsam**, so spricht eine Vermutung für Miteigentum. Diese Differenzierung erscheint naheliegend und interessengerecht. Ob die Juristen sich allerdings insoweit einigen können, bleibt abzuwarten.

*c) Welche Regelung empfiehlt sich hinsichtlich der Eigentumsverhältnisse?*

**Beispiel:** Frieda versorgt die gemeinsamen Kinder und Martin verdient das Geld. Da er Frauen für verschwenderisch hält, erledigt er sämtliche Einkäufe – ausgenommen die Baby-Windeln – selbst. Frieda befürchtet, daß ihr bei einer Trennung nicht einmal eine Stecknadel gehört.

Zwischen den Partnern sollte von Anfang an klar sein, daß Gegenstände, die ausschließlich zum persönlichen Gebrauch des Partners bestimmt sind, im Eigentum dessen stehen, für dessen Gebrauch sie bestimmt sind. Auch bei einer Trennung verbleibt die Näh- und Bohrmaschine sowie die Abendkleider der handwerklich geschickten Frau und der Personal-Computer dem Tag und Nacht am „Bildschirm" verbringenden Mann.

Für den Fall der gemeinschaftlichen Anschaffung sollten die Eigentumsverhältnisse der wirtschaftlichen Beteiligung an den Anschaffungskosten entsprechen. Allerdings wäre es nahezu schizophren, bei einer lockeren „Ehe auf Probe" umfassend gemeinschaftliche Sachen anzuschaffen. Insoweit empfiehlt sich eine strikte „Gütertrennung". Auch in anderen Partnerschaften ist es zur Vermeidung späterer Probleme bei einer Trennung zweckmäßig, das Eigentum an gemeinschaftlich genutzten Gegenständen möglichst eindeutig jeweils einem bestimmten Partner zuzuordnen. Der Einwand, diese Lösung bevorzuge den verdienenden Partner und benachteilige den haushaltsführenden Teil, meist die Frau, verkennt, daß es sich nicht um ein Problem der Eigentumszuordnung handelt, sondern um die Frage, welche Geldbeträge dem nicht erwerbstätigen Partner zur gemeinschaftlichen und freien Verfügung zustehen. Ist ein Partner zu einer gerechten Vermögensverteilung in „guten Tagen" nicht bereit, sollte der andere seine „Wahl" ernsthaft überdenken. Die Vorschriften des bürgerlichen Rechts über die Eigentumszuordnung sind jedenfalls nicht geeignet, eine egoistische Einstellung eines Partners zu korrigieren.

## 2. Was ist bei einer Kreditaufnahme und der Übernahme einer Bürgschaft zu beachten?

### a) Welche Folgen hat die gemeinsame Kreditaufnahme?

**Beispiel:** Als Martin und Frieda für ein Auto der S-Klasse gemeinsam ein Darlehen in Höhe von 100 000,– DM aufnehmen, gratuliert ihnen ein Freund zur „Eheschließung". Bis sie diesen Kredit getilgt hätten, wären sie „wirtschaftlich" verheiratet.

Wenn Partner das gemeinsame Haushaltskonto überziehen und dieses Minus am Konto durch die nächste Gehaltszahlung wieder ausgeglichen wird, ist dies beinahe schon üblich, jedenfalls aber im Hinblick auf eine Trennung nicht weiter tragisch. Bestellen aber Partner eine Grundschuld oder Hypothek für ein Darlehen mit einer Laufzeit von ca. 20 bis 30 Jahren, obwohl sie noch nicht wissen, ob sie zusammenbleiben wollen, sollten sie diesen Schritt nochmals überprüfen. Gemeinsame Schulden binden nämlich fester als ein Trauschein. Wenn nicht die Bank mit einer Schuldhaftentlassung eines Partners einverstanden ist, wozu keine Verpflichtung besteht, bleiben die einstigen Lebensgefährten auch nach einer Trennung wirtschaftlich aneinander gekettet. Kurz gesagt: Die Aufnahme eines langfristigen Darlehens führt dazu, daß das Paar bei einer Bank nunmehr „verheiratet" ist. Außer der Gnade des Kreditinstituts können dann nur noch ein Lotto-Gewinn und der reiche Erbonkel aus Amerika helfen.

Paare sollten deshalb bei einer Kreditaufnahme, insbesondere wenn für das Geld nicht ein langlebiger, jederzeit wieder veräußerbarer Vermögenswert angeschafft wird, auf die Laufzeit des Darlehens achten. Noch besser ist es freilich, wenn jeder einen **selbständigen Kredit** aufnimmt, also nicht beide für dasselbe Darlehen gesamtschuldnerisch haften. Eine Gesamtschuld bedeutet nämlich, daß jeder die volle Summe schuldet, der Gläubiger darf sie zwar nur einmal fordern, kann sich aber aussuchen, wen er in Anspruch nehmen will. Im Zweifel wird das der finanzstärkere Partner sein. Diese Ratschläge gelten nicht nur für unverheiratete Paare, sondern in gleicher Weise für Ehegatten. Es handelt sich also nicht um übertriebene Vorsichtsmaßnahmen für unverheiratete Paare.

*b)  Ist es ein Zeichen von Liebe oder nur von Dummheit, für den Partner zu bürgen?*

**Beispiel:** Martin braucht dringend Geld, da er in ein ganz tolles Geschäft eines Freundes einsteigen will. Dazu benötigt er von der Bank ein Darlehen. Diese fordert Martin auf, einen Bürgen zu stellen. Martin bittet Frieda um den Gefallen; selbstverständlich werde er das Geld sofort zurückzahlen, wenn die ersten Gewinne fließen. Leider „fließt" später nur das ganze „Super-Deal" den „Bach runter".

Banken verlangen – teils gewohnheitsmäßig, teils weil die Sicherheiten sonst nicht ausreichen – die Mithaftung eines Lebensgefährten. Diese kann durch eine Mitübernahme der Schuld, eine selbstschuldnerische Bürgschaft oder die Eintragung einer Hypothek oder Grundschuld an einer Immobilie des Partners erfolgen. Zwischen diesen Rechtsformen bestehen zwar Unterschiede, im Falle der Inanspruchnahme ist die Folge jedoch stets dieselbe: Der haftende Partner muß bezahlen.

Eines muß den Beteiligten klar sein: Durch eine Mithaft des Partners verbessert sich allein die Stellung der Bank. Ist diese zusätzliche Absicherung nicht erforderlich, dann gibt es keinen Grund, ihr diesen Vorzug zu verschaffen. Notfalls gibt es auch noch andere Kreditinstitute. Ist jedoch die zusätzliche Absicherung des Kredits aufgrund nicht ausreichender Sicherheiten des Partners erforderlich, sollten beide Partner sorgfältig prüfen, ob sie den Gegenstand, zu dessen Anschaffung das Darlehen dient, wirklich (jetzt) benötigen. Der als Darlehensnehmer auftretende Partner, für dessen Zwecke die Kreditaufnahme meist erfolgt, sollte zudem selbstkritisch fragen, ob es von seiner (!) Liebe zeugt, vom Lebensgefährten eine risikoreiche Verschuldung zu fordern.

### c) Ist es sittenwidrig, wenn eine Bank eine Mitverpflichtung des Partners fordert?

**Beispiel:** Als Martin und Frieda vor dem Bankbeamten sitzen, erklärt dieser, das Darlehen von 20 000,– DM könne an Martin ausgezahlt werden, wenn Frieda die Mithaftung übernehme. Frieda bricht in Tränen aus, schließlich verfügt sie über kein Einkommen, da sie die gemeinschaftlichen Kinder erzieht. Der Bankbeamte erklärt, alles sei nur eine reine „Formsache". Daraufhin unterschreibt Frieda. Martin hält dabei zärtlich ihre Hand. Als sich Martin später „absetzt", bleiben Frieda noch 14 500,– DM Schulden. Frieda ist erstaunt, schließlich habe sie geglaubt, daß ihre Unterschrift nur pro forma erfolge.

Grundsätzlich gilt, daß eine volljährige Person für ihr rechtsgeschäftliches Handeln verantwortlich ist. Das Kreditinstitut ist im Normalfall nicht verpflichtet, ungefragt den Partner über den Umfang seines Risikos oder die Vermögensverhältnisse des Hauptschuldners zu unterrichten. Es wird davon ausgegangen, daß die allgemeinen Risiken, die sich aus Veränderungen in der eigenen Sphäre der Partner ergeben können (z. B. Trennung, Tod eines Partners, Krankheit, Einkommensverluste etc.) bekannt sind. Das Recht kann niemand davor schützen, aus (falsch verstandener) Liebe Dummheiten zu begehen. Manchmal haben allerdings Gerichte versucht, den Betroffenen zu helfen. Wenn der Bank, insbesondere bei einer vermögenslosen Person, erkennbar ist, daß diese die Folgen ihres Handelns nicht durchschaut, oder ein Bankangestellter sogar durch unzutreffende beschwichtigende Äußerungen die Bedeutung der Mithaft herunterspielt, kann die spätere Inanspruchnahme ausgeschlossen sein. Derjenige Partner, der sich auf die Sittenwidrigkeit seiner Mitverpflichtung beruft, muß die dafür erforderlichen Umstände **beweisen**. Betroffen sind nur krasse Ausnahmefälle. Deshalb sollte niemand bei einer leichtfertigen Unterschrift auf deren spätere Unwirksamkeit vertrauen.

### d) Besteht ein Erstattungsanspruch des zahlenden Partners?

**Beispiel:** Nachdem Frieda 14 500,– DM an die Bank bezahlt hat, ist diese gerne bereit, Frieda etwaige Ansprüche gegen Martin abzutreten. Frieda möchte ihr Geld von Martin zurückfordern.

Demjenigen Partner, der für eine Schuld des anderen einstehen muß, sollte eines von vornherein klar sein: Wenn die Bank vom

Mitschuldner Zahlung verlangt, bedeutet dies, daß ihre Forderung gegen den Hauptverpflichteten nicht zu realisieren ist, weil dieser kein Geld hat. Unabhängig von dem Problem, inwieweit Rückgriffsansprüche anerkannt werden, stehen diese meist nur auf dem Papier.

Inwieweit Rückgriffsansprüche des zahlenden Partners gegen den anderen bestehen, ist in der Rechtsprechung nicht geklärt. Bei einer gesamtschuldnerischen Mitverpflichtung geht die Forderung der Bank gegen ihren Darlehensnehmer auf den Zahlenden über, soweit dieser Erstattung verlangen kann (§ 426 BGB). Nach dem gesetzlichen Regelfall beträgt die Erstattung die Hälfte der Zahlung. Bei der Bürgschaft findet ein gesetzlicher Forderungsübergang statt, soweit der Bürge den Gläubiger befriedigt (§ 774 BGB). Während es bei der Gesamtschuldnerschaft für den Erstattungsanspruch auf die internen Vereinbarungen der Partner ankommt, geht das Gesetz davon aus, daß die Bürgschaftsübernahme auf eine nur subsidiäre Haftung zielt. Denjenigen Partner, der die Bürgschaft übernommen hat, stünde deshalb ein Rückgriffsanspruch in voller Höhe zu, während der Mitverpflichtete dafür beweispflichtig wäre, daß er mehr als die Hälfte seiner Aufwendungen zurückbekäme.

Die Gerichte berücksichtigen die Tatsache, daß es mehr oder weniger zufällig ist, ob eine Bürgschaftsübernahme oder ein Schuldbeitritt erfolgt, nicht hinreichend. In der Praxis entscheidet über die Rechtsform der Griff des Bankangestellten in die Schublade mit den entsprechenden Vordrucken. Richtiger wäre es, nicht auf die „gewählte" Rechtsform, sondern auf das Innenverhältnis der Beteiligten abzustellen. Handelt es sich um ein Darlehen, das der Verwirklichung der gemeinsamen Lebensgemeinschaft dient, so findet ein Ausgleich nur insoweit statt, als es sich erstens um eine besonders wertvolle Anschaffung und nicht nur um Aufwendungen für den täglichen Lebensbedarf handelt und zweitens die Anschaffung allein einem Partner zugute kommt. Der Kredit für die gemeinsame Urlaubsreise ist also von beiden Beteiligten zurückzuführen. Bei der Anschaffung des Familienwohnheims richtet sich der Ausgleichsanspruch nach der vermögensmäßigen Beteiligung. Wird der Kredit allein im Interesse eines Partners, z. B. für dessen Beruf oder Hobby aufgenommen, so hat er das Darlehen im Ergebnis allein zu tragen.

Den Partnern ist eine Regelung des Inhalts zu empfehlen, wer bei der Aufnahme eines Kredits die Verbindlichkeiten zu bezahlen hat. Dabei kommt auch eine anteilige Tragung der Schulden in Betracht. Die Kriterien, nach denen die endgültige Last zu verteilen ist, wurden oben bereits dargestellt. Eine derartige Vereinbarung vermeidet die Zufälligkeiten, die sich nach der Rechtsprechung daraus ergeben, daß die Gerichte teilweise allein auf die gewählte Rechtsform abstellen.

## IV. Zuwendungen an den Partner

### 1. Zur Unzulässigkeit von Zuwendungen

#### a) Können Schenkungen sittenwidrig sein?

**Beispiel:** Klaus liebt Dora. Er schenkt ihr wertvollen Schmuck. Dora denkt ans Geschmeide Tag und Nacht und noch mehr an den, der's ihr gebracht. Beide ziehen zusammen. Als Doras Leidenschaft abnimmt, kauft ihr Klaus wieder Schmuckstücke. Seine Großzügigkeit zahlt sich aus, Dora ist wieder eine phantastische Geliebte. Als Klaus stirbt, fordern seine erstehelichen Kinder von Dora den Schmuck zurück, da ihr Vater sein gesamtes Vermögen beim Juwelier gelassen hat.

Zuwendungen an den nichtehelichen Partner sind nur sittenwidrig, wenn sie ausschließlich sexuelle Hingabe belohnen und zu deren Fortsetzung bestimmen sollen. Diese Fälle werden eher selten sein. Wenn der Zuwendende seine Großzügigkeit unter besonderer Rücksichtslosigkeit gegenüber nahen Angehörigen, insbesondere einer „Noch-Ehefrau" und Kindern, beweist, können Zuwendungen ebenfalls sittenwidrig sein. Kein Partner, der seiner Lebensgefährtin einmal ein kostbares Schmuckstück schenkt, wird jedoch wegen dieser Rechtsprechung zum Geizhals werden müssen. Verhindert werden sollen nur die Fälle, in denen die wirtschaftliche Situation naher Angehöriger ungesichert ist. Die Gerichtsurteile zur Sittenwidrigkeit von Zuwendungen an den nichtehelichen Partner betrafen fast ausschließlich testamentarische oder erbvertragliche Verfügungen, deshalb werden sie dort ausführlich dargestellt (vgl. 8. Kapitel, Abschnitt II. 1.). Gleichwohl gelten sie für Zuwendungen unter Lebenden in gleicher Weise.

## b) Kann eine Schenkung auch nach dem Tode des Partners zurückgefordert werden?

**Beispiel:** Martin hat mit seiner Frau Gerda in einem Ehegattentestament vereinbart, daß seine Eigentumswohnung nach seinem Ableben an die gemeinsamen Kinder zu gleichen Teilen fällt. Noch zu Lebzeiten überträgt er die Wohnung an seine Lebensgefährtin Frieda, die den kranken Martin bereits mehrere Jahre betreut hat und ihn auch noch bis zu seinem Tode entsprechend der Vereinbarung im Vertrag aufopfernd pflegt. Martins Kinder gestatten Frieda, die Wohnung noch ein halbes Jahr zu bewohnen, sie verlangen jedoch die Übertragung des Eigentums auf sich.

Ein Partner, der sich in einem gemeinschaftlichen Testament oder einem Erbvertrag hinsichtlich des künftigen Nachlasses oder einzelner Vermögensgegenstände gebunden hat, ist an Verfügungen unter Lebenden nicht gehindert. Deshalb kann beispielsweise eine Eigentumswohnung, die an Kinder fallen soll, noch verkauft und der Erlös vom Erblasser „verjubelt" werden. Nicht gestattet sind jedoch Schenkungen, die in der Absicht vorgenommen werden, den im gemeinschaftlichen Testament oder im Erbvertrag Begünstigten zu benachteiligen. Diese bleiben zwar bis zum Tode des Erblassers wirksam, der Benachteiligte hat jedoch nach dessen Ableben einen Herausgabeanspruch gegen den Beschenkten (§§ 2287, 2288 BGB). Eine beeinträchtigende Schenkung kann auch bei einer **gemischten Schenkung**, d. h. einer teilweise entgeltlichen und teilweise unentgeltlichen Veräußerung, vorliegen. Ob diese in Beeinträchtigungsabsicht vorgenommen wird, beurteilt sich danach, ob der Erblasser an der Schenkung ein **lebzeitiges Eigeninteresse** hat. Es fehlt, wenn die Schenkung allein der Korrektur seiner früheren Verfügung von Todes wegen dient. Sichert der Erblasser mit der Zuwendung seine Versorgung im Alter, so kann eine Schenkung wirksam sein, wenn die Verpflichtung zur Erbringung von Pflegeleistungen wirklich gewollt ist und so durchgeführt wird, also nicht vorgeschoben ist. Keine Anerkennung finden dürfte deshalb die häufig gewünschte Schenkung auf dem Sterbebett gegen „Wart und Pflege" oder Entrichtung eines Geldbetrages, der nie bezahlt wird.

**Beispiel:** Martin schenkt seiner Lebensgefährtin sein schuldenfreies Einfamilienhaus. Als er zwei Jahre darauf verstirbt, hinterläßt er seinen erstehelichen Kindern als gesetzlichen Erben noch 20 000,– DM. Diese fordern von Frieda die Hälfte des Wertes des Hauses abzüglich des geerbten Geldbetrages.

Hat ein Partner in den letzten zehn Jahren vor seinem Tode dem Lebensgefährten eine Schenkung gemacht, so steht pflichtteilsberechtigten Personen (Abkömmlinge, Ehegatte und Eltern) ein **Ergänzungsanspruch** zu, der sich auch gegen den Beschenkten richten kann. Der sog. Pflichtteilsergänzungsanspruch besteht in der Differenz zwischen dem Wert des Geerbten und dem Pflichtteil, der seinerseits aus dem Wert des Nachlasses zuzüglich dem Wert des geschenkten Gegenstandes berechnet wird. Dieser Anspruch richtet sich grundsätzlich gegen die Erben. Aber auch der Beschenkte kann zur Herausgabe des Geschenkes verpflichtet sein, wenn der Erbe entweder selbst pflichtteilsberechtigt ist oder der Wert der Erbschaft nicht mehr ausreicht. Der Beschenkte kann allerdings die Herausgabe durch Zahlung des fehlenden Betrages abwenden (§§ 2325, 2329 BGB).

## 2. Sind Schenkungen steuerlich günstiger als eine Erbschaft?

**Beispiel:** Dora hat gehört, daß bei einer Schenkung unter Lebenden keine Erbschaftsteuer anfällt. Deshalb drängt sie den älteren und kranken Klaus, ihr sein Haus zu überschreiben. Klaus ist doppelt skeptisch, andererseits will er nicht, daß Dora eine hohe Steuer bezahlen muß.

Der gesunde Menschenverstand sollte eigentlich das häufig verbreitete Gerücht, daß die Schenkungsteuer günstiger sei als die Erbschaftsteuer, gar nicht aufkommen lassen. Der Staat wäre nicht sehr intelligent, wenn beide Steuern voneinander abweichen würden. Kein Mensch würde mehr etwas vererben, wenn Schenken billiger wäre. Die Erbschaft- und Schenkungsteuer sind deshalb bereits in einem Gesetz geregelt und grundsätzlich gleich (zu Einzelheiten vgl. 8. Kapitel Abschnitt III. 7.).

Allerdings wird die Steuer in der Weise berechnet, daß mehrere innerhalb von zehn Jahren von derselben Person anfallende Vermögensvorteile, also Schenkungen und Erbschaften, in der Weise zusammengerechnet werden, daß der addierte Gesamtbetrag für die Berechnung der Steuer maßgebend ist. Dadurch läßt sich durch eine geschickte Gestaltung ein beachtlicher Steuervorteil erzielen. Bei jedem Erwerb besteht nämlich ein – wenn auch geringer – Freibetrag; zudem richtet sich der Steuersatz nach dem Wert des Geschenkten. Wird ein Vermögensgegenstand, beispielsweise eine Immobilie durch Einräumung von Miteigentum, nach und nach geschenkt, so kann die anfallende Steuer minimiert werden.

Zudem ist zu berücksichtigen, daß Zuwendungen der Partner einer nichtehelichen Lebensgemeinschaft meist keine „echten" Schenkungen darstellen, sondern der Verwirklichung der Lebensgemeinschaft dienen. Schenkungsteuerlich sind derartige Leistungen nur dann von Bedeutung, wenn sie sich nicht ausgleichen, sondern – erstens – ein Partner durch die Zuwendung des anderen objektiv bereichert wird und – zweitens – der andere Partner mit seiner Zuwendung diese Bereicherung ermöglichen will. Entscheidend sind die Verhältnisse des Einzelfalls. Als Faustregel kann man sagen, daß Leistungen, die im Interesse der Gemeinschaft liegen, keine Schenkungen darstellen.

## V. Die Auseinandersetzung bei einer Trennung

So ein verliebter Tor verpufft euch Sonne, Mond und alle Sterne zum Zeitvertreib dem Liebchen in die Luft. Diese Einstellung schlägt rasch in die gegenteilige Haltung um, wenn das „Liebchen" einen „anderen" hat. Die meisten Prozesse, die die Gerichte zum Thema nichtehelichen Zusammenlebens beschäftigt haben, bestrafen eine (zu) späte Reue über eine frühere Großzügigkeit. Deshalb bereits an dieser Stelle der Ratschlag, größere Schenkungen nur vorzunehmen, wenn man den Gegenstand der Zuwendung wirklich dem Partner endgültig überlassen will. Andernfalls sollte man dem Partner lieber Komplimente machen; sie kommen billiger!

### 1. Geschenkt ist geschenkt!

**Beispiel:** Gerda hat ihr Konto überzogen, um Peter eine „todschicke" Lederjacke zu kaufen. Dieser freut sich auch. Daß die Lederjacke an Peter „super" aussieht, stellen aber auch andere Frauen fest. Gerda bleiben nur die Schulden.

Eine Schenkung kann bei grobem Undank widerrufen werden (§ 530 BGB). Allein die Trennung vom Partner stellt keine schwere Verfehlung dar, die einen Schenkungswiderruf rechtfertigen könnte. Es ist schon zweifelhaft, ob man bei der Bestreitung der Lebenshaltungskosten überhaupt von einer Schenkung sprechen kann. Insoweit bezahlt überlicherweise jeder Partner, ohne vom anderen einen Ausgleich zu erwarten. An dieser Situation ändert sich bei einer Trennung nichts. Eine Schenkung kommt nur in Betracht, wenn es sich um von beiden Partner akzeptierte echte Freigebigkeiten ohne spezifische lebensgemeinschaftsbedingte Gründe handelt. In diesem Fall geht aber der Zuwendende – wie bei einem Geburtstags- oder Weihnachtsgeschenk – nicht davon aus, daß er den Gegenstand mitbenutzen kann, der Vermögensgegenstand wird vielmehr unabhängig vom Fortbestand der Beziehung veräußert.

Im Ergebnis bedeutet dies, daß der Grundsatz „Geschenkt ist geschenkt" auch in nichtehelichen Lebensgemeinschaften gilt. Eine Ausnahme kommt nur in Betracht, wenn der Beschenkte eine Zuwendung noch entgegennahm, obwohl er sich bereits einem anderen Partner zugewandt hatte. Derjenige Partner, der in das neue Auto einsteigt und zu dem bereits „geparkten Nachfolger" fährt, verdient den Schutz des Gesetzes nicht.

## 2. Wann besteht ein Rückforderungsanspruch?

Neben den bereits erörterten Haus- bzw. Wohnungskauf-Fällen (vgl. oben 4. Kapitel Abschnitt III.2) waren es vor allem der Kauf eines Personenkraftwagens und die Mitarbeit im Betrieb des Partners, die die Gerichte beschäftigt haben. Im Grundsatz gilt auch hier, daß eine Rückforderung bzw. ein Ausgleich nach einer Trennung nicht in Betracht kommen.

### a) Welche Ansprüche bestehen beim Aufbau eines Unternehmens?

**Beispiel:** Frieda und Martin bauen einen kleinen Betrieb auf. Martin stellt hierzu seine Kenntnisse in der Elektronik und der Betriebsführung, Frieda ihr Geld sowie ihre Arbeitskraft zur Verfügung. Betriebsinhaber ist Martin. Frieda bekommt nichts, da ohnehin alles in die gemeinsame Kasse fließt. Gerda, die neue Freundin von Martin, will von einer gemeinsamen Kasse ihres Freundes mit seiner Ex-Partnerin nichts wissen.

Ein Ausgleichsanspruch nach gesellschaftsrechtlichen Grundsätzen kann sich vor allem dann ergeben, wenn die Partner durch beiderseitige Arbeit, finanzielle Aufwendungen und sonstige Leistungen zusammen ein Unternehmen aufbauen, betreiben und als gemeinsamen Wert betrachten und behandeln. Allerdings sollten sich Partner, die ein Unternehmen (!) gemeinsam aufbauen wollen, nicht darauf verlassen, daß die Gerichte das nach einer Trennung auch so sehen. Wer mit Geschäftspartnern, Lieferanten und Kunden ständig Verträge abschließt, sollte nicht so nachlässig sein und es versäumen, mit seinem Partner einen kurzen Gesellschafts, Arbeits- oder Darlehensvertrag zu vereinbaren. Wer das unterläßt, kann sich nicht beschweren, wenn ihm später ein Gericht entgegenhält, er sei selbst schuld.

### b) Empfiehlt es sich, den Pkw des Partners mit einem Kredit zu finanzieren?

**Beispiel:** Frieda hat in einer Broschüre gelesen, wenn man dem Partner etwas schenke, solle man die Aufwendungen darlehensweise finanzieren, nach einer Trennung müsse dann der Zuwendungsempfänger das „Geschenk" abzahlen. Da sie Peter kennengelernt hat, finanziert sie das neue Auto für Martin vorsichtshalber. Nach der Trennung von Martin erklärt sie diesem, der Kraftfahrzeugbrief liege bei der Bank, an die er auch die restlichen Raten zahlen müsse. Martin ist überrascht, da er den gemeinsamen Urlaub und die Einkäufe vom eigenen Geld bezahlt hat.

Ausgleichsansprüche nach Beendigung der Partnerschaft kommen nur bei der Schaffung von Vermögenswerten von erheblicher wirtschaftlicher Bedeutung in Betracht. Dienen Gegenstände der Verwirklichung der Lebensgemeinschaft, so haben die früheren Partner nach Beendigung der Lebensgemeinschaft keine Ausgleichsansprüche gegeneinander, sofern nicht der vorerwähnte erhebliche wirtschaftliche Wert vorliegt. In diesem Rahmen sind somit auch Leistungen eines Beteiligten nicht ausgleichspflichtig, wenn sie zu einer fortdauernden Verbesserung im Vermögen des anderen führen. Es sei hier nochmals daran erinnert, daß dies auch gerecht ist, da andernfalls ein Partner, der langlebige Güter anschafft, besser gestellt wäre als einer, der für den täglichen Bedarf sorgt. Das ist mit Schulden, die im Interesse des Zusammenlebens eingegangen und von dem einen oder anderen Partner bezahlt werden, nicht anders. Der oben genannte „Tip" ist deshalb falsch. Schulden, die für den normalen Bedarf eingegangen werden, verbleiben auch nach einer Trennung dem Partner, der sie eingegangen ist. Anders ist dies nur, wenn die Verbindlichkeiten zur Schaffung eines erheblichen Vermögenswertes dienen. Dann erfolgt nach der neueren Rechtsprechung ein Ausgleich. Auch hier zeigt sich wieder, daß Schulden nicht anders als „Aktiva" behandelt werden. Schwieriger ist es zu bestimmen, wo die Grenze zwischen dem normalen Bedarf und den erheblichen Vermögenswerten verläuft. Ankommen wird es dabei auf den Zuschnitt der individuellen Lebensgemeinschaft. Allerdings wird der Maßstab in gewisser Weise auch objektiven Kriterien unterliegen müssen, da es sonst zur bisher vermiedenen „Abrechnung" nach Beendigung einer Lebensgemeinschaft kommen wird.

## 3. Vertragliche Abwicklung der Lebensgemeinschaft und Schenkungsteuer

**Beispiel:** Martin hat auf Frieda einen halben Miteigentumsanteil seiner Eigentumswohnung übertragen. Als Frieda Peter kennenlernt, trennt sie sich von Martin. Da sie sich nicht bereichern will und wegen ihres schlechten Gewissens, macht sie die Übertragung rückgängig. Auch im übrigen wollen sich Martin und Frieda im besten Einvernehmen trennen und schließen deshalb eine „Trennungsvereinbarung" zur vermögensmäßigen Abwicklung ihrer Gemeinschaft.

Scheitert eine Lebensgemeinschaft, so ist es billiger und zumeist auch weniger nervenaufreibend, eine einvernehmliche Auseinandersetzung des Vermögens durchzuführen. Noch klüger ist es, sofern nicht ohnehin gemeinschaftliches Vermögen tunlichst vermieden wird, bereits zu Beginn der Partnerschaft und ergänzend bei Anschaffungen zu vereinbaren, welchem Partner was bei einer Trennung zusteht. Ebenso sollte bei Zuwendungen geregelt werden, ob bei einer Trennung eine Rückübertragung zu erfolgen hat. Auch die Frage, wer welche Schulden zu tragen hat, darf dabei nicht unberücksichtigt bleiben.

Erfolgt im Rahmen der Vermögensauseinandersetzung bei einer Trennung eine Rückübertragung, so hat diese keinen Schenkungscharakter, wenn die frühere Zuwendung mit Rücksicht auf die bestehende Lebensgemeinschaft erfolgt ist und die Rückübertragung nur durch deren Auflösung notwendig wird. Dies kann in der Vorbemerkung der Trennungsvereinbarung nochmals klargestellt werden. Eine Schenkungsteuerpflicht tritt dann nicht ein. Erfolgt bei Grundbesitz die Rückübertragung (teilweise) entgeltlich, so fällt Grunderwerbsteuer an, außer wenn nach Eigentumsumschreibung der Rückerwerb innerhalb von zwei Jahren seit Entstehung der Steuer für den Erwerbsvorgang stattfindet oder das Rechtsgeschäft später aufgrund eines Rechtsanspruchs rückgängig gemacht wird. Neben den meist nicht gegebenen gesetzlichen Rücktrittsgründen kommen auf vertraglich ausbedungene Rücktrittsrechte in Betracht, wenn letztere für den Fall der Nichterfüllung von Vertragspflichten eingeräumt wurden. Als weiterer derartiger Rechtsanspruch kommt hier der **Wegfall der Geschäftsgrundlage**, also der Lebensgemeinschaft, in Frage. Rechtsprechung liegt zur Grunderwerbsteuerproblematik allerdings noch nicht vor.

# 6. Kapitel:
## Unterhaltsrecht, Altersvorsorge und Leistungen Dritter

## I. Unterhaltsansprüche des Partners

### 1. Besteht während der Partnerschaft und nach einer Trennung ein Anspruch auf Unterhalt?

**Beispiel:** Martin und Frieda leben ohne Trauschein zusammen. Frieda ist Hausfrau, Martin erwerbstätig. Martin ist mit dem Haushaltsgeld sehr „zurückhaltend", auch ein Taschengeld erhält Frieda nicht. Diese möchte wissen, ob sie bei einer Trennung besser stünde.

Ehegatten sind einander verpflichtet, durch ihre Arbeit und mit ihrem Vermögen die Familie angemessen zu unterhalten. Zu diesem Familienunterhalt gehören das Wirtschaftsgeld zur Bestreitung der Haushaltskosten und ein Taschengeld für den nicht berufstätigen Ehegatten zu dessen freier Verfügung. Auch bei einer Trennung und nach einer Scheidung hat derjenige Ehegatte, der nicht für sich sorgen kann, gegen den anderen einen Unterhaltsanspruch.

Die partnerschaftliche Mitverantwortung unverheirateter Paare besteht demgegenüber nur freiwillig. Gegenseitige gesetzliche Unterhaltsansprüche bestehen zwischen den Partnern weder während des Bestehens der Lebensgemeinschaft noch nach deren Auflösung. Sind beide Partner berufstätig oder verfügen sie über ein ausreichendes sonstiges Einkommen, so ist dies unproblematisch. Wenn aber ein Partner auf eine eigene Erwerbstätigkeit zur Erziehung gemeinsamer Kinder oder zur Unterstützung oder Entlastung des Partners verzichtet, muß er wissen, daß er keine soziale Absicherung genießt. Er ist stets auf die – zeitweise liebevoll – gewährten „Almosen" des Partners und auf Sozialhilfe angewiesen!

### 2. Hat auch eine nichteheliche Mutter keinen Unterhaltsanspruch gegen den Partner?

**Beispiel:** Frieda erwartet ein Kind von Martin. Sie kann nicht gleichzeitig das Kind von Martin betreuen und als Verkäuferin arbeiten. Als Martin tödlich verunglückt, will seine Noch-Ehefrau als Alleinerbin „keinen Pfennig" bezahlen.

Die einzige Ausnahme vom Nichtbestehen gesetzlicher Unterhaltsansprüche bei unverheirateten Paaren betreffen den Fall der Geburt eines Kindes. Die nichteheliche Mutter hat gegen den Vater des Kindes Ansprüche auf Ersatz der Entbindungskosten sowie sonstige im Zusammenhang mit der Schwangerschaft und Entbindung notwendig werdenden Aufwendungen, soweit sie nicht vom Arbeitgeber oder durch Versicherungsleistungen gedeckt sind. Der nichteheliche Vater hat der Mutter ferner **sechs Wochen vor und acht Wochen** nach der Geburt des Kindes Unterhalt zu gewähren. Diese Fristen entsprechen den Schutzfristen des Mutterschutzgesetzes und geben nur die Mindestdauer des Anspruchs an. Bis zu vier Monaten vor der Geburt und einem Jahr nach der Geburt verlängert sich die Unterhaltspflicht, wenn die Frau wegen der Schwangerschaft oder eine durch Schwangerschaft oder Entbindung verursachte Krankheit einer Erwerbstätigkeit nicht nachgehen kann oder wegen der erforderlichen Versorgung des Kleinkindes nicht oder nur beschränkt erwerbstätig sein kann (§§ 1615 k ff. BGB). Die Ansprüche bestehen – sinngemäß – auch bei einer Fehl- oder Totgeburt. Nach einem etwaigen Tode des Vaters richten sie sich gegen dessen Erben. Die Ansprüche **verjähren** in vier Jahren nach Ablauf des der Entbindung folgenden Jahres.

## 3. Was sollte in einem Unterhaltsvertrag geregelt werden?

**Beispiel:** Die kindererziehende Frieda möchte sich absichern und einen Unterhaltsvertrag mit Martin schließen. Dabei soll sie ähnlich wie eine kindererziehende Ehefrau gestellt werden. Martin hat gelesen, der Deutsche Juristentag halte einen Unterhaltsanspruch während des Bestehens der Lebensgemeinschaft für überflüssig. Frieda ist skeptisch, schließlich sei der Gesetzgeber bei Ehegatten anderer Ansicht.

Die Solidarität mit dem Partner, der gemeinschaftsbedingt keiner Erwerbstätigkeit nachgehen kann, gebietet es, diesen abzusichern. Dies ist nicht etwa ein Ausdruck des Mißtrauens gegenüber dem Partner, sondern ein Gebot der Fairness. Mißtrauisch sollte man eher werden, wenn der Partner immer wieder auf vernünftige Argumente antwortet, dies brauche man nicht, wenn man sich liebe. Derjenige Partner, der die gemeinsamen Kinder erzieht und den Beteuerungen des anderen glaubt, ist nämlich bei einer Trennung der Dumme.

Die Beteiligten sind bei der vertraglichen Festlegung von Unterhaltsleistungen frei. Als Faustregel läßt sich sagen, daß die Ausgestaltung der Unterhaltszahlungen um so näher am Modell des Ehegattenunterhalts ausgerichtet sein sollte, je „eheähnlicher" die Lebensgemeinschaft geführt wird. Freilich ist es nicht erforderlich, die gesetzliche Regelung gleichsam zu kopieren. So ist es beispielsweise nicht ratsam, die umstrittene Lebensstandardgarantie in den Partnerschaftsvertrag aufzunehmen. Wesentlich ist, daß die Verpflichtung zur Leistung von Unterhalt an die Bedarfslage anknüpft, also beispielsweise nicht mit der Trennung endet, auch wenn die Frau weiterhin drei gemeinschaftliche Kinder zu versorgen hat. In der Regelung sollten **Beginn** und **Ende** der Verpflichtung, **Form** und **Höhe** des Unterhalts sowie dessen eventuelle Anknüpfung an die **Lebenshaltungskosten**, zu der vorsichtshalber die Genehmigung der Landeszentralbank (§ 3 Währungsgesetz) einzuholen ist, geregelt werden. Anders als bei Ehegatten können die „gemeinsamen Lebensverhältnisse" als Maßstab bei Berechnung des Unterhalts bei einem Prozeß zu Problemen führen, deshalb empfiehlt es sich, entweder einen Bruchteil des steuerpflichtigen Einkommens des unterhaltspflichtigen oder eine bestimmte Summe, die einem Tarif- oder Beamtengehalt entsprechen kann, zu wählen. Ändern sich die wirtschaftlichen Verhältnisse eines Partners, ist beispielsweise die kinderbetreuende Frau zu einer Nebenbeschäftigung gesundheitlich nicht mehr in der Lage, kann dies durch eine **Anpassungsklausel** geregelt werden. Nicht vergessen werden sollte die Berücksichtigung etwaiger **gesetzlicher Unterhaltszahlungen** (vgl. Ziffer 2).

Für den Vertrag ist keine Form erforderlich. Allerdings vertreten manche Juristen, daß für einen auf Lebensdauer geschuldeten Unterhalt eine schriftliche Erteilung des Versprechens erforderlich wäre. Dies ist wahrscheinlich unzutreffend, da es sich bei Unterhaltsverpflichtungen um keine Leibrente handelt, dennoch ist schon aus Beweisgründen eine schriftliche Niederlegung der Vereinbarung zweckmäßig. Wegen der Kompliziertheit der Materie ist es ratsam, einen Vertragsjuristen hinzuzuziehen. Soll der unterhaltsberechtigte Partner einen **vollstreckbaren Titel** erhalten, so daß er nicht erst klagen und bis zur gerichtlichen Entscheidung hungern muß, ist ohnehin notarielle Beurkundung erforderlich.

**4. Welche Auswirkungen hat eine nichteheliche Lebensgemeinschaft auf nacheheliche Unterhaltszahlungen?**

**a) Kann eine „ehebrecherische" Lebensgemeinschaft zum Unterhaltsausschluß führen?**

**Beispiel:** Die dreißigjährige Dora trennt sich von ihrem Ehemann Klaus und zieht zum zwanzigjährigen Peter. Es handelt sich um eine rein platonische Beziehung, die große Liebe, die einfach während der Ehe passierte.

Ein schwerwiegendes und klar bei dem unterhaltsbedürftigen Ehegatten liegendes Fehlverhalten kann trotz der Abschaffung des Verschuldensprinzips im Scheidungsrecht zum Ausschluß des Anspruchs auf Getrenntlebens- und nachehelichen Unterhalt führen (§ 1579 Nr. 6 BGB). Diese Voraussetzung wird von den Gerichten vor allem bei Aufnahme einer nichtehelichen Lebensgemeinschaft mit einem Dritten aus der Ehe heraus bejaht. Allerdings muß dieses Verhalten den Charakter einer **einseitigen** Abkehr von der Ehe aufweisen. Pflegt auch der Ehegatte ähnliche Kontakte zu dritten Personen, so entfällt der Vorwurf gegenüber dem Partner. Es reicht jedoch nicht, wenn der Ehegatte samstags von 16.00 Uhr bis 20.00 Uhr Sport treibt und auch nach einer Provokation dem anderen eine Ohrfeige gibt. Dieses Verhalten ändert am Vorwurf des Ausbrechens aus einer durchschnittlichen Ehe nichts, wenn die Frau regelmäßig am Nachmittag zum Tennis spielen geht, erst in der Nacht wieder zurückkommt und während der Zwischenzeit nicht nur den „weißen" Sport betreibt.

Das Fehlverhalten liegt darin, daß ein Ehegatte sich gegen den Willen des anderen von diesem trennt und einem anderen Partner zuwendet. Der Staat kann nicht seine Hand dazu reichen, daß ein Ehegatte unter Aufrechterhaltung der vermögensrechtlichen Vorteile aus der Eheschließung die Partnerwahl korrigiert. Oder weniger drastisch formuliert: „Festhalten und weiter suchen" ist in der Ehe nicht erlaubt! Dagegen kommt es auch auf geschlechtliche Kontakte nicht entscheidend an, mögen sie auch ein gewichtiges Indiz für eine Abwendung vom Ehegatten sein.

## b) Kann ein geschiedener Ehegatte, der mit einem neuen Partner unverheiratet zusammenlebt, trotzdem von seinem früheren Ehegatten Unterhalt verlangen?

**Beispiel:** Gerda trennt sich von ihrem Mann Klaus nach sechsjähriger Ehe und zieht mit der dreijährigen Tochter Tina zu Peter. Dieser ist Student und lebt von seinem BAföG. Klaus ist gutverdienender Rechtsanwalt und soll an Gerda 1800,– DM Unterhalt bezahlen. Dieser meint, daß Peter für Gerda aufkommen solle, schließlich erledige sie ihm den Haushalt, während er seine Hemden selbst waschen und bügeln müsse.

Die Verpflichtung zur Zahlung von Unterhalt an den getrennt lebenden oder geschiedenen Ehegatten kann **wegen grober Unbilligkeit** entfallen (§ 1579 Nr. 7 BGB). Das Zusammenleben mit einem neuen Partner bildet keinen solchen Fall von Unzumutbarkeit, sofern es nicht unter besonderen, für den Unterhaltspflichtigen kränkenden oder sonst anstößigen Begleitumständen geschieht oder eine Heirat mit dem neuen Partner allein deshalb unterlassen wird, um den Unterhaltsanspruch nicht zu verlieren. Eine gewisse Mindestdauer, die wohl kaum unter drei Jahren liegen dürfte, darf dabei in der Regel nicht unterschritten werden. Denn vor Ablauf einer solchen zeitlichen Mindestgrenze wird sich im allgemeinen nicht verläßlich beurteilen lassen, ob die Partner nur „probeweise" zusammenleben oder ob sie auf Dauer in einer verfestigten Gemeinschaft leben und nach dem Erscheinungsbild der Beziehung in der Öffentlichkeit diese Lebensform bewußt auch für ihre weitere Zukunft gewählt haben. Da der Unterhaltsberechtigte über den ihm zustehenden Unterhalt frei verfügen kann, darf ihm der Unterhalt auch dann nicht entzogen oder gekürzt werden, wenn der neue Partner davon mitlebt.

Auch ein zu akzeptierendes Zusammenleben kann zu Unterhaltskürzungen führen. Ein eheähnliches Verhältnis, in dem der Unterhaltsberechtigte mit einem neuen Partner zusammenlebt, kann sich nämlich auf seine Bedürftigkeit auswirken. Dies gilt auch dann, wenn die Partner verschiedene Wohnungen in demselben Haus bewohnen. Verbringt der Mann ziemlich regelmäßig die Nächte im Schlafzimmer der Frau, so geht das – nach Ansicht des Bundesgerichtshofs – über den Rahmen eines Mietverhältnisses und den einer gewöhnlichen Freundschaft hinaus. In einer Partnerschaft mindern finanzielle Mittel, die der unterhaltsberechtigte geschiedene Ehegatte von dem neuen Partner für die gemeinsame Lebenshaltung entgegennimmt, seine Bedürftigkeit. Dies ist auch bei einer vertraglichen Unterhaltsvereinbarung zu beachten. Aber auch dann, wenn kein Unterhalt durch den nichtehelichen Lebensgefährten bezahlt wird, tritt eine Minderung der Bedürftigkeit ein, wenn der Partner seinem neuen Lebensgefährten durch Haushaltsführung oder sonstige Versorgung Dienstleistungen erbringt, für die ihm ein (fiktives) Entgelt zuzurechnen ist. Die Gerichte haben sogar einen Tarifvertrag für Hausfrauen-/männer entdeckt: Die Haushaltstätigkeit für den neuen Partner ist zumindest nach BAT VIII zu bewerten, wobei von einem Zeitaufwand von mindestens 17 Stunden pro Woche auszugehen ist. Dies ergibt derzeit ca. 850,– DM.

Die Einkommenszurechnung setzt aber voraus, daß der neue Partner über die Geldmittel verfügt, die erforderlich sind, damit der geschiedene Ehegatte in der neuen Gemeinschaft wirtschaftlich sein Auskommen finden kann. Treten nicht besondere Umstände hinzu, hat der Ehemann, dessen Frau nur einen „armen Schlucker" findet, Pech gehabt, denn er muß weiter zahlen; verdient dagegen der neue Partner gut, so entlastet das auch seinen Geldbeutel.

Selbst wenn ein Ausschlußtatbestand für den nachehelichen Unterhalt gegeben ist, können dem die Belange eines vom Unterhaltsberechtigten betreuten gemeinschaftlichen Kindes der geschiedenen Ehegatten entgegenstehen. Diese sind bei kleinen Kindern nur gewahrt, wenn der sorgeberechtigte Elternteil nicht gezwungen ist, ganztägig erwerbstätig zu sein, um seinen Lebensunterhalt zu verdienen. Auch dann ist jedoch eine Unterhaltskürzung möglich, etwa wenn der Unterhaltsberechtigte halbtags außer Haus arbeiten kann.

c) *Muß man den geschiedenen Ehegatten von seinem neuen Partner in Kenntnis setzen?*

**Beispiel:** Klaus zahlt brav an seine geschiedene Frau Gerda Unterhalt. Als er durch Zufall beruflich einmal in die Stadt kommt, in der Gerda wohnt, erfährt er, daß diese schon seit mehreren Jahren mit Peter zusammenlebt. Klaus ist sauer, während er und Gabi sparen müßten, könnte seine Ex-Frau mit ihrem Partner auf seine Kosten in Saus und Braus leben. Gerda meint, sie müsse doch keine „Zusammenlebensanzeige" versenden.

Grundsätzlich muß der **unterhaltpflichtige** Ehegatte die feste soziale Verbindung des Geschiedenen mit einem neuen Partner **beweisen**. Wenn ein geschiedener, unterhaltsberechtigter Ehegatte aber über längere Zeit mit einem neuen Partner eheähnlich zusammenlebt, kann er **nach Treu und Glauben** verpflichtet sein, den unterhaltspflichtigen früheren Ehegatten hiervon in Kenntnis zu setzen. Kommt dieser seiner Verpflichtung nicht nach und nimmt er trotz eines längeren eheähnlichen Zusammenlebens mit einem anderen Partner den titulierten Ehegattenunterhalt weiterhin entgegen, kann dies eine sittenwidrige Schädigung sein, die zum Ersatz verpflichtet.

### d) *Lebt der Unterhaltsanspruch bei einer späteren Trennung wieder auf?*

**Beispiel:** Gerda trennt sich von ihrem Lebensgefährten Peter nach sechs Jahren wieder. Die beiden Kinder aus der geschiedenen Ehe mit Dieter sind noch schulpflichtig. Deshalb begehrt sie von ihm Unterhalt. Dieter hat sich selbständig gemacht; seine Verbindlichkeiten lassen eine Fortsetzung der früheren Zahlungen nicht zu.

Der Unterhaltsausschluß und die Unterhaltskürzung, die aufgrund einer nichtehelichen Lebensgemeinschaft eintreten, brauchen nicht endgültig zu sein. Bei Vorliegen veränderter Umstände kann auch eine **Abänderung eines rechtskräftigen Urteils** verlangt werden (§ 323 ZPO). Durch Auflösung des nichtehelichen Verhältnisses wird aber nicht ohne weiteres die unterhaltsrechtliche Lage vor Eintritt der die Unzumutbarkeit begründenden Umstände wieder hergestellt. Entscheidend ist, ob die nachwirkende eheliche Solidarität aufgrund einer langen Ehedauer oder Kindeswohlbelange einen Unterhalt zu rechtfertigen vermag. Der Unterhaltsanspruch ist neu zu prüfen, wobei zwischenzeitliche Vermögensdispositionen des Unterhaltsschuldners zu berücksichtigen sind.

### e) *Ändert sich der Unterhalt, wenn der unterhaltspflichtige Ehegatte mit einem neuen Partner zusammenlebt?*

**Beispiel:** Nach der Scheidung zahlt Dieter an Gabi monatlich 500,– DM Unterhalt. Als er mit der reichen Witwe Dora zusammenzieht, einen tollen Sportwagen fährt und Maßanzüge trägt, meint Gabi, daß es an der Zeit wäre, den „mickerigen" Betrag zu erhöhen.

Lebt der Unterhaltsschuldner mit einem neuen Partner zusammen, hat dies auf den Unterhaltsanspruch des geschiedenen Ehegatten grundsätzlich keine Auswirkung. Denn der neue Partner steht außerhalb des Unterhaltsverhältnisses der geschiedenen Ehegatten und ist rechtlich auch nicht verpflichtet, sich zugunsten des Unterhaltsberechtigten einzuschränken. Ausnahmsweise ist es denkbar, daß der notwendige **Eigenbedarf** des Unterhaltsschuldners infolge der Haushaltsgemeinschaft mit dem neuen Partner niedriger als beim Alleinleben anzusetzen ist.

## 5. Führt die Eingehung einer Lebensgemeinschaft zu einer Gehaltserhöhung?

**Beispiel:** Martin ist Grenzschutzbeamter und lebt mit Frieda zusammen. Diese wird von ihm auch finanziell unterstützt, da sie überwiegend arbeitslos ist und keine Arbeitslosenhilfe erhält. Martin beantragt bei seinem Dienstherrn die Gewährung von Ortszuschlag der Stufe 2.

Beamte erhalten zu ihrem Grundgehalt einen vom Familienstand abhängigen **Ortszuschlag**. Verheiratete Beamte erhalten den Ortszuschlag der Stufe 2. Dies gilt auch für solche Beamte, die eine andere Person nicht nur vorübergehend in der Wohnung aufgenommen haben und ihr Unterhalt gewähren, weil sie gesetzlich oder sittlich dazu verpflichtet sind. Bisher ging die Rechtsprechung davon aus, daß keine Verpflichtung zur Unterhaltsgewährung gegenüber dem nichtehelichen Partner besteht. Nicht jedem anständigen Verhalten eines Beamten liege auch eine Pflicht zugrunde. Der dem Partner gewährte Unterhalt entspricht somit freiwillig anständigem Verhalten. Dafür erhält ein Beamter aber keinen Gehaltszuschlag. Demgegenüber hat das neu gegründete Oberverwaltungsgericht Schleswig eine sittliche Verpflichtung zur Unterhaltsgewährung nach einjährigem Zusammenleben in einer Lebensgemeinschaft angenommen mit der Folge, daß der Unterhaltsverpflichtete den höheren Ortszuschlag erhält. So fortschrittlich dieses – nicht rechtskräftige – Urteil auf den ersten Blick scheinen mag, so zweischneidig ist es auf den zweiten. Ein Paar, das auf Probe länger als ein Jahr zusammenlebt, „schlittert" unversehens in die Unterhaltspflicht. Selbst wenn dies nicht rechtlich, sondern „nur" sittlich begründet wird, bedeutet ihre Nichterfüllung ein unsittliches Verhalten.

### 6. Wie wirken sich Unterhaltszahlungen an den Partner steuerlich aus?

**Beispiel:** Martin gewährt der arbeitslosen Frieda, die sich um den Haushalt kümmert, Unterhalt durch Gewährung mietfreien Wohnens und von Haushaltsgeld, das Frieda zur Bestreitung des Lebensunterhalts verwendet. Frieda befürchtet, daß sie Schenkungsteuer bezahlen muß.

Schenkungsteuerlich bleiben Zuwendungen unter Lebenden zum Zwecke eines angemessenen Unterhalts steuerfrei (§ 13 Abs. 1 Nr. 12 ErbStG). Dies gilt auch, sofern die Unterhaltsverpflichtung durch Zuwendung eines ihr entsprechenden Kapitalbetrages abgegolten wird. Die Befreiung betrifft im übrigen grundsätzlich nur laufende Zahlungen zur Bestreitung des Unterhalts während des Zeitraums, in dem ein Anlaß zu einer entsprechenden Leistung vorliegt, d. h. der Bedachte seinen Lebensunterhalt nicht aus seinen Einkünften oder seinem Vermögen bestreiten kann. Die Zusage einer lebenslänglichen Rente ist nur ausnahmsweise steuerfrei, wenn von vornherein feststeht, daß der Empfänger keine Aussicht mehr hat, Einkommen zu erzielen. Zur einkommensteuerrechtlichen Behandlung von Unterhaltsleistungen vergleiche bereits 5. Kapitel, Abschnitt II. 2d.

## II. Die Altersvorsorge

### 1. Gibt es für die Betreuung des Partners eine Rente?

**Beispiel:** Frieda hat sich zwischen ihrem fünfundfünfzigsten und ihrem fünfundsechzigsten Lebensjahr um den pflegebedürftigen Martin gekümmert. Nach dessen Tode erfährt sie, daß ihr diese Zeit bei ihrer Rente abginge. Frieda glaubt, daß ihr ein Teil der Rente von Martin zustünde.

Es wurde bereits (1. Kapitel Abschnitt III.2 b) dargestellt, daß unverheiratete Partner beim Tode ihres Lebensgefährten keine von diesem abgeleitete Rente oder Pension erhalten. Jedoch bestehen seit 1. Januar 1992 in der gesetzlichen Rentenversicherung Vergünstigungen für Personen, welche in nicht erwerbsmäßiger Weise zugunsten einer hilflosen Person häusliche Pflegeleistungen von regelmäßig **mindestens 10 Stunden wöchent-**

**lich** erbringen. Ein bestimmtes Verwandtschaftsverhältnis oder eine Verpflichtung zur Pflege sind nicht erforderlich. Das Vorliegen dauernder Hilflosigkeit wird von der Krankenkasse bescheinigt, der Umfang der Pflegetätigkeit vom Sozialamt. Der Antrag muß **spätestens drei Monate nach Beginn der Pflegetätigkeit** gestellt werden, sonst werden die Vergünstigungen erst ab dem Antragsmonat gewährt. Die Monate häuslicher Pflegeleistung werden als sogenannte **Berücksichtigungszeiten** gewertet, die auf die Wartezeiten für Alters-, Berufs- oder Erwerbsunfähigkeitsrenten angerechnet werden. Außerdem besteht die Möglichkeit, **freiwillige Beiträge** für den Pflegezeitraum zu entrichten, die wie Pflichtbeiträge, also nicht wie freiwillige Beiträge, bewertet werden. Ausgeschlossen von dieser Möglichkeit sind Beamte, die nicht in der gesetzlichen Rentenversicherung versichert sind.

## 2. Wie sichere ich den Partner ab?

Sorgen beide Partner während des Bestehens ihrer Lebensgemeinschaft für ihre Altersversorgung jeder für sich, etwa durch eine rentenversicherungspflichtige Erwerbstätigkeit, so besteht kein Bedürfnis für eine vertragliche Absicherung. Das deutsche Bedürfnis, bei einer Trennung alles, z. B. die Rente, das Auto, die Kinder und den Hund, hälftig zu teilen, muß in einer freien Partnerschaft nicht verwirklicht werden. Aus der Lebensgemeinschaft muß kein Partner als Gewinner hervorgehen. Ausreichend ist, wenn keiner im Alter schlechter steht, als wenn er allein geblieben wäre. Entscheidend ist deshalb, welche Nachteile ein Partner durch die Lebensgemeinschaft hinsichtlich seiner Altersversorgung bei Trennung oder Tode erfährt.

Beim Tod eines Partners kann der Überlebende durch Zuwendungen aus dem Nachlaß ausreichend gesichert sein. Wird er Alleinerbe, kann sich eine weitere Absicherung erübrigen. Der Hinterbliebene steht dann – abgesehen von der höheren Erbschaftsteuer und der fehlenden Rente – nicht anders als eine Witwe bzw. ein Witwer. Zu beachten ist, daß die **Schenkungsteuerbefreiung** nur für Zuwendungen unter Lebenden gilt. Deshalb unterliegen beispielsweise Rentenvermächtnisse zur Sicherstellung des Lebensunterhalts des Bedachten der Erbschaftsteuer.

Für den Fall der Trennung kann kein öffentlich-rechtlicher Versorgungsausgleich vereinbart werden. Möglich ist dagegen die vertragliche Regelung eines **schuldrechtlichen Versorgungsausgleichs**. Dabei erhält der begünstigte Partner die Hälfte oder einen abweichenden Bruchteil der Rente des Verpflichteten. Er bekommt somit keine eigene Rente, sondern nur einen Anspruch gegen den Rentenberechtigten und hängt von dessen Bezugsberechtigung ab. Verstirbt er, so endet auch der Rentenbezug des Partners.

Dieser Nachteil läßt sich vermeiden, wenn eine **private Lebensversicherung** auf den Partner überschrieben wird. Wegen der möglichen Schenkungsteuerpflicht ist es besser, wenn für den Partner eine **Kapitallebensversicherung mit Rentenwahlrecht** begründet wird. Um das Risiko zu vermeiden, daß die fortlaufenden Beiträge nicht entrichtet werden, kann auch eine **einmalige Prämienzahlung** gewählt werden, die allerdings teuer ist und zudem hinsichtlich der Schenkungsteuer wiederum Probleme aufwerfen kann. Denkbar ist schließlich auch noch die Möglichkeit des **freiwilligen Einkaufs in die gesetzliche Rentenversicherung**.

Es ist darauf zu achten, daß die Verpflichtung zur Entrichtung von Beiträgen nicht mit der Trennung endet, sondern solange fortbesteht wie die z. B. durch die Kindererziehung verursachte fehlende Möglichkeit, für die eigene Altersversorgung zu sorgen. Andernfalls könnte sich der Schuldner nicht nur seines Partners, sondern mit ihm auch seiner Zahlungspflicht entledigen.

# 7. Kapitel:
## Kinder in der Lebensgemeinschaft

Kinder kommen in einer nichtehelichen Lebensgemeinschaft in verschiedenen Konstellationen vor: Zunächst denkt man an gemeinschaftliche Kinder der Partner. In nicht wenigen Fällen wachsen aber auch Kinder aus einer (geschiedenen) Ehe eines Partners oder solche, die ein Partner nichtehelich bekommen hat, in der Gemeinschaft auf. Nicht übersehen werden darf ferner die Frage der Adoption von Kindern durch unverheiratete Partner.

## I. Gemeinschaftliche Kinder der Partner

### 1. Die Geburt eines gemeinschaftlichen Kindes

**Beispiel:** Martin und Frieda freuen sich auf das gemeinsame Kind. Martin, der im öffentlichen Dienst beschäftigt ist, möchte gerne bei der Entbindung „dabei" sein; sein Chef gibt ihm aber nicht frei. Kurz nach dem „freudigen Ereignis" bekommt er einen Einberufungsbescheid. Als er sich beschwert, sagt ihm der Beamte, da Frieda noch verheiratet wäre, sei der „kleine Martin" gar nicht sein Sohn.

### a) Nichtehelicher Vater zu werden ist schwer.

Die banale Tatsache, daß Kinder, die aus einer nichtehelichen Lebensgemeinschaft stammen in der Regel nichtehelich sind, löst eine Reihe von Problemen aus. Anders als früher sind inzwischen das nichteheliche Kind und sein Vater miteinander verwandt. Dies gilt aber nicht bereits, wenn der glückliche Vater das Kind auf den Arm genommen und als eigenes anerkannt hat. Die Rechtswirkungen der Vaterschaft können vielmehr erst ab deren **Anerkennung** oder ihrer **gerichtlichen Feststellung** geltend gemacht werden.

**Beispiel:** Der verheiratete Erwin hat aus der Verbindung mit Gerda ein Kind. Er will nicht, daß dies bekannt wird. Deshalb erkennt er bei einem Notar die Vaterschaft an und bittet diesen, die Urkunde nicht weiterzuleiten.

Die Anerkennung der Vaterschaft, die bereits vor der Geburt des Kindes zulässig ist, muß bei einem Notar oder beim Jugendamt beurkundet werden. Beglaubigte Abschriften der Anerkennungserklärung sind außer dem Standesbeamten auch dem Kind und der Mutter des Kindes zu übersenden; eine Inkognito-Anerkennung ist also nicht möglich. Auch eine Anerkennung unter einer Bedingung oder einer Zeitbestimmung ist unwirksam. Wurde die Vaterschaft bereits anerkannt, ist eine weitere Anerkennung unwirksam. Zur Anerkennung ist die **Zustimmung des Kindes** erforderlich.

**Beispiel:** Martin ist der „Scheidungsgrund" der Ehe zwischen Peter und Frieda. Das „Ergebnis" dieser Liebe kommt drei Monate nach Rechtskraft der Scheidung zur Welt. Peter ist erstaunt, daß er für das Kind Unterhalt bezahlen soll.

Die Nichtehelichkeit eines Kindes, das während der Ehe oder innerhalb von 302 Tagen nach Auflösung der Ehe geboren ist, kann nur geltend gemacht werden, wenn die **Ehelichkeit angefochten** und die Nichtehelichkeit rechtskräftig festgestellt ist (§ 1593 BGB). Anfechtungsberechtigt sind der Ehemann bzw. nach dessen Tode seine Eltern und das Kind. Nicht anfechtungsberechtigt sind aus eigenem Recht die Mutter und der wirkliche Erzeuger. Die Mutter kann für das minderjährige Kind anfechten, wenn ihr das Sorgerecht zusteht; allerdings bedarf sie dazu der **Genehmigung des Vormundschaftsgerichts** (§ 1597 Abs. 1 BGB). Ist die Ehe noch nicht geschieden, muß zur Anfechtung für das Kind ein Pfleger bestellt werden. Dem volljährigen Kind darf es nicht verwehrt werden, seine Abstammung nach Volljährigkeit gerichtlich klären zu lassen.

### b) Nachteile nichtehelicher Vaterschaft

Ein nichtehelicher Vater hat aus Anlaß der Niederkunft seiner mit ihm in häuslicher Gemeinschaft lebenden Lebensgefährtin keinen Anspruch auf bezahlte Arbeitsfreistellung, da § 52 Bundesangestelltentarifvertrag nur die Niederkunft der Ehefrau des Angestellten erfaßt. Eine analoge Anwendung dieser Tarifvertragsnorm ist nicht möglich. Allerdings sollte dies keinen Vater davon abhalten, sich mindestens einen Tag Urlaub für das Ergebnis zu nehmen.

Der nichteheliche Vater haftet dafür dem Krankenhaus, in dem die Entbindung vorgenommen wird, nicht auf Erstattung der dafür angefallenen Kosten. Das Krankenhaus kann sich allein an die Mutter und deren Krankenkasse halten. Auch auf Unterhalt kann der nichteheliche Vater eines **ehelich** geborenen Kindes erst mit rechtskräftiger Ehelichkeitsanfechtung in Anspruch genommen werden.

Nach einem Erlaß des Bundesministers der Verteidigung sollen Väter ehelich geborener Kinder und alleinerziehende Väter nicht zum Wehrdienst herangezogen werden, damit sich zwischen den Kindern und ihren Eltern stetige Beziehungen entwickeln können. Über den unmittelbaren Anwendungsbereich dieser Richtlinie hinaus sind keine Gesichtspunkte erkennbar, die es rechtfertigen könnten, dieses Recht dem in einer Lebensgemeinschaft aufwachsenden Kind vorzuenthalten. Die Wehrbereichsverwaltung hat deshalb regelmäßig von einer Einberufung des nichtehelichen Vaters, der mit dem Kind zusammenlebt, abzusehen, und zwar unabhängig davon, ob auch die Lebensgefährtin mit im Haushalt lebt.

### c) *Muß die Mutter den Namen des Vaters nennen?*

**Beispiel:** Gerda hat eine „folgenreiche" Beziehung zu dem verheirateten bekannten Geschäftsmann X. Außerdem hatte sie einen kurzen Flirt mit Peter. Als sie beim Sozialamt den Namen des Vaters nicht nennt, wird ihr erklärt, die unbegründete Weigerung werde zu einer Kürzung der Sozialhilfe für das Kind führen. Gerda gibt deshalb an, sie könne den Vater aus „rein ethischen Gründen" nicht nennen. Nach einigen Monaten gibt sie Peter als Vater an. Dieser bezahlt zunächst für das Kind. Später fordert er von Gerda Schadensersatz und Schmerzensgeld.

Keine unverheiratete Mutter kann gezwungen werden, den Namen des Vaters ihres nichtehelichen Kindes zu nennen. Allerdings kann ihre unbegründete Weigerung zu Kürzungen oder Streichungen staatlicher Leistungen führen (vgl. unter 4 c). Das Recht auf Wahrung der Intimsphäre überwiegt nämlich das legitime Interesse der Allgemeinheit, öffentliche Mittel lediglich in wirklichen Notfällen einzusetzen, nur dann, wenn für die Mutter eine wirkliche Konfliktlage besteht. Denkbar ist es, daß bei einer Offenbarung des Vaters dieser seine (heimlichen) Kontakte zur Mutter und dem Kind abbrechen würde.

Gibt eine Frau beim Jugendamt an, sie habe in der Empfängniszeit nur mit einem bestimmten Mann geschlechtlich verkehrt, obwohl sie zu mehreren Männern Beziehungen unterhielt, kann sie sich diesem gegenüber **schadensersatzpflichtig** machen. Zu erstatten sind ihm insbesondere Anwalts- und Prozeßkosten, die aus Anlaß der Anfechtung des unrichtigen Vaterschaftsanerkenntnisses entstanden sind, sowie die geleisteten Unterhaltszahlungen. Ein Schmerzensgeld dürfte, ausgenommen bei einer besonderen Rufgefährdung, jedoch nicht in Betracht kommen. Denn die „nachträglichen" Schmerzen sind nur Folge früherer „Freuden".

### d) Leistungen der Krankenversicherung und des Staates bei Schwangerschaft und Mutterschaft

**Beispiel:** Dora wacht am Morgen „danach" auf und stellt fest, daß der Platz neben ihr leer ist. Den Namen des Flirts kennt sie nicht. Als ihr der Arzt sagt, sie wäre schwanger, möchte sie das Kind behalten. Allerdings fürchtet sie um ihre Arbeitsstelle und weiß nicht, wie sie alles bezahlen soll.

Die Schwangerschaft ist zwar keine (ansteckende) Krankheit. Sie wird aber von der gesetzlichen Krankenversicherung umfaßt, da mit ihr notwendige ärztliche Untersuchungen und ein Verdienstausfall verbunden sind. Zu den Leistungen der Krankenkasse gehört neben der ärztlichen und Arzneimittelversorgung das **Mutterschaftsgeld,** das dem Krankengeld entspricht. Es wird im Regelfall in den letzten 6 Wochen vor und in den ersten 8 Wochen nach der Entbindung gezahlt. Seine Höhe entspricht dem um die gesetzlichen Abzüge verminderten durchschnittlichen kalendertäglichen Arbeitsentgelt der letzten drei abgerechneten Kalendermonate vor Beginn der Schutzfrist und beträgt höchstens 25,– DM pro Tag. Zusätzlich erhält die Mutter vom **Arbeitgeber einen Zuschuß** in Höhe der Differenz zwischen 25,– DM und ihrem durchschnittlichen kalendertäglichen Netto-Arbeitsentgelt. Der Anspruch auf Mutterschaftsgeld ruht allerdings, wenn die Versicherte ein krankenkassenbeitragspflichtiges Arbeitseinkommen erhält. Eine Versicherte, die keinen Anspruch auf Mutterschaftsgeld hat, erhält ein **Entbindungsgeld** von 150,– DM. Ferner zahlt der Bund Arbeitnehmerinnen, die nicht Mitglied einer gesetzlichen Krankenkasse sind, einen Pauschbetrag von 400,– DM.

Der Staat gewährt Müttern und Vätern außerdem ein monatliches **Erziehungsgeld** in Höhe von 600,– DM, soweit diese nicht oder nur teilweise erwerbstätig sind und sich der Betreuung und Erziehung eines Kleinkindes widmen. Das Bundeserziehungsgeld bekommen nicht nur Arbeitnehmerinnen, sondern auch Hausfrauen, Studentinnen, Selbständige und mithelfende Familienangehörige sowie Väter (!). Eine Erwerbstätigkeit darf nur in geringem Umfang, d. h. nicht mehr als 19 Stunden bzw. bei Beamten die Hälfte der wöchentlichen Vollarbeitszeit, ausgeübt werden. Der Anspruch besteht auch für **Stiefkinder**, die im Haushalt des Antragsteller aufwachsen. Für ein nach dem 31. Dezember 1991 geborenes leibliches Kind kann auch der **nicht sorgeberechtigte** Vater das Erziehungsgeld beantragen, wenn er mit dem Kind in einem Haushalt lebt. Das Erziehungsgeld wird bei Geburt ab 1. Juli 1990 bis zur Vollendung des 18. Lebensmonats, bei Geburt nach dem 31. Dezember 1992 bis zur Vollendung des 24. Lebensmonats gewährt. Vom 7. Monat an hängt die Gewährung des Erziehungsgeldes allerdings von der Höhe des Einkommens ab. Für **Alleinerziehende** liegt die **Einkommensgrenze** bei 23 700,– DM (brutto ca. 34 000,– DM); sie erhöht sich mit jedem weiteren Kind um 4200,– DM. Liegt das Einkommen über diesen Grenzen, so mindert sich das Erziehungsgeld um den zwölften Teil von 40% des die Grenze übersteigenden Einkommens. Beträge unter 40,– DM werden nicht mehr ausbezahlt. Auf das Erziehungsgeld wird das Mutterschaftsgeld, abgesehen von einzelnen Ausnahmen, **angerechnet**. Dies gilt auch dann, wenn das Erziehungsgeld der mit der Mutter zusammenlebende Vater erhält. Das Erziehungsgeld wird nur für sechs Monate **rückwirkend** gewährt; deshalb sollte der Antrag **umgehend nach der Geburt** gestellt werden.

Neben den beschriebenen Leistungen bestehen spezielle Hilfsfonds wie die Bundesstiftung „Mutter und Kind – Schutz des ungeborenen Lebens" und **in den neuen Bundesländern** der „Hilfsfonds für schwangere Frauen in Not" und teilweise noch landesrechtliche Besonderheiten (z. B. das Landeserziehungsgeld, Hilfe bei Mehrlingsgeburten und bei kinderreichen Familien) sowie Hilfen karitativer Einrichtungen (z. B. Beratung, Schwangerschaftshilfen etc.).

### e) *Kann der unverheiratete Vater zur Kindererziehung zu Hause bleiben?*

**Beispiel:** Martin ist stolzer Vater geworden. Seine Lebensgefährtin Frieda bereitet sich gerade auf ihre Dolmetscherprüfung vor und muß dazu für ein halbes Jahr ins Ausland. Martin ist Bankangestellter und möchte seine kleine Tochter zu Hause betreuen. Der Arbeitgeber ist erstaunt, da Martin und Frieda nicht verheiratet sind.

Väter und Mütter, auch nicht verheiratete, die als Arbeitnehmer beschäftigt sind, können **Erziehungsurlaub** in Anspruch nehmen, wenn ihnen die Personensorge für das Kind zusteht oder sie als Nichtsorgeberechtigte mit ihrem leiblichen Kind in einem Haushalt leben. Voraussetzung ist ferner, daß sie das Kind selbst betreuen und erziehen und der andere Partner den Erziehungsurlaub nicht in Anspruch nimmt, aber erwerbstätig oder arbeitslos ist oder sich in Ausbildung befindet. Der nicht sorgeberechtigte Vater bedarf ferner der **Zustimmung der sorgeberechtigten Mutter**.

Der Erziehungsurlaub endet für ein nach dem 31. Dezember 1991 geborenes Kind mit der Vollendung des dritten Lebensjahres. Während dieser Zeit können sich die Eltern dreimal abwechseln. Sie müssen den Erziehungsurlaub spätestens vier Wochen vor seinem Beginn beim Arbeitgeber verlangen. Gleichzeitig ist verbindlich zu erklären, wie lange er dauern soll. Eine Änderung dieser Planung ist nur mit Zustimmung des Arbeitgebers oder Vorliegen eines wichtigen Grundes (z. B. Krankheit) möglich. Eine Kündigung ist während des Erziehungsurlaubs ausgeschlossen. Der **Erholungsurlaub** ist für jeden Kalendermonat, in dem der Arbeitnehmer den Erziehungsurlaub nimmt, um ein Zwölftel zu kürzen. Der Arbeitnehmer darf während des Erziehungsurlaubs eine **Teilzeitarbeit** nur mit Zustimmung des Arbeitgebers an einer anderen Beschäftigungsstelle ausüben.

### f) Wer bekommt das Kindergeld?

**Beispiel:** Martin und Frieda streiten darum, wer das Kindergeld für die gemeinsame Tochter Tanja bekommt. Frieda meint, da das Kind nichtehelich sei und der mit ihr zusammenlebende Martin ihr schon kein Taschengeld zustehe, stünde ihr das Kindergeld zu. Die Eltern von Martin, bei denen das Kind aufwächst, halten sich aus dem Streit raus.

Kindergeld erhält, wer im Inland seinen **Wohnsitz** oder **gewöhnlichen Aufenthalt** hat. Auf die deutsche Staatszugehörigkeit kommt es dagegen nicht an. Das Kindergeld wird auch für nichteheliche Kinder sowie – wenn sie in den Haushalt aufgenommen worden sind – für Stief- und Pflegekinder und Enkel bezahlt. Es endet grundsätzlich mit der Vollendung des 16. Lebensjahres des Kindes. Der Zeitraum verlängert sich

– bis zur Vollendung des 21. Lebensjahres, wenn das „Kind" keinen Ausbildungsplatz bekommt,

– bis zur Vollendung des 27. Lebensjahres, wenn sich das Kind in einer Ausbildung befindet und über kein nennenswertes Einkommen verfügt sowie bei Ableistung eines freiwilligen sozialen Jahres, und

– über das 27. Lebensjahr hinaus bei wehr- bzw. zivildienstbedingten Ausbildungsverzögerungen sowie bei Vorliegen körperlicher, geistiger und seelischer Behinderungen.

Entscheidend für die Bezugsberechtigung ist, in wessen **Obhut** sich das Kind befindet, also nicht das Verwandtschaftsverhältnis. Nur Eltern, die das Kind in ihrem Haushalt versorgen, sind selbst bezugsberechtigt. Untereinander können die Eltern eine Bestimmung abgeben; tun sie es nicht, erhält das Kindergeld derjenige, der das Kind überwiegend unterhält. Das Kindergeld muß beim **Arbeitsamt** beantragt werden.

Es beträgt gegenwärtig für das erste Kind 70,– DM, für das zweite Kind zwischen 70,– DM und 130,– DM, für das dritte Kind zwischen 140,– DM und 220,– DM und für jedes weitere Kind zwischen 140,– DM und 240,– DM. Die Höhe des Kindergeldes für das zweite und jedes weitere Kind ist abhängig vom **Einkommen des Bezugsberechtigten**. Kein Kindergeld wird bezahlt, wenn der (geschiedene) Ehegatte für das Kind einen Kinderzuschlag (öffentlicher Dienst) oder einen Kinderzuschuß aus der Rentenversicherung bezieht.

## 2. Sorge- und Umgangsrecht

### a) Hat der unverheiratete Vater keine Rechte?

**Beispiel:** Martin und Frieda haben sich getrennt. Als Martin das Sorgerecht für „sein" Kind erhalten will, wird ihm die Auskunft gegeben, er habe als nichtehelicher Vater keinerlei Rechte. Als er Tina sehen will, gestattet ihm das Frieda nicht, da dadurch nur die Orientierung des Kindes an Klaus als „neuen Vater" gestört werde.

Die Regelung des Sorgerechts für ein Kind, das nicht aus einer Ehe stammt, differenziert nicht danach, ob das Kind aus einer Lebensgemeinschaft stammt oder nicht. Bislang steht der Mutter alleine die elterliche Sorge für ihr nichteheliches Kind zu (§ 1705 BGB). Sie kann das Sorgerecht weder gemeinsam mit dem Vater

ausüben noch es auf diesen übertragen. Auch ein gemeinsames
Sorgerecht unverheirateter Partner ist im Gesetz nicht vorgesehen. Die elterliche Sorge der Mutter für ihr nichteheliches Kind
ist durch die kraft Gesetzes eintretende **Amtspflegschaft**
beschränkt. Das Jugendamt vertritt das Kind in sämtlichen Angelegenheiten gegenüber seinem Vater (§ 1706 BGB), vor allem hinsichtlich der Feststellung der Vaterschaft, des Unterhalts und der
Regelung von Erb- und Pflichtteilsrechten.

Der Vater eines nichtehelichen Kindes kann nach derzeit gel-
tender Gesetzeslage das Sorgerecht nur erlangen, indem er das
Kind – mit Zustimmung der Mutter – **adoptiert** oder **für ehelich
erklärt**. Selbst wenn die Mutter stirbt oder sonst ausfällt, kann er
nur zum Vormund bestellt werden. Während der nicht sorgeberechtigte Elternteil nach einer Scheidung grundsätzlich ein Recht
auf Umgang mit seinem Kind hat, steht dies dem Vater eines
nichtehelichen Kindes nicht zu. Er erhält ein Umgangsrecht nur,
wenn ihm die Mutter dies gestattet oder soweit der Umgang dem
Wohl des Kindes dient, worüber die Entscheidung des Vormundschaftsgerichts einzuholen ist (§ 1711 Abs. 2 BGB; siehe unten
Abschnitt b). Das Kindeswohl ist auch dafür maßgeblich, ob der
Vater Auskunft über die persönlichen Verhältnisse des Kindes
(z. B. Gesundheitszustand, schulischer Werdegang) verlangen
kann.

### b) Welche über die „Zahlvaterschaft" hinausgehenden Rechte können dem Vater eingeräumt werden?

Diese Gesetzeslage wird allgemein als unbefriedigend empfun-
den. Ein nichteheliches Kind kann zwar auf notariell beurkunde-
ten Antrag seines Vaters und mit seiner Zustimmung und der der
Mutter vom Vormundschaftsgericht für ehelich erklärt werden;
nach dem Gesetzeswortlaut (§ 1738 BGB) verliert aber die Mutter
dadurch das Sorgerecht. Diese Bestimmung wurde zwischenzeitlich jedoch vom Bundesverfassungsgericht für unwirksam erklärt,
wenn die Eltern mit dem Kind zusammenleben, beide bereit und
in der Lage sind, die elterliche Verantwortung gemeinsam zu
übernehmen und dies dem Kindeswohl entspricht. Diese Entscheidung war ein Geschenk der Verfassungsrichter an unverheiratete Paare mit Kindern. Leben sie auf Dauer zusammen, können

sie auf diese Weise ein gemeinsames Sorgerecht erlangen. Die Eltern müssen allerdings wissen, daß das Kind kein gemeinsames eheliches wird, sondern nur ein eheliches Kind des (möglicherweise unverheirateten) Vaters. Ist der Vater tatsächlich mit einer anderen Frau verheiratet, so kann die Ehelicherklärung nur mit **Zustimmung** der Ehefrau erfolgen.

**Beispiel:** Martin wird von der Elternversammlung der Schule seiner nichtehelichen Tochter Tina zum Elternsprecher gewählt. Die Schulleitung erkennt ihn nicht an, da er nicht sorgeberechtigt sei.

Nicht nur das Bundesverfassungsgericht hatte ein Einsehen mit der Lebenswirklichkeit der unverheirateten Paare. Auch andere Gerichte haben zugunsten der nichtehelichen Lebensgemeinschaft entschieden. So ist ein nichtehelicher Vater, der mit seinem Kind und dessen Mutter eheähnlich zusammenlebt, nicht von der Wahrnehmung der Elternrechte in schulischen Angelegenheiten ausgeschlossen, wenn die Mutter dem nicht widerspricht. Dies gilt jedenfalls dann, wenn das Landesschulgesetz geschiedenen, nicht sorgeberechtigten Männern entsprechende Rechte einräumt.

**Beispiel:** Martin und Frieda haben sich getrennt. Martin möchte Tina ab und zu sehen, Frieda umgekehrt Martin nie mehr. Ein Konsens scheint ausgeschlossen. Martin beantragt deshalb beim Vormundschaftsgericht ein Umgangsrecht.

Auch die Umgangsbefugnis des nichtehelichen Vaters mit seinem Kinde wird von den Gerichten in letzter Zeit großzügig gehandhabt. Als nützlich und förderlich für das Wohl des Kindes wird ein Umgangsrecht regelmäßig bereits deshalb bejaht, weil der Kontakt mit dem Kind eine möglichst normale Entwicklung bietet und sein Selbstverständnis hinsichtlich seiner Person und Herkunft erleichtert. Der – vielleicht verständliche – Wunsch der Mutter, den Vater aus ihrem Leben endgültig zu streichen, ist demgegenüber nicht zu berücksichtigen.

Paaren, die sich (noch) verstehen, steht es zudem frei, **vertraglich** für den Vater ein Umgangsrecht zu regeln. Allerdings sollte dabei – entsprechend dem Alter des Kindes – auf dessen Meinung und Belange Rücksicht genommen werden. Nicht möglich ist es dagegen, das Sorgerecht vertraglich zu übertragen oder ein gemeinsames Sorgerecht zu vereinbaren.

## c) Bleibt es bei der bisherigen Rechtslage?

Bereits aufgrund der erwähnten Entscheidung des Verfassungsgerichts ist eine Reform des Kindschaftsrechts geboten. Es ist derzeit nicht vorgesehen, ein gemeinsames Sorgerecht für nichteheliche Kinder einzuführen. Dies wäre auch angesichts der Vielzahl meist unerwünschter nichtehelicher Kinder kaum interessengerecht. Die Schutzbedürftigkeit des Kindes erfordert die feste Zuordnung zu Eltern, die auch bereit sind, die soziale Vater- und Mutterschaft zu übernehmen. Deshalb wird es im Regelfall beim Sorgerecht der Mutter verbleiben. Allerdings wird auf Antrag ein gemeinsames Sorgerecht zugelassen werden, wobei noch unklar ist, ob es – wie in Österreich – von der häuslichen Gemeinschaft der Eltern abhängig gemacht wird. Auch beim Tode der Mutter sollte der Vater das Sorgerecht bekommen können.

Einigkeit besteht darüber, daß dem nichtehelichen Vater jedenfalls ein Umgangsrecht – ähnlich einem geschiedenen Mann – zugestanden wird. Ob – nach englischem Vorbild – auch ein Umgangsrecht für Stiefeltern oder Pflegeeltern eingeführt wird, ist fraglich.

## 3. Namensrecht

**Beispiel:** Martin Meier und Frieda Müller leben seit mehr als zehn Jahren zusammen. Sie wollen, daß ihre Tochter Tina den Namen „Tina Meier-Müller" erhält. Dies wird von der Behörde abgelehnt. Tina möchte dann wenigstens Meier heißen.

Ein nichteheliches Kind erhält den Familiennamen, den die Mutter zur Zeit der Geburt des Kindes führt. Ist dies ein Doppelname (z. B. Mehl-Müller), so wird der vorangestellte Name nicht zum Namen des Kindes (§ 1617 BGB). Der Name der Mutter muß nicht deren Geburtsname sein. Er ist entweder der Geburtsname der Frau oder ein Name, den sie durch Legitimation, Adoption oder Eheschließung erworben hat. Ist die Frau bei Geburt des Kindes ihres Partners noch verheiratet, so erhält das Kind (zunächst) den Namen des „Rivalen". Allerdings kann die Mutter nach einer Scheidung wieder ihren bei Eheschließung geführten Namen oder ihren Geburtsnamen annehmen. Ist das Kind **noch nicht fünf Jahre alt**, erstreckt sich die Namensänderung automatisch auf das Kind, später nur dann, wenn es sich der Namensänderung anschließt. Den **Vornamen** des Kindes bestimmt die Mutter als Ausfluß des Sorgerechts.

Eine Änderung des Namens nach dem Namensänderungsgesetz (§ 3 Abs. 1 NÄG) setzt voraus, daß der nach den Bestimmungen des bürgerlichen Rechts geführte Name zu individuellen Unzuträglichkeiten führt. Ein derartiges persönliches Namensänderungsinteresse ergibt sich nicht daraus, daß die Eltern des Kindes auf Dauer unverheiratet zusammenleben wollen und sowohl die Abstammung des Kindes als auch das Zusammenleben seiner Eltern in einem aus Mutter- und Vaternamen zusammengesetzten Doppelnamen zum Ausdruck kommen soll. Die Wahl eines derartigen Doppelnamens schließt das Gesetz in Wahrung des Grundsatzes der Namensgleichheit hingegen aus. Reformvorschläge werden zwar diskutiert, derzeit aber überwiegend nur für den Fall erwogen, daß der Vater allein sorgeberechtigt ist. Ob beim gemeinsamen Sorgerecht die zivilrechtliche Wahl zwischen Vater-, Mutter- und einem Doppelnamen möglich sein wird, ist zweifelhaft.

Heiraten die Partner später, so erstrecken sich die Wirkungen der Eheschließung nicht automatisch auf das Kind (§ 1617 Abs. 3 BGB). Dies gilt selbstverständlich auch in Stiefkindfällen. Um die Namensgleichheit aller zu einer faktischen Familie gehörenden Personen zu erreichen und die nichteheliche Geburt nach außen nicht in Erscheinung treten zu lassen, können die Mutter und deren Ehemann dem unverheirateten Kind ihren und der nichteheliche Vater dem Kind seinen Familiennamen erteilen. Die Einbenennung (§ 1618 BGB) erfolgt durch öffentlich beglaubigte Erklärung und ist im Geburtenbuch durch den Standesbeamten zu vermerken. Die **Einwilligung des Kindes** ist erforderlich. Der einbenennende Vater bedarf zudem der Einwilligung der Mutter, nicht aber seiner Ehefrau, selbst wenn er ihren Namen angenommen hat. Haben nichteheliche Partner nicht zufällig den gleichen Namen, so führt auch die Einbenennung nicht zu einem einheitlichen Familiennamen.

### 4. Unterhaltsansprüche des Kindes

#### a) Welcher Unterhalt steht dem nichtehelichen Kind zu?

**Beispiel:** Tina wächst bei ihren unverheirateten Eltern auf. Martin arbeitet nur halbtags und führt im übrigen den Haushalt. Das Jugendamt fordert ihn auf, den Regelunterhalt zu bezahlen.

Für den Unterhalt nichtehelicher Kinder gelten die allgemeinen Grundsätze des Verwandtenunterhalts, die auch den Unterhalt ehelicher Kinder bestimmen. Der nichteheliche Vater, der das Kind in seinen Haushalt aufgenommen hat, kann den Unterhalt auch durch Pflege und Erziehung des Kindes erfüllen. Der Unterhalt richtet sich im übrigen, solange das Kind noch keine selbständige Lebensstellung erlangt hat, nach einem Durchschnitt aus der Lebensstellung beider Eltern (§ 1615 c BGB).

Das nichteheliche Kind wird in mehrfacher Hinsicht gegenüber ehelichen Kindern privilegiert: Es kann Unterhalt auch **rückwirkend** für die Zeit vor Feststellung der Vaterschaft erhalten (§ 1615 d BGB). Außerdem hat es bis zur Vollendung des 18. Lebensjahres **ohne Nachweis seiner Bedürftigkeit** einen Anspruch auf Zahlung von Regelunterhalt (§ 1615 f BGB). Hat das Kind nach der Lebensstellung der Eltern höhere Ansprüche, so steht es ihm jedoch frei, die höheren Ansprüche nachzuweisen und geltend zu machen. Umgekehrt kann der Vater, wenn das Kind über eigenes Einkommen oder Vermögen verfügt oder wenn er selbst nicht hinreichend leistungsfähig ist, Herabsetzung des Regelunterhalts verlangen. Der Regelunterhalt wird in regelmäßigen Abständen durch Rechtsverordnung festgesetzt.

#### b) Kann der Unterhalt vertraglich geregelt werden?

**Beispiel:** Tina ist bei ihren unverheirateten Eltern aufgewachsen und hat das beste Einvernehmen mit ihnen. Tina hat ausgezeichnete Examina gemacht und bereits vor ihrem Abschluß tolle Angebote. Allerdings ist ihr Vater kränklich und befürchtet später einmal zum Pflegefall zu werden, für den die Sozialhilfe aufkommen muß. Tina befürchtet, daß ein Teil ihres künftigen Einkommens deswegen „gepfändet" wird.

Die Unterhaltspflicht zwischen nichtehelichen Kindern und ihren Eltern betrifft auch jeweils die weiteren Verwandten in gerader Linie, also Großeltern, Urgroßeltern und Enkelkinder usw.

Die gesetzliche Unterhaltspflicht kann durch Verträge näher aus-gestaltet werden, z. B. um einen teuren Rechtsstreit zu vermeiden. Daneben können auch vertragliche Unterhaltsvereinbarungen geschlossen werden, die unabhängig vom gesetzlichen Unter-haltsanspruch bestehen. Unzulässig ist dagegen im „Normalfall" ein vertraglicher Erlaß der Unterhaltspflicht für die Zukunft (§ 1614 BGB). Im Verhältnis zwischen dem nichtehelichen Kind und seinem Vater gilt jedoch eine Ausnahme (§ 1615 e BGB): Zwi-schen dem nichtehelichen Vater und seinen Verwandten einerseits und dem nichtehelichen Kind und seinen Verwandten anderer-seits können **Abfindungsverträge** geschlossen werden, sie dürfen jedoch **keinen unentgeltlichen** Verzicht auf künftigen Unterhalt enthalten. Der Vertrag bedarf trotz seiner weitreichenden Folgen keiner Form. Allerdings ist bei nicht voll Geschäftsfähigen die **Zustimmung des Vormundschaftsgerichts** erforderlich. Ein wirksamer Abfindungsvertrag zwischen dem Vater und dem Kind erstreckt sich im Zweifel auch auf die Unterhaltsansprüche der jeweiligen Verwandten. Der Gesetzgeber wollte durch die Mög-lichkeit des Unterhaltsverzichts die Abwicklung von Unterhalts-pflichten erleichtern. Die Wirkung derartiger Vereinbarungen kann auch dazu verwendet werden, im besten Einvernehmen von Vater und Kind eine spätere **Über**leitung der Unterhaltsansprüche **auf die Sozialhilfe** auszuschließen.

*c) Was ist, wenn der Vater keinen Unterhalt leistet?*

**Beispiel:** Frieda lebte mit Martin zusammen. Dieser hat sich nach Eröff-nung von Friedas Schwangerschaft „in Luft aufgelöst". Diese weiß nicht, wie sie ihr Kind ernähren soll.

In bestimmten Fällen leistet der Staat die Unterhaltszahlungen als Vorschuß für den unterhaltsverpflichteten Elternteil und treibt selbst von diesem Elternteil die Zahlungen ein. Um alleinerzie-henden Elternteilen die für den Unterhalt ihres Kindes erforderli-chen Mittel zu sichern, gewährt das **Unterhaltsvorschußgesetz** (UhVG) Kindern bis zu sechs (ab 1. 1. 1993: zwölf) Jahren, die bei einem alleinstehenden Elternteil leben, einen Anspruch auf Zah-lung eines Unterhaltsvorschusses bzw. einer Unterhaltsausfalle-istung in Höhe des Regelunterhalts. Der Anspruch vermindert sich um die Hälfte des für ein erstes Kind zu zahlenden Kinder-geldes, wenn der Elternteil, bei dem das Kind lebt, für das Kind

Anspruch auf Kindergeld hat. Unterhaltszahlungen des anderen Elternteils werden ebenfalls auf die Zahlungen angerechnet. Das Unterhaltsvorschußgesetz gilt nunmehr auch in den **neuen Bundesländern**. Ein vollstreckbarer Titel ist für die Bewilligung von Leistungen nicht (mehr) nötig.

Der Anspruch auf die Unterhaltsleistung ist ausgeschlossen, wenn der alleinstehende Elternteil und der andere Elternteil des Kindes – ob verheiratet oder nicht – zusammenleben. Kinder von Partnern in einer funktionierenden nichtehelichen Lebensgemeinschaft erhalten deshalb den Unterhaltsvorschuß nicht. Weigert sich der alleinstehende Elternteil, Auskünfte zur Feststellung der Vaterschaft oder des Aufenthaltes des anderen Elternteils zu erteilen, entfällt der Anspruch ebenfalls. Heiratet der alleinstehende Elternteil, so gilt das in gleicher Weise, obwohl der hinzukommende Stiefelternteil gegenüber dem Kind nicht unterhaltspflichtig wird.

### 5. Das Erbrecht

Die Tatsache, daß Kinder unverheirateter Partner nichtehelich sind, wirkt sich vor allem im Erbrecht in zweifacher Hinsicht aus. Grundsätzlich erben jedoch nichteheliche Kinder ebenso wie eheliche; neben diesen erben sie zu gleichen Teilen. Keine Besonderheiten ergeben sich beim Tode der Mutter. Hinsichtlich der Erbfolge nach dem Vater ergeben sich zwei Besonderheiten, die deutlich erkennen lassen, daß das nichteheliche Kind im Denken des Gesetzgebers das „unerwünschte" Kind ist.

### a) Was ist der Erbersatzanspruch?

**Beispiel:** Martin hat aus seiner geschiedenen Ehe einen Sohn. Außerdem hat er mit seiner bereits verstorbenen Lebensgefährtin eine Tochter. Beide verstehen sich gut. Martin ist deshalb der Ansicht, er müsse kein Testament machen, da die Kinder ohnehin zu gleichen Teilen erben und sich den Nachlaß schon teilen würden. Nach dem Tode von Martin erhält der Sohn einen Erbschein, der ihn als Alleinerben ausweist.

Ein nichteheliches Kind erhält beim Tode des Vaters neben ehelichen Abkömmlingen und einem überlebenden Ehegatten anstelle des gesetzlichen Erbteils nur einen Erbersatzanspruch (§ 1934 a BGB). Der Anspruch ist zwar nicht kleiner als der Erbteil. Das Kind wird aber nicht Miterbe, d. h. an den Nachlaßgegenständen mitbeteiligt, sondern erhält – wie eine enterbte pflichtteilsberechtigte Person – nur eine **Geldforderung** gegen die Erben. Da das nichteheliche Kind keinen Besitz am Nachlaß hat und nicht an seiner Verwaltung beteiligt ist, steht es wirtschftlich schlechter als die anderen Erben. Diese haben die Möglichkeit, Nachlaßgegenstände beiseite zu schaffen. Nichteheliche Kinder, die in den **neuen Bundesländern** vor dem 3. 10. 1990 geboren wurden, erben wie eheliche Kinder (Art. 235 § 1 Abs. 2 EGBGB); sie sind also nicht auf den Erbersatzanspruch verwiesen.

Den Partnern steht es frei, die Diskriminierung ihrer gemeinschaftlichen Kinder gegenüber einem „Noch-Ehegatten" oder Kindern des Mannes aus einer früheren Ehe zu beseitigen, indem der männliche Teil für den Fall seines Todes verfügt, daß die gemeinschaftlichen Kinder ebenfalls **Miterben** werden. Dann sind sie ebenso wie die ehelichen Kinder am Nachlaß beteiligt.

---

**Formulierungshilfe:**
Ich, Martin Müller, setze zu Miterben zu unter sich gleichen Teilen meinen Sohn Sven Müller und meine Tochter Tanja Meier ein. Ersatzerben jedes Miterben sind jeweils dessen Abkömmlinge nach Stämmen.

---

*b) Kann das Kind bereits vor dem Tode des Vater seinen Erbteil beanspruchen?*

**Beispiel:** Tanja stammt aus der nichtehelichen Verbindung von Martin und Frieda. Mit achtzehn fordert diese vom Vater ihren Erbteil, da sie sich ein Motorrad kaufen will. Martin hat das Ersparte als Sicherheit für Frieda und sich zur Seite gelegt.

Ein nichteheliches Kind ist berechtigt, nach Vollendung des 21. und vor Vollendung des 27. Lebensjahres von seinem Vater den **vorzeitigen Erbausgleich in Geld** zu verlangen. Der zu zahlende Betrag beläuft sich auf das Dreifache des durchschnittlichen Jahresunterhalts, berechnet aus den letzten fünf Jahren, in denen der Vater voll unterhaltspflichtig war. Sowohl der Vater als auch das Kind können bei Unangemessenheit eine Anpassung verlangen, wobei aber mindestens das Einfache, höchstens das Zwölffache des bezeichneten Unterhalts geschuldet wird. Der Anspruch **verjährt** drei Jahre nach Vollendung des 27. Lebensjahres durch das Kind.

In der Praxis erfolgen Vereinbarungen über den vorzeitigen Erbausgleich meist durch notariell beurkundete Vereinbarung, in der die Parteien sich über die Zahlung und ihre Modalitäten einigen. Ist der Vater nicht freiwillig zur Leistung bereit, kann das Kind den Anspruch im Klagewege durchsetzen. Dagegen hat der Vater kein Recht darauf, den vorzeitigen Erbausgleich zu verlangen. Er kann allerdings ein notariell beurkundetes Angebot zur Durchführung des vorzeitigen Erbausgleichs machen, das das Kind innerhalb einer bestimmten Frist annehmen kann. Tut es das nicht und fordert es auch seinerseits den vorzeitigen Erbausgleich nicht, so verbleibt es beim Tode des Vaters bei der allgemeinen gesetzlichen oder gewillkürten Erbfolge.

Bei Durchführung eines vorzeitigen Erbausgleichs werden der Vater und dessen Verwandte beim Tode des Kindes und umgekehrt das Kind und seine Verwandten beim Tode des Vaters nicht gesetzliche Erben und pflichtteilsberechtigt (§ 1934 e BGB). Dies gilt auch für die jeweiligen Verwandten des Vaters und des Kindes. Damit scheidet insbesondere das Kind vollkommen aus der Erbfolge nach dem Vater aus; der Erbteil anderer gesetzlicher Erben erhöht sich, ebenso der Pflichtteil pflichtteilsberechtigter Personen. Deshalb kann es im Einzelfall ratsam sein, statt des vorzeitigen Erbausgleichs lediglich einen **Pflichtteilsverzicht** des Kindes gegen Zahlung des gewünschten Betrages zu vereinbaren. Allerdings bleibt dann das Erbrecht der jeweiligen Verwandten bestehen, wenn nicht zusätzlich Verfügungen von Todes wegen errichtet werden.

Das Recht, den vorzeitigen Erbausgleich zu verlangen, kann durch die Eltern nicht ausgeschlossen werden. Diese können nur durch eine Heirat das Kind zu einem ehelichen machen. Dann steht ihm dieses Recht nicht mehr zu. Vor dem 3. 10. 1990 in den **neuen Bundesländern** geborene Kinder haben es ohnehin nicht.

### c) Kann das Sorgerecht vererbt werden?

Keinesfalls darf vergessen werden, daß nach geltendem Recht der nichteheliche Vater beim Tode der Partnerin nicht automatisch Vormund der gemeinschaftlichen Kinder wird. Deshalb ist dies in einer letztwilligen Verfügung der Mutter unbedingt anzuordnen (vgl. 8. Kap. Abschn. III. 6 b).

## 6. *Berücksichtigung im Steuerrecht*

Im Grunderwerbsteuer-, Erbschaft- und Schenkungsteuerrecht bestehen für nichteheliche Kinder keine Nachteile gegenüber ehelichen Kindern. Auch im Einkommensteuerrecht ist die Ehelichkeit bzw. Nichtehelichkeit nicht Unterscheidungskriterium für die Berücksichtigung von Kindern. Dies gilt insbesondere für die Kinderfreibeträge, die Ausbildungsfreibeträge, den Haushaltsfreibetrag bei Alleinstehenden und das Baukindergeld.

## II. Kinder eines Partners

Neben gemeinschaftlichen Kindern wachsen mitunter auch Kinder eines Partners in der Lebensgemeinschaft mit auf. Es handelt sich um Kinder aus einer (noch) bestehenden, durch Scheidung oder Tod aufgelösten Ehe oder um nichteheliche Kinder des Partners. Die Rechtsverhältnisse dieser „Stiefkinder" sind äußerst kompliziert.

## 1. *Sorge- und Umgangsrecht*

**Beispiel:** Als Gerdas geschiedener Mann erfährt, daß sie zu Martin, dem „Scheidungsgrund" gezogen ist, tobt er. Noch mehr entrüstet ihn, daß Gerda die gemeinsame Tochter Martina, für die Gerda sorgeberechtigt ist, mitgenommen hat. Er beantragt bei Gericht, Gerda das Sorgerecht zu entziehen, da er die sittliche Entwicklung seiner Tochter angesichts der „freien Liebe" des unverheirateten Paares gefährdet sieht.

Das Sorgerecht von „Stiefkindern", die in die Lebensgemeinschaft aufgenommen werden, richtet sich nach den gesetzlichen Vorschriften. Der „Stiefvater" bzw. die „Stiefmutter" hat kein Sorgerecht. Der allein sorgeberechtigte Partner kann allerdings durch **letztwillige Verfügung** den anderen Partner als Vormund benennen. Ob dem geschiedenen Ehegatten ein **Umgangsrecht** zusteht, richtet sich nach dem Urteil des Familiengerichts oder der Scheidungsvereinbarung. Auch über das Sorgerecht hat das Familiengericht im Scheidungsverbund zu entscheiden.

Der sorgeberechtigte geschiedene Ehegatte vernachlässigt sein Kind nicht deshalb, weil er eine nichteheliche Partnerschaft eingeht. Dies gilt selbst dann, wenn die Beziehung noch „instabil" ist. Lebt die berufstätige Mutter lediglich in einer Wohngemeinschaft mit einer anderen Frau zusammen, die während der Arbeitszeit das Kind versorgt, so führt dies ebenfalls nicht zu einem Sorgerechtsmißbrauch. Probleme könnten sich allerdings bei gleichgeschlechtlichen Partnerschaften ergeben.

## 2. Unterhalt

**Beispiel:** Frieda, die mit Martin ohne Trauschein zusammenlebt, versorgt ihr minderjähriges Kind Sven, dessen Vater nicht bekannt ist, und die gemeinsame Tochter Tina. Martin befürchtet, auch für Sven Unterhalt bezahlen zu müssen. Solange er mit Frieda zusammen ist, soll Sven aber beim Ortszuschlag berücksichtigt werden.

„Stiefkinder" haben nach dem Gesetz nur dann einen Unterhaltsanspruch gegen den anderen Elternteil, wenn dieser sie **adoptiert**. Dieser Grundsatz gilt nicht nur für verheiratete, sondern auch für unverheiratete Paare.

Es bleibt den Partnern jedoch unbenommen, durch einen **Unterhaltsvertrag** eine Zahlungsverpflichtung des „Stiefvaters" oder der „Stiefmutter" zu begründen. Eine konkludente Vereinbarung könnte von der Rechtsprechung angenommen werden, wenn ein Partner jahrelang für das Kind des anderen Unterhalt leistet. Entsprechendes gilt bei der Aufnahme anderer Verwandter eines Partners in den gemeinsamen Haushalt. Ist diese Folge nicht gewollt, sollte in den Partnerschaftsvertrag ein **ausdrücklicher Unterhaltsausschluß** aufgenommen werden. Dies empfiehlt sich auch deshalb, weil manche Reformvorschläge Unterhaltsverpflichtungen auch für faktische Eltern-Kind-Beziehungen vorsehen, die allerdings abdingbar sein sollen.

Beamte, Richter und Soldaten erhalten einen Ortszuschlag, für die auch die Zahl der unterhaltspflichtigen bzw. betreuten Kinder maßgebend ist. Die Aufnahme eines Pflegekindes in den Haushalt des Besoldungsempfängers führt zu einem höheren Ortszuschlag. Die Gerichte haben jedoch ein Pflegekindschaftsverhältnis zwischen dem männlichen Partner einer außerehelichen Lebensgemeinschaft und den Kindern seiner geschiedenen Partnerin, für die diese sorgeberechtigt ist und die mit in die Lebensgemeinschaft aufgenommen sind, abgelehnt. Der Annahme eines Pflegekindverhältnisses steht entgegen, daß die leibliche Mutter der Kinder dem Haushalt angehört und die Kinder erzieht und betreut. Pflegeeltern sind jedoch „Ersatzeltern", keine bloßen „Hilfseltern". Unter diesen Voraussetzungen könnten nur ganz besondere Umstände dazu führen, den Lebenspartner der Frau gleichwohl als Pflegevater ihrer Kinder anzusehen. Denkbar ist der Fall, daß die Mutter wegen besonderer Umstände in weitgehender Weise daran gehindert ist, ihr Sorgerecht tatsächlich wahrzunehmen. Eine nur vorübergehende Abwesenheit erfüllt diese Voraussetzung aber nicht.

### 3. Namensänderung

**Beispiel:** Frieda Meier und Martin Müller haben eine gemeinsame Tochter, die Tanja Müller heißt, da sie für ehelich erklärt wurde. Auch Sven, dessen Vater nicht bekannt ist, soll wie seine Schwester heißen.

Die „Stiefkindfälle" sind vor allem bei Wiederheirat des sorgeberechtigten Elternteils bekannt. Es geht darum, einem Kind aus erster Ehe die namensrechtliche Angleichung an die neue Familie zu ermöglichen. Dies ist nur im Wege der Namensänderung möglich, da sich zivilrechtlich der Name des ehelichen Kindes nicht ändert, wenn die Mutter eine neue Ehe eingeht. Eine ähnliche Interessenlage besteht bei der nichtehelichen Lebensgemeinschaft. Für Kinder ist es mitunter schwierig, wenn sie unterschiedliche Nachnamen haben. Bisher wurde die Namensänderung im Hinblick auf die Kennzeichnungsfunktion des Namens abgelehnt. Allerdings wird auch die Meinung vertreten, daß im Hinblick auf das geplante Gesetz über die Namensreform diesem Gesichtspunkt nicht mehr entscheidende Bedeutung zukommt. Ob dieser Trend auch „Stiefkindfälle" in nichtehelichen Lebensgemeinschaften begünstigt, bleibt abzuwarten.

### 4. Das Erbrecht

„Stiefkinder" werden gegenüber gemeinsamen Kindern der Lebensgefährten beim Tode des männlichen Partners bevorzugt, da sie Erben werden, während den nichtehelichen Kindern nur ein Erbersatzanspruch zusteht (vgl. Abschn. I. 5 a). Außerdem kann

der Umstand, daß „Stiefkinder" nur mit einem Elternteil verwandt sind, zu Zufälligkeiten bei einer gegenseitigen Erbeinsetzung der Partner führen, je nachdem welcher Partner als erster
verstirbt. Wichtig ist dies auch für die Erbschaftsteuer.

### 5. Steuerliche Vorteile?

In einer nichtehelichen Lebensgemeinschaft lebende „Stiefkinder" sind rechtlich keine „echten" Stiefkinder, da sie nicht durch
eine Eheschließung mit dem Partner ihres Elternteils verschwägert sind. Deshalb stehen sie im Grunderwerb- und Erbschaftsteuerrecht zum „Stiefvater" bzw. der „Stiefmutter" wie
Fremde. Dieser Umstand wird mitunter vergessen, wenn das
Kind im gemeinsamen Haushalt aufwächst. Auch im Einkommensteuerrecht kann das „Stiefkind" beim Partner des Elternteils
nur als „Pflegekind" (§ 32 Abs. 1 S. 1 Nr. 2 EStG) berücksichtigt
werden. Ein Pflegekindverhältnis scheidet aber regelmäßig aus,
wenn die Partner zusammenleben, da von einem Pflegekindverhältnis solange nicht ausgegangen werden kann (vgl. Ziffer 2), als
das Kind im Haushalt des leiblichen Elternteils aufwächst.

## III. Die Adoption von Kindern

### 1. Können Partner gemeinsam adoptieren?

**Beispiel:** Martin und Frieda, die unverheiratet seit 15 Jahren zusammenleben, wollen ein Kind adoptieren. Das Jugendamt lehnt dies ab, da ihre
Beziehung wegen des fehlenden Trauscheins zu instabil wäre. Auch Karin
und Irene, die jederzeit heiraten würden, wollen ein Kind adoptieren.

Nur ein Ehepaar kann ein Kind gemeinschaftlich mit der Folge
annehmen, daß dieses die rechtliche Stellung eines gemeinschaftlichen ehelichen Kindes dieser Ehegatten erlangt (§§ 1741 Abs. 2
S. 1, 1754 BGB). Ob sich der Gesetzgeber im Rahmen der Sorge-
rechtsreform dazu durchringen kann, auch nichtehelichen Paaren
eine gemeinschaftliche Adoption eines Kindes zu ermöglichen,
erscheint derzeit eher unwahrscheinlich. Keinesfalls geplant ist es,
gleichgeschlechtlichen Paaren die Annahme eines Kindes zu
gestatten.

## 2. Kann ein Partner allein ein Kind annehmen?

### a) Kann die Mutter nach einer Trennung ihr nichteheliches Kind adoptieren?

**Beispiel:** Die große Liebe von Frieda und Martin ist in abgrundtiefen Haß umgeschlagen. Frieda möchte, daß das gemeinsame Kind Tina an den Vater, der sie wegen einer anderen Frau verlassen hat, durch keinerlei verwandtschaftliche Beziehungen mehr gebunden ist.

Nichteheliche Kinder können auch von ihrer eigenen Mutter oder ihrem Vater adoptiert werden (§ 1741 Abs. 3 S. 2 BGB), wenn der Annehmende das 21. Lebensjahr vollendet hat. Die Adoption durch den Vater oder die Mutter soll dazu beitragen, noch bestehende tatsächliche Diskriminierungen nichtehelicher Kinder zu beseitigen. Adoptionsgrund kann ferner der Versuch sein, durch die Kindesannahme den Verkehr mit dem anderen Elternteil zu verhindern. Dieses Vorhaben, insbesondere der Versuch einer Mutter, durch die Adoption den Vater „endgültig auszuschalten", stellt keinen beachtlichen Adoptionsgrund dar. Zur Annahme eines Kindes durch die Mutter ist zwar die Einwilligung des Kindes erforderlich, nicht aber die des Vaters. Nimmt der Vater das Kind an, so verliert die Mutter nach derzeit geltendem Gesetz die elterliche Sorge (§ 1755 Abs. 1 BGB); umgekehrt verliert bei Annahme des Kindes durch die Mutter der Vater sein Umgangs- und Auskunftsrecht.

Da die Adoption für das Kind mit Nachteilen verbunden ist, lassen die Gerichte eine Adoption durch die Mutter meist nur zu, wenn das Kind vom Vater vermögensrechtlich abgefunden wurde. Lebt das Kind beim Vater und der Mutter, gibt es nach der Rechtsprechung keinen Grund für eine Adoption durch den Vater.

### b) Kann ein Partner sein „Stiefkind" annehmen?

**Beispiel:** Martin will Sven adoptieren, den Frieda mit einem anderen Mann nichtehelich geboren hat.

Eine unverheiratete Person kann ein Kind allein annehmen (§ 1741 Abs. 3 S. 1 BGB), wenn sie das 25. Lebensjahr vollendet hat. Erforderlich ist die Einwilligung der Mutter, bei einem ehelichen Kind auch des Vaters sowie des Kindes. Bei einem nichtehelichen Kind ist die Einwilligung des Vaters nicht erforderlich. Dieser hat jedoch ein **Adoptionsvorrecht** (§ 1747 Abs. 2 S. 2 BGB), wenn ein Dritter, d. h. auch der Partner der Mutter, sein Kind annehmen will. Allerdings bedarf auch er der Einwilligung der Mutter. Scheitert sein Antrag am Widerstand der Mutter, so kommt die Annahme nicht zustande. Der nichteheliche Vater kann auf sein Antragsrecht **unwiderruflich** verzichten. Wird so der Weg zur Adoption durch den Partner der Mutter frei, verliert die Mutter das Sorgerecht. Das Kind wird eheliches Kind des Annehmenden. Sinnvoll kann die Adoption zur Vermeidung von Erbschaftsteuer sein. Im übrigen muß jeder Partner wissen, daß die Adoption von einer späteren Trennung unberührt bleibt und auch deswegen nicht wieder aufgehoben werden kann.

*c) Kann sich der Vater gegen die Adoption des gemeinschaftlichen Kindes durch den neuen Partner seiner einstigen Lebensgefährtin wehren?*

**Beispiel:** Gerda und Dieter haben sich getrennt. Ihr gemeinschaftliches Kind soll von Peter, dem neuen Partner von Gerda, adoptiert werden. Dieter verweigert seine Zustimmung, dennoch wird die Adoption ausgesprochen.

Die Einwilligung des nichtehelichen Vaters ist zu einer Adoption des Kindes nicht erforderlich. Er kann eine Adoption durch die Mutter gar nicht, die durch einen Dritten nur dadurch verhindern, daß er seinerseits die Ehelicherklärung oder die Annahme des Kindes beantragt. Allerdings bedarf er hierzu wiederum der Zustimmung der Mutter. Lehnt der nichteheliche Vater nur die Adoption durch einen Dritten ab, ohne selbst von seinem Vorrecht Gebrauch zu machen, so kann er den Ausspruch der Annahme nicht verhindern. Die Mutter kann das Vorrecht des Vaters nicht dadurch umgehen, daß sie selbst ihr Kind adoptiert und es dann zur Adoption durch den unverheirateten Partner „freigibt", da eine zweite Annahme desselben Kindes nur durch den **Ehegatten** des Annehmenden zulässig ist.

*d) Kann ein Partner allein ein Kind adoptieren?*

**Beispiel:** Dora und Irene leben glücklich zusammen. Dora wünscht sich ein Kind, Irene erlaubt ihr nur eine Adoption eines Kindes. Diese stellt deshalb beim Jugendamt einen Antrag.

Die Adoption durch Alleinstehende ist gesetzlich zulässig, in der Praxis aber höchst selten. Die Jugendämter gehen davon aus, daß ein Kind in einer „intakten" Familie, d. h. mit Vater und Mutter, besser aufgehoben ist als bei einem alleinerziehenden Adoptivelternteil. Angesichts des Überhangs der Adoptionsnachfragen haben deshalb unverheiratete Personen nahezu keine Chance, ein Kind „zu bekommen". Bei einer Adoption durch einen Partner einer gleichgeschlechtlichen Verbindung gehen die Jugendämter und Vormundschaftsgerichte zudem davon aus, daß diese nicht dem Wohl des Kindes dient. Es wird befürchtet, daß das Kind durch die Gleichgeschlechtlichkeit seiner „Eltern" geprägt wird und es nicht zu einem „normalen" heterosexuellen Verhalten findet. Auch der Einwand, niemand könne eine lesbische Frau daran hindern, ein eigenes Kind zur Welt zu bringen, wird die zuständigen Stellen voraussichtlich zu keiner anderen Entscheidung über den Adoptionsantrag veranlassen.

# 8. Kapitel:
# Die erbrechtliche Absicherung des Partners

## I. Gesetzliches Erbrecht

### 1. Erbt der überlebende Partner nach einer langjährigen Lebensgemeinschaft?

**Beispiel:** Martin und Frieda haben dreißig Jahre zusammengelebt. Zuletzt hat Frieda den gelähmten Partner aufopfernd gepflegt. Als Martin stirbt, melden sich seine Geschwister von denen jahrelang nichts zu hören war. Sie sind gerührt, als sie erfahren, daß sie gesetzliche Erben sind. Frieda kann das nicht glauben.

Der nichteheliche Partner mag gesellschaftlich anerkannt und in manchen Rechtsbereichen sogar dem Ehegatten nahezu gleichgestellt sein, im deutschen Erbrecht gibt es ihn schlichtweg nicht. Gesetzliche Erben sind danach nur der Ehegatte, Verwandte und der Staat. Nochmals ganz deutlich: Beim Tode eines Partners kann der andere nach deutschem Recht nie gesetzlicher Erbe werden! Dies gilt unabhängig davon, wie lange die Lebensgemeinschaft gedauert hat und wieviele Kinder aus ihr hervorgegangen sind. Auch ein Pflichtteil steht dem unverheirateten Partner nicht zu.

### 2. Erhält der überlebende Ehegatte einen „Überbrückungsunterhalt" von den Erben?

**Beispiel:** Als Martin gestorben ist, steht am nächsten Tag seine Noch-Ehefrau vor der Türe und fordert Frieda im Namen der Erbengemeinschaft auf, die nunmehr in ihrem Eigentum stehende Wohnung binnen eines Tages zu räumen. Außerdem nimmt sie sofort den Fernsehapparat und das gesamte Silberbesteck zur „Sicherheit" mit.

Der Erbe hat in den ersten dreißig Tagen nach dem Eintritt des Erbfalls Familienangehörigen des Erblassers, die zur Zeit seines Todes zu seinem Hausstand gehört und von ihm Unterhalt bezogen haben, in demselben Umfang, wie der Erblasser es getan hat, Unterhalt zu gewähren und die Benützung der Wohnung und der

Haushaltsgegenstände zu gestatten (sog. „Dreißigster", § 1969 BGB). Ob eine Verpflichtung zur Unterhaltsgewährung bestand, ist nicht entscheidend. Zu den Haushaltsgegenständen gehören Möbel, Teppiche, Geschirr, Phonogeräte, Bücher, Schallplatten und vielleicht auch der Familien-Pkw. Ein mit dem Erblasser in häuslicher Gemeinschaft lebender Lebensgefährte ist nach überwiegender Ansicht anspruchsberechtigt. Allerdings kann der Erblasser durch letztwillige Verfügung den „Dreißigsten" verringern oder ausschließen. Erhöht er ihn, so handelt es sich um ein reines Vermächtnis, ohne daß es der gesetzlichen Anordnung bedarf. Dem Partner bleibt es stets unbenommen, das gesetzliche oder durch letztwillige Verfügung angeordnete Vermächtnis auszuschlagen. Der Anspruch auf den „Dreißigsten" ist grundsätzlich nicht übertragbar und **unpfändbar**.

### 3. Darf der Partner die Haushaltsgegenstände behalten?

**Beispiel:** Nachdem dreißig Tage seit dem Erbfall verstrichen sind, steht ein Möbelwagen vor Friedas Haustür. Die Möbelpacker erklären, sie sollten die gesamte Einrichtung, ausgenommen das Nähkästchen, die Kleidungsstücke von Frieda und deren Kofferradio, abholen und auf die Mülldeponie bringen. Frieda will die Gegenstände behalten.

Einem überlebenden Ehegatten, der gesetzliche Erbe wird, steht zusätzlich zu seinem Erbteil ein Anspruch auf die zum ehelichen Haushalt gehörenden Gegenstände, soweit sie nicht Zubehör eines Grundstücks sind, und die Hochzeitsgeschenke als **Voraus** zu (§ 1932 BGB). Der Ehegatte, der mit seinem Partner in einem gemeinschaftlichen Haushalt gelebt hat, soll die Mietwohnung (§§ 569 a, 569 b BGB) und diejenigen Gegenstände behalten dürfen, die bis zum Erbfall den äußeren Rahmen der Lebensgemeinschaft bildeten. Werden neben dem Ehegatten Kinder erben, so gebühren ihm diese Gegenstände nur, soweit er sie zur Führung eines angemessenen Haushalts benötigt.

Die Interessenlage ist beim hinterbliebenen Lebensgefährten identisch mit derjenigen des überlebenden Ehegatten. Dennoch haben es die Gerichte bisher abgelehnt, dem unverheirateten Partner den Anspruch auf den Voraus in entsprechender Anwendung der gesetzlichen Vorschrift zuzugestehen. Es ist deshalb dringend erforderlich, zumindest dafür zu sorgen, daß der Partner hinsichtlich der Haushaltsgegenstände durch eine letztwillige Verfügung abgesichert wird, wenn er nicht vom Wohlleben der Erben abhängig sein soll.

### 4. Muß die schwangere Partnerin nach dem Tode ihres Lebensgefährten auf Arbeitssuche gehen?

**Beispiel:** Frieda ist schwanger. Sofort nach Feststellung der Schwangerschaft hat sie im Einvernehmen mit Martin aufgehört zu arbeiten. Martin kommt für ihren Unterhalt auf. Als Martin tödlich verunglückt, fordert seine „Noch"-Ehefrau Gerda den gesamten Nachlaß. Frieda befürchtet, als Schwangere auf (aussichtslose) Arbeitssuche gehen zu müssen, obwohl Martin nicht arm war.

Eine Frau, die zur Zeit des Todes des nichtehelichen Partners ein gemeinsames Kind erwartet, kann, wenn sie außerstande ist, sich selbst zu unterhalten, bis zur Entbindung angemessenen Unterhalt aus dem Nachlaß verlangen (§ 1963 BGB). Sind neben dem ungeborenen Kind noch andere Personen als Erben berufen, so ist der Unterhalt aus dem Erbteil des Kindes zu gewähren. Es handelt sich um eine **Nachlaßschuld.** Die Höhe des Anspruchs ist durch den Erbteil des Kindes begrenzt. Für die Mutter wird um des Kindes willen gesorgt. Deshalb muß die Anspruchsberechtigte den erhaltenen Unterhalt bei einer Totgeburt nicht erstatten. Anders ist dies bei irrtümlicher Annahme oder Vorspiegelung einer Schwangerschaft.

## II. Testierfreiheit und Verfügungen von Todes wegen

### 1. Wann sind „Geliebtentestamente" sittenwidrig?

**Beispiel:** Der unverheiratete 65jährige Klaus unterhält eine sexuelle Beziehung zur 30jährigen Dora. Als diese sich nach einem jüngeren Freund umsieht, setzt Klaus sie als Alleinerbin ein und zeigt ihr das Testament. Dora setzt daraufhin die Beziehung fort. Später ziehen beide zusammen und nach dem Tode seiner Frau heiratet Klaus Dora. Als Klaus stirbt, fechten seine Kinder das Testament an.

Früher waren die Gerichte bei sog. Geliebtentestamenten sehr streng: Die Wertung, daß eine außereheliche Geschlechtsgemeinschaft vom Makel der Sittenwidrigkeit betroffen war, machte auch die davon betroffenen letztwilligen Verfügungen unwirksam. Bereits in den 70er Jahren ist allerdings eine allmähliche Korrektur dieser Rechtsprechung vorgenommen worden. Übergeht der Erblasser seine Ehefrau und Kinder zugunsten familienfremder Personen, so sieht das Gesetz eine derartige Verfügung von Todes wegen grundsätzlich als rechtsgültig an, da es die nächsten Angehörigen durch das Pflichtteilsrecht schützt. Diese Wertung des Gesetzgebers kann nur bei Vorliegen besonderer Umstände außer acht gelassen werden.

Nur wenn ein Erblasser seinen Partner zu dem er außereheliche, insbesondere ehebrecherische Beziehungen unterhalten hat, dadurch, daß er ihn in der letztwilligen Verfügung bedenkt, für die geschlechtliche Hingabe entlohnen oder zur Fortsetzung der sexuellen Beziehung bestimmen oder diese festigen will, dann ist in der Regel die letztwillige Verfügung schon wegen dieses der Zuwendung zugrundeliegende Beweggrundes sittenwidrig und nichtig. Dies klingt noch nicht sehr beruhigend. Jedoch hat der Bundesgerichtshof (vgl. Anhang 4) klargestellt, daß die Sittenwidrigkeit der Zuwendung nicht allein mit der Tatsache begründet werden kann, daß der Bedachte zu dem Erblasser auch in sexuellen Beziehungen gestanden hat. Zu berücksichtigen ist vor allem, ob neben den sexuellen Beziehungen achtenswerte andere Gründe für die Zuwendung ausschlaggebend waren, wie z. B. der Wunsch, aufopfernde Dienste oder Pflegeleistungen zu belohnen oder begangenes Unrecht gutzumachen. Auf seiten der Angehörigen ist zu prüfen, in welcher Beziehung der Erblasser zu dem Zurückgesetzten stand, wie sich die Enterbung auf diesen auswirkt und ob der Nachlaß von einem Verwandten des Zurückgesetzten stammt. Bei teilbaren Verfügungen kann auch eine **Teilnichtigkeit** vorliegen, z. B. die Alleinerbeneinsetzung unwirksam, aber eine Miterbenstellung angemessen sein.

Die **Beweislast** für die Sittenwidrigkeit trägt der zurückgesetzte Erbe. Eine Vermutung dafür, daß durch eine letztwillige Verfügung langjährige geschlechtliche Beziehungen belohnt werden, gibt es nicht. Vielmehr spricht die Lebenserfahrung eher dafür, daß gerade bei einer länger andauernden Lebensgemeinschaft die sexuellen Beziehungen im Laufe der Zeit in den Hintergrund treten. Dieser Umstand scheint beim Bundesgerichtshof gerichtskundig gewesen zu sein. Die Dauer, in der sich jedenfalls die Beziehungen regelmäßig nicht im Sexuelbereich erschöpfen, sondern eine umfassende innere Bindung an den Lebensgefährten voraussetzen, wird von den Gerichten meist bei einer dreijährigen Partnerschaft angenommen. Allerdings hat der Bundesgerichtshof die Alleinerbeneinsetzung einer Partnerin teilweise für unwirksam gehalten, mit der der Erblasser sieben Jahre zusammengelebt hatte, da für die Zurücksetzung der Ehefrau und der Geschwister kein achtenswerter Grund erkennbar war.

Maßgeblicher Zeitpunkt für die Beurteilung der Sittenwidrigkeit ist die Errichtung der Verfügung von Todes wegen, nicht der Erbfall. Dies hat einerseits zur Folge, daß sich ein platonisches Verhältnis bei Testamenterrichtung nachträglich in eine leidenschaftliche Beziehung wandeln kann, ohne daß dies Auswirkungen auf die Gültigkeit der letztwilligen Verfügung hat. Andererseits bleibt nach dieser Ansicht ein Testament, das zur Zeit seiner Abfassung sittenwidrig war, selbst dann unwirksam, wenn der Erblasser sein „Verhältnis" später heiratet. Ob die Rechtsprechung diesen Standpunkt nicht modifizieren wird, bleibt abzuwarten. Zur Sicherheit sollte eine Verfügung von Todes wegen zugunsten des Partners, die in der leidenschaftlichen Phase der Beziehung errichtet wurde und von der die Partner befürchten, daß sie ganz oder teilweise sittenwidrig sein könnte, nach einigen Jahren des Zusammenlebens nochmals bestätigt werden.

## 2. Kann eine Verfügung von Todes wegen mit dem (früheren) Ehegatten der Einsetzung des Partners entgegenstehen?

**Beispiel:** Die 25jährige Gabi und der 30jährige Wolfgang sind verheiratet und haben einen Sohn. Beide errichten ein sog. Berliner Testament, in dem sie sich gegenseitig zu Erben und ihren Sohn zum Schlußerben einsetzen. Wolfgang verunglückt tödlich. Gabi lernt fünf Jahre später Martin kennen. Diesen will sie durch ein Wohnungsrecht absichern, außerdem soll er bei ihrem Tod das gesamte Bargeld erhalten. Sie suchen einen Notar auf, der ihnen erklärt, daß die gewünschten Verfügungen derzeit rechtlich nicht möglich sind.

Mitunter errichten Ehegatten ohne sachkundigen juristischen Rat mit Hilfe von Formulierungsvorschlägen ein Berliner Testament. Aber auch aus der notariellen Beratung ist der Wunsch von noch jungen Ehegatten bekannt, auf jeden Fall den überlebenden Ehegatten in der Weise zu binden, daß auch im Falle seiner Wiederverehelichung das oder die gemeinschaftlichen Kinder letztlich Erben werden. Dies läßt sich durch das sog. **Berliner Testament** erreichen. Es handelt sich dabei um ein gemeinschaftliches Testament oder einen Erbvertrag, in dem sich Ehegatten gegenseitig und einen Dritten, meist die gemeinschaftlichen Kinder, zu Erben des Überlebenden einsetzen. Im Regelfall wird dadurch der überlebende Ehegatte Vollerbe und die gemeinsamen Kinder Schlußerben (§ 2269 BGB).

An Erbeinsetzungen, Vermächtnissen und Auflagen in einem gemeinschaftlichen Testament, die wechselbezüglich sind, d. h. von denen anzunehmen ist, daß die Verfügung des einen nicht ohne die Verfügung des anderen getroffen sein würde, sowie an vertragliche Verfügungen in einem **Erbvertrag** sind die Ehegatten gebunden. Zu Lebzeiten des anderen können sie nur durch einen vorbehaltenen oder gesetzlich zulässigen Widerruf, der zu notarieller Urkunde erklärt und dem anderen Teil zugestellt werden muß, beseitigt werden. Nach dem Tode eines Ehegatten bleibt dem Überlebenden nur die Möglichkeit, das ihm Zugewandte auszuschlagen, um seine Testierfreiheit wieder zu erlangen. Allerdings muß er gegebenenfalls auch als gesetzlicher Erbe ausschlagen, wenn er auf diesem „Umweg" trotz einer Ausschlagung als eingesetzter Erbe im wesentlichen doch wieder in den Genuß der Erbschaft kommen würde.

Hat eine Ehegatte die Erbschaft oder ein Vermächtnis nach dem Tode des anderen angenommen, so ist er auch an seine Verfügungen, soweit diese nicht ausdrücklich einseitig erfolgten oder unter einem Abänderungsvorbehalt standen, gebunden. Dieselbe Situation tritt ein, wenn der Ehegatte noch lebt, nicht bereit oder – z. B. wegen fehlender Geschäftsfähigkeit – nicht in der Lage ist, den Erbvertrag zu ändern und kein Rücktrittsvorbehalt darin enthalten ist. In diesem Fall bleibt – außer der späteren Ausschlagung – nur der Scheidungsantrag. Ehegattentestamente und Erbverträge zwischen Ehegatten werden nämlich im Zweifel insgesamt unwirksam, wenn die Ehe geschieden wird oder im Todeszeitpunkt die Scheidungsvoraussetzungen vorlagen und der Scheidungsantrag gestellt war.

Besteht eine Bindungswirkung an ein gemeinschaftliches Testament oder einen Erbvertrag, sind spätere Testamente, soweit die Bindung reicht, unwirksam. Sind die gemeinschaftlichen Kinder zu Schlußerben eingesetzt, so kann keine Verfügung zugunsten des Partners erfolgen. Selbst die Zuwendung eines Wohnungsrechtes ist unwirksam. Viele Partner wollen das nicht einsehen. Deshalb sei nochmals betont: Ein späteres Testament ist bei Bestehen einer bindenden Schlußerbeneinsetzung unwirksam.

Es gibt nur vier **Ausnahmen:**

– Wenn der bindend eingesetzte Erbe und etwaige Ersatzerben, z. B. die Enkelkinder des Erblassers, die Erbschaft ausschlagen, kommt der Partner zum Zuge, dann gilt das Testament.

– Es liegt ein gesetzlicher Grund vor, die gemachte Zuwendung dem Bedachten wieder zu entziehen. Dies ist beispielsweise der Fall, wenn sich ein Abkömmling in solchem Maße der Verschwendung ergeben hat oder er in einem solchen Maße verschuldet ist, daß sein späterer Erwerb erheblich gefährdet wird. In diesem Fall liegt eine nachträgliche Anordnung in guter Absicht vor.

– Am wichtigsten ist der **Zuwendungsverzicht** (§ 2352 BGB). Sind die Kinder mit dem neuen Partner einverstanden, können sie gegenüber dem überlebenden Elternteil auf die Zuwendung zu notarieller Urkunde verzichten. Der Verzicht ist auch auf einen bestimmten Bruchteil der Erbschaft beschränkbar und kann zugunsten bestimmter Personen vereinbart werden. Zu beachten ist, daß der Zuwendungsverzicht nur für den Verzichtenden wirkt. Sind Ersatzerben eingesetzt oder zu vermuten, insbesondere die Abkömmlinge des Verzichtenden, so kann deren Erbrecht nur durch eine eigene Verzichtserklärung beseitigt werden.

– Die dargestellte Bindungswirkung besteht darin, daß nachträgliche Verfügungen des vertragsmäßig gebundenen Erblassers unwirksam sind, soweit sie das Recht des vertragsmäßig Bedachten beeinträchtigen würden. Deshalb kann auch die **Einwilligung des Bedachten** den Erblasser von seiner Bindung befreien und trotz des Vorliegens des gemeinschaftlichen Testaments oder des Erbvertrages eine spätere letztwillige Verfügung wirksam werden lassen. Diese Einwilligung muß **notariell beurkundet** werden. Die bloß mündlich erklärte Zustimmung ist dagegen nicht ausreichend. Diese Lösung bietet sich insbesondere an, wenn der Partner lediglich einzelne Zuwendungen, z. B. ein Wohnungsrecht, erhalten soll und die Kinder damit einverstanden sind.

### 3. Testament oder Erbvertrag?

#### a) Können unverheiratete Paare ein gemeinschaftliches Testament errichten?

**Beispiel:** Martin und Frieda leben unverheiratet zusammen. Martin errichtet mit Hilfe eines Anleitungsbüchleins ein Testament, das auch Frieda als ihren letzten Willen unterschreibt. Als Martin verstirbt, liefert Frieda den verschlossenen Umschlag beim Nachlaßgericht ab. Dieses erteilt den Geschwistern von Martin einen Erbschein. Frieda hält das für eine verfassungswidrige Diskriminierung der nichtehelichen Lebensgemeinschaft.

Ein „gemeinsames Testament der Partner der Lebensgemeinschaft . . ." ist rechtlich nicht zulässig. Allein Ehegatten können ein von einem Ehegatten eigenhändig geschriebenes und vom anderen mitunterzeichnetes gemeinschaftliches Testament errichten (§ 2265 BGB). Verlobten und nichtehelichen Lebensgefährten ist diese Testamentsform versperrt. Der Gang zum Bundesverfassungsgericht lohnt nicht, da von ihm diese Rechtslage bereits bestätigt wurde.

Allerdings kann das unwirksame, gemeinsame Testament von Nichtehegatten als **einseitiges Testament** des Verstorbenen rechtswirksam sein. Voraussetzung ist, daß es gerade der verstorbene Partner war, der die Erklärung eigenhändig geschrieben und unterschrieben hat. Verstirbt derjenige Partner als erster, der nur seinen Namen unter das vom anderen geschriebenen Schriftstück gesetzt hat, scheidet eine „Umdeutung" aus.

#### b) Was ist bei Errichtung eines Testaments zu beachten?

**Beispiel:** Martin hat gelesen, wegen des fehlenden gesetzlichen Erbrechts sei es dringend erforderlich, sich sofort an die Schreibmaschine zu setzen und seinen Partner letztwillig zu bedenken. Als Martin zur Tat schreitet, gibt Frieda zu bedenken, ob man nicht besser einen Juristen fragen solle.

Maschinengeschriebene und eigenhändig unterzeichnete „Testamente", in denen dem Partner „das Erbgut nebst Haus und

Grundstück" zugewandt wurde, haben bereits die Gerichte beschäftigt. Sie sind – soviel ist klar – unwirksam. Im deutschen Recht kann ein Testament durch **eigenhändig** geschriebene und unterschriebene Erklärung oder zur Niederschrift eines Notars errichtet werden. Jedes Testament kann durch ein Testament ergänzt, geändert oder widerrufen werden.

Ein handschriftliches Testament empfiehlt sich nur für Paare, die kein Vermögen haben und ihr weniges Hab und Gut dem Partner vererben wollen. In allen anderen Fällen empfiehlt es sich, einen Fachmann zu Rate zu ziehen. Das Erbrecht ist sehr kompliziert und laienhaft abgefaßte Testamente führen meist zu langwierigen und teuren Prozessen. Demgegenüber kostet auch ein kompliziertes notarielles Testament, bei dem z. B. erstehliche Kinder zu beachten sind, bei einem normalen Hausstand ca. 250,– DM. Ist Grundbesitz vorhanden, steigen die Kosten zwar etwas an. Beträgt beispielsweise der Wert eines Einfamilienhauses und des übrigen Vermögens abzüglich der Schulden 250 000,– DM, so fällt eine Gebühr von ca. 600,– DM an. Allerdings spart bei Vorhandensein einer Immobilie durch ein notarielles Testament der Partner den sonst zur Eigentumsumschreibung nötigen Erbschein, der mindestens soviel wie das Testament, meist sogar mehr kostet.

In einem eigenhändigen Testament, das eigenhändig geschrieben und unterschrieben werden muß (!), sollen **Zeit** und **Ort** der Errichtung angegeben werden. Ein Minderjähriger kann ein derartiges Testament nicht errichten.

**Zur Niederschrift eines Notars** wird ein Testament in der Regel in der Weise errichtet, daß der Erblasser dem Notar seinen letzten Willen mündlich erklärt. Auch ein Minderjähriger, der das 16. Lebensjahr vollendet hat, kann auf diese Weise ohne Zustimmung seines gesetzlichen Vertreters ein Testament errichten. In der Regel bespricht der Notar sämtliche Probleme, auch solche an die der Erblasser häufig nicht denkt, mit dem Erschienenen, fertigt einen Entwurf und liest dann in einem zweiten Beurkundungstermin das Testament dem Erblasser vor, bespricht es mit ihm und läßt es von ihm unterschreiben. Das Original wird sodann beim Amtsgericht in amtliche Verwahrung gegeben.

Vorsicht ist geboten, wenn ein Testament aus der amtlichen Verwahrung zurückgenommen wird. Dadurch wird das Testament nämlich unwirksam, auch wenn der Erblasser das nicht wollte.

### c) Können unverheiratete Paare auch eine gemeinsame Verfügung errichten?

**Beispiel:** Martin und Frieda möchten sich gegenseitig zu Erben einsetzen und ihre gemeinsamen Kinder zu Schlußerben des Letztversterbenden. Wenn dies nicht durch ein gemeinschaftliches Testament möglich wäre, müsse dies doch auf andere Weise erreichbar sein.

Die Wirkungen eines gemeinschaftlichen Testaments lassen sich bei unverheirateten Paaren, die die deutsche Staatsangehörigkeit besitzen oder nur über in der Bundesrepublik Deutschland belegenes unbewegliches Vermögen verfügen wollen, ohne Probleme durch einen **notariellen Erbvertrag** erreichen, in den ein **Rücktrittsvorbehalt** aufgenommen wird.

Die Bedeutung des Ehegattentestaments gegenüber zwei Einzeltestamenten besteht darin, daß wechselbezügliche Verfügungen, auch solche zugunsten eines Dritten, bindend sind. Nachträgliche Verfügungen des gebundenen Erblassers sind, wie in Ziffer 1 bereits ausführlich dargestellt, unwirksam. Jeder Ehegatte kann allerdings zu Lebzeiten beider von seinen Verfügungen wieder „loskommen", da ihm ein Widerruf ohne besonderen Grund jederzeit möglich ist. Dies kann allerdings nicht heimlich geschehen, sondern nur durch notariell beurkundete Erklärung, die dem anderen Ehegatten zugehen muß.

Dieselbe Wirkung tritt bei erbvertraglich bindend getroffenen Verfügungen ein, wenn sich jeder Partner das „jederzeit und ohne Angabe von Gründen" mögliche **Rücktrittsrecht** von dem Erbvertrag vorbehält. Der beurkundete Erbvertrag muß nicht beim Nachlaßgericht hinterlegt werden, sondern kann auch in der Urkundensammlung des Notars verbleiben.

### d) Vor- und Nachteile von Testament und Erbvertrag

**Beispiel:** Martin und Frieda überlegen, ob jeder sein Testament „macht" oder sie gemeinsam einen Erbvertrag errichten sollen. Martin möchte wissen, was am billigsten ist.

Am billigsten sind zwei privatschriftliche Testamente, wenn sie richtig gemacht sind. Dies gilt aber nur, wenn kein Erbschein benötigt wird, insbesondere wenn keine Bankguthaben und kein Immobilienvermögen vorhanden sind. Zwei notarielle Testamente lösen grundsätzlich dieselben Kosten wie ein Erbvertrag aus; allerdings können beim Erbvertrag die – geringen – Hinterlegungskosten des Nachlaßgerichts gespart werden.

Der Vorteil des Erbvertrages gegenüber den einseitigen Testamenten besteht darin, daß kein Partner heimlich sein Testament ändern kann. Tritt ein Teil zurück, so muß er den anderen informieren. Ist es gewollt, daß ein Schlußerbe bindend eingesetzt wird oder eine Vermächtnisanordnung nach dem Tode eines Teils nicht mehr abgeändert werden kann, so kann dies nur durch einen Erbvertrag geschehen. Von Bedeutung kann dies insbesondere für ältere Paare sein, die sich zunächst – trotz der steuerlichen Nachteile – gegenseitig bedenken, aber gleichzeitig dafür sorgen wollen, daß die Kinder des Erstversterbenden beim Tode des zweiten nicht leer ausgehen.

Eine (unechte) Wechselbezüglichkeit hinsichtlich der Einsetzung des Partners, nicht aber von Schlußerben (!), läßt sich auch in Einzeltestamenten durch **gegenseitige Bedingungen** erzielen. Soll das Testament eines Partners nur gelten, wenn dieser auch sein entsprechendes Testament nicht aufgehoben hat, so kann dieser den Partner dennoch durch eine (heimliche) Enterbung überraschen, die er (später) zerreißt, wenn er der Überlebende ist.

Kehrseite der Bindung ist die Frage der **Aufhebbarkeit**. Ein Testament kann jederzeit durch ein neues aufgehoben werden. Bei einem Erbvertrag ist ein notariell beurkundeter Rücktritt oder Aufhebungsvertrag erforderlich, soweit hiervon vertraglich bindende Verfügungen betroffen sind.

Letztlich müssen die Partner selbst entscheiden, welche Art der Verfügung für sie besser paßt. Als „Faustregel" läßt sich vielleicht sagen, daß zwei Testamente besser für das Zusammenleben auf Probe passen, während der Erbvertrag für dauerhafte Partnerschaften empfehlenswert ist.

#### 4. Kann man sich im Partnerschaftsvertrag zur Einsetzung des Partners als Erben verpflichten?

**Beispiel:** Frieda hat einen älteren Vordruck für einen Partnerschaftsvertrag bei ihrer Freundin gesehen. Darin verpflichtet sich der männliche Teil, wenn die Beziehung mehr als drei Jahre gedauert hat oder die Frau schwanger wird, seine Partnerin zu seiner Alleinerbin einzusetzen. Frieda fühlt sich von Martin hintergangen, da dieser Passus in dem von ihm gekauften und ihr vorgelegten Mustervertrag nicht enthalten war.

Die Klausel, wonach sich die Partner einer nichtehelichen Lebensgemeinschaft verpflichtet, in einer bestimmten Frist oder bei Eintritt bestimmter Umstände eine bestimmte Verfügung von Todes wegen zu errichten, ist nicht selten in Partnerschaftsverträgen zu finden. Auch die Tatsache, daß sie mitunter – zur Ergänzung eines maschinengeschriebenen Partnerschaftsvertrages – sogar empfohlen wird, ändert nichts an der Tatsache, daß sie unwirksam ist.

Denn die **Testierfreiheit** ist vertraglich unbeschränkbar. Der nicht verheiratete Erblasser kann nur durch den Erbvertrag eine Bindung eingehen. Verträge jeder Art über die Errichtung von Verfügungen von Todes wegen verbietet das Gesetz (§ 2302 BGB). Es besteht zudem die Gefahr, daß der gesamte Partnerschaftsvertrag von dieser Unwirksamkeit erfaßt wird.

## III. Problem- und Regelungsbereiche in Verfügungen unverheirateter Partner

Das Erbrecht eröffnet dem Erblasser zahlreiche Gestaltungsmöglichkeiten. Umgekehrt sind bestimmte Prinzipien des deutschen Rechts bei Errichtung einer Verfügung von Todes wegen zu beachten, so insbesondere der Grundsatz, daß es eine Erbeinsetzung für bestimmte Nachlaßgegenstände nicht gibt. Es würde den Rahmen dieses Buches sprengen, wenn dieses „allgemeine" Erbrecht hier dargestellt werden sollte. Die nachfolgenden Ausführungen beschränken sich deshalb auf Punkte, die bei Verfügungen unverheirateter Paare typisch sind.

### 1. Soll man im Testament erwähnen, warum man dem Partner etwas zuwendet?

**Beispiel:** Martin beginnt sein Testament mit den Worten: „Ich habe zu meiner Ehefrau keinen Kontakt mehr. Erst meine Lebensgefährtin Frieda hat mir, als ich mit dem Leben längst abgeschlossen hatte, nochmals gezeigt, daß ein von Liebe und Zuneigung erfülltes Leben wunderschön sein kann. Ich habe die Angst vor dem Altwerden verloren, da ich weiß, daß mich Frieda stets aufopfernd pflegen wird. Sie setze ich deshalb zur Erbin ein. Meine Frau erhält nur…" Als Martin stirbt, will seine Frau das Testament anfechten, da sie in den Jahren nach der Testamentserrichtung doch Kontakt gehabt hätten, Frieda sich von Martin abgewandt und sie ihn als Pflegefall sogar in einem Heim untergebracht hätte. Frieda erklärt, die Heimunterbringung sei auf ausdrücklichen Wunsch von Martin geschehen.

Der Bundesgerichtshof hat in seiner Rechtsprechung zum sog. Geliebtentestament (vgl. Anhang 4) die Motivation des Erblassers als wesentlich für die Wirksamkeit von diesbezüglichen Verfügungen angesehen. Gleichwohl sei an dieser Stelle von der Motivnennung dringend abgeraten. Die Gefahr eines „Geliebtentestaments" nimmt mit zunehmender Dauer der Partnerschaft ab und wird bei älteren Paaren ohnehin kaum in Betracht kommen. Ob die Rechtsprechung zur Nichtigkeit einer Verfügung aufgrund des Übergehens naher Angehöriger auf Dauer so fortgesetzt wird, bleibt wegen ihres Widerspruches zur Testierfreiheit abzuwarten. Weitaus größer ist das Risiko einzuschätzen, daß ein übergangener gesetzlicher Erbe das Testament wegen eines **Motivirrtums** anficht. Beachtlich ist jeder Motivirrtum, d. h. sämtliche irrigen Vorstellungen, ganz gleich, ob sie sich auf Umstände in der Vergangenheit, Gegenwart oder Zukunft beziehen.

Der Erblasser kann seine (achtenswerten) Motive auch außerhalb der letztwilligen Verfügung schriftlich niederlegen. Kommt es später zu einem Rechtsstreit über die Erbfolge, kann der Rechtsanwalt, wenn er dies für opportun hält, diese Erklärungen immer noch in den Prozeß einführen.

## 2. Hat der zum Alleinerben eingesetzte Partner an Dritte Teile der Erbschaft herauszugeben?

**Beispiel:** Martin setzt Frieda zur Alleinerbin ein. Seine Ehefrau und seine Geschwister akzeptieren zwar das Testament, fordern aber das, „was ihnen gesetzlich zusteht". Frieda ist erstaunt, da sie doch Alleinerbin geworden ist, also der gesamte Nachlaß ihr gehört.

Als Ausgleich zum Grundsatz der Testierfreiheit, nach der der Erblasser auch nächste Angehörige enterben kann, hat der Gesetzgeber das Pflichtteilsrecht geschaffen. **Pflichtteil** ist der

Mindestanspruch, den der Erblasser trotz Ausschließung von der gesetzlichen Erbfolge seinen Abkömmlingen, Ehegatten und Eltern nur in krassen Ausnahmefällen entziehen kann (§§ 2303 ff. BGB). Andere Verwandte, insbesondere Geschwister, sind nicht pflichtteilsberechtigt. Der Pflichtteil beträgt **die Hälfte** des Erbteils, beim enterbten Ehegatten ist dies neben Kindern ein Achtel des Reinvermögens des Verstorbenen. Allerdings wird der Pflichtteilsberechtigte nicht Miterbe, sondern erhält lediglich einen **Geldanspruch** gegen den Nachlaß.

Die Pflichtteilsberechtigten müssen ihren Anspruch nicht geltend machen. Sie können (steuerfrei) auch darauf verzichten. Soll ein Beteiligter diesbezüglich abgesichert werden, so kann sein Partner mit den entsprechenden pflichtteilsberechtigten Angehörigen zu notarieller Urkunde einen **Pflichtteilsverzicht** vereinbaren. Dieser kann auch zugunsten einer bestimmten Person, z. B. der bekannten „Schwiegertochter", abgegeben werden oder auf einen bestimmten Vermögensgegenstand, etwa das gemeinsam gebaute Haus, beschränkt werden.

War der verstorbene Partner noch verheiratet, kann der enterbte Ehegatte zusätzlich zu seinem Pflichtteil den **Zugewinnausgleich** verlangen (§ 1371 Abs. 2 BGB). War der vom Verstorbenen während der Ehe, also auch in der Zeit des Zusammenlebens mit dem Partner (!) erzielte Zugewinn höher als der des „Noch-Ehegatten", steht diesem die Hälfte des Überschusses als Ausgleichsforderung zu. Ehegatten, die ihre eigenen Wege gehen, sich aber nicht (mehr) scheiden lassen wollen, sollten deshalb in einer notariellen Scheidungsvereinbarung **Gütertrennung** vereinbaren und zumindest einen gegenseitigen Pflichtteilsverzicht erklären.

### 3. Was ist bei der Erbeinsetzung des Partners zu beachten?

**Beispiel:** Frieda und Martin haben jeweils ein Kind aus einer geschiedenen Ehe. Gemeinschaftliche Kinder sind keine vorhanden und auch nicht mehr zu erwarten. Beide wollen sich gegenseitig zu Erben einsetzen, weiter wollen sie nichts verfügen.

Die gegenseitige Erbeinsetzung unverheirateter Partner, die keine gemeinschaftlichen Kinder oder neben diesen noch weitere Kinder haben, wird, wenn sie nicht auch Regelungen für den Fall des Todes des Überlebenden trifft, zum Glücksspiel für die Erben. Die gesetzlichen Erben des gesünderen Partners erben nämlich das gesamte Vermögen beider Partner, die Angehörigen des anderen gehen leer aus. Sind sie pflichtteilsberechtigt, werden sie geradezu gezwungen, ihren **Pflichtteil** vom Überlebenden zu verlangen, wollen sie nicht später als die „Anständigen" auch die „Dummen" sein.

Grund für diese Situation ist, daß – im Regelfall – beide Partner nicht dieselben gesetzlichen Erben haben. Insbesondere sind die Kinder eines Partners, selbst wenn sie in der „Familie" aufgewachsen sind, mit dem „Stiefvater" bzw. der „Stiefmutter" nicht verwandt. Sollen beispielsweise die beiderseitigen Kinder zu gleichen Teilen erben, so ist eine diesbezügliche Einsetzung zu Schlußerben erforderlich. Nur am Rande sei darauf hingewiesen, daß es passieren kann, daß das Kind des Erstversterbenden nicht mehr als seinen Pflichtteil bekommt. Beschwerende Anordnungen muß es sich deshalb nicht gefallen lassen.

Selbst wenn die Kinder des Erstversterbenden erbrechtlich nicht vergessen werden, haben sie erbschaftsteuerlich den „schwarzen Peter". Da sie mit dem „Stiefvater" bzw. der „Stiefmutter" weder verwandt noch verschwägert sind, müssen sie sich auf hohe Steuern einstellen. Dies ist besonders mißlich, da sie ja auch oder möglicherweise sogar nur Vermögen erhalten, das von ihrem leiblichen Elternteil stammt. Hier hilft der Trick einer **befreiten Vor- und Nacherbschaft**, wenn Paare auf die gegenseitige Erbeinsetzung nicht verzichten wollen. Partner sollten auf jeden Fall juristischen Rat einholen; wird eine notarielle Verfügung errichtet, ist der Experten-Ratschlag sogar in der Beurkundungsgebühr enthalten.

### 4. Kann angeordnet werden, daß der Partner „behalten" kann, was er will?

**Beispiel:** Martin verfaßt sein Testament, in dem er Frieda die freie Entscheidung läßt, von seinem Nachlaß zu behalten, was sie will. Den Rest sollen seine Erben bekommen.

Der Erblasser kann eine letztwillige Verfügung nicht in der Weise treffen, daß ein anderer zu bestimmen hat, ob sie gelten soll oder nicht. Auch die Bestimmung der Person, die eine Zuwendung erhalten soll, sowie die Bestimmung des Gegenstandes der Zuwendung muß er selbst vornehmen (§ 2065 BGB). Allerdings kann sich der Erblasser auch darauf beschränken, einen bestimmten Gegenstand, z. B. ein Auto, aber auch ein Unternehmen, mehreren Personen in der Weise zuzuwenden, daß ein Dritter entscheidet, wer ihn erhalten soll (§ 2151 ff. BGB).

## 5. Vermächtnis statt Erbeinsetzung

Mitunter genügt ein Vermächtnis zur Absicherung des Partners. So können diesem beispielsweise ein Wohnrecht und die gesamte Wohnungseinrichtung samt Hausrat, ein Kraftfahrzeug oder bestimmte Guthaben auf Konten zugewandt werden. Dem Partner können vermächtnisweise aber auch wertvollere Dinge, z. B. eine Immobilie oder ein Schmuckstück, hinterlassen werden. Beschränkt sich die zugunsten des Partners getroffene Verfügung auf dasjenige, was dieser zu seiner Absicherung nach dem Tode des anderen benötigt, können hohe Erbschaftssteuern und das Risiko einer Sittenwidrigkeit vermieden werden. Die steuerlich teure Erbeinsetzung des Partners ist gerade bei älteren Paaren nicht von vornherein geboten!

## 6. Welche Besonderheiten gelten für (gemeinsame) Kinder?

### a) Was ist der Erbersatzanspruch und wie funktioniert der vorzeitige Erbausgleich?

**Beispiel:** Martin und Frieda haben zwei gemeinsame Kinder. Frieda hat zudem ein weiteres Kind, das „gleichberechtigt" in der Familie aufwächst. Es soll, womit Martin einverstanden ist, gegenüber den gemeinschaftlichen Kindern nicht schlechter gestellt werden. Martin ist noch verheiratet.

Die bereits dargestellte Tatsache, daß Kinder aus einer Partnerschaft nichtehelich sind, hat auch im Erbrecht weitreichende Konsequenzen. Zwar sind nichteheliche Kinder zwischenzeitlich ehelichen Kindern erbrechtlich gleichgestellt. Eine völlige Gleichstellung besteht aber nur beim Tod der Mutter. Hinsichtlich der Erbfolge nach dem Vater ergeben sich mehrere Besonderheiten (vgl. 7. Kap. Abschn. I.5):

- Neben ehelichen Abkömmlingen des Vaters und dessen Ehefrau wird ein nichteheliches Kind nicht Miterbe, sondern erhält
einen **Geldanspruch** in Höhe seines Erbteils, der sich gegen den
Nachlaß richtet (§ 1934 a BGB).
- Auch ein nichteheliches Kind aus einer Lebensgemeinschaft ist
nach Vollendung des 21. und vor dem 27. Lebensjahr berechtigt,
von seinem Vater einen **vorzeitigen Erbausgleich** in Geld zu
verlangen. Der vorzeitige Erbausgleich läßt die gegenseitige
Unterhaltspflicht unberührt; allerdings ist auch diesbezüglich
ein **entgeltlicher** (kein unentgeltlicher!) **Verzicht** möglich
(§ 1615 e BGB).

Wachsen in der Familie auch weitere nichteheliche Kinder oder
Kinder aus einer geschiedenen Ehe, für die der Partner das Sorgerecht hat, auf, so wünschen die Beteiligten in nicht seltenen Fällen,
daß diese Kinder erbrechtlich wie gemeinschaftliche Kinder
behandelt werden sollen. Dies ist durch eine entsprechende
**Schlußerbeneinsetzung**, ggfs. wegen der Erbschaftsteuer auch
über eine Vor- und Nacherbschaft, möglich. Allerdings sollte
nicht vergessen werden, daß das betroffene Kind auch noch nach
seinem leiblichen Elternteil erb- und pflichtteilsberechtigt ist.
Dies kann dazu führen, daß es sogar mehr erbt als die gemeinschaftlichen Kinder.

## b) Wer erhält das Sorgerecht beim Tode der Mutter?

**Beispiel:** Frieda möchte wissen, wer im Falle ihres Todes das Sorgerecht
für die gemeinschaftlichen Kinder und das Kind erhält, das aus ihrer
geschiedenen Ehe stammt.

Nach dem Tode des Sorgeberechtigten, bei nichtehelichen Kindern im Regelfall also nach der Mutter, erhält ein minderjähriges
Kind einen **Vormund**. Diesen wählt das Vormundschaftsgericht
aus dem Kreise der Verwandten und Verschwägerten des Mündels
aus. Ist das Kind nichtehelich, so steht es im Ermessen des Vormundschaftsgerichts, ob sein Vater, dessen Verwandte und deren
Ehegatten berücksichtigt werden sollen (§ 1779 BGB). Für Kinder eines Partners kommt der andere Teil als Vormund somit
kaum in Betracht.

Der Sorgeberechtigte kann jedoch durch letztwillige Verfügung
sowohl einen Vormund benennen als auch bestimmte Personen

von der Vormundschaft ausschließen. So kann die sorgeberechtigte geschiedene Frau insbesondere ihren Ex-Mann von der Vormundschaft ausschließen und ihren Partner als Vormund des ehelichen Kindes benennen. Die Benennung des Partners als Vormund sollte auch für die gemeinschaftlichen Kinder erfolgen,
wenn die Mutter allein sorgeberechtigt ist. Das Vormundschaftsgericht ist hieran gebunden, wenn nicht ausnahmsweise wichtige
Gründe, insbesondere Gefährdung des Wohls des Kindes, entgegenstehen.

*c) Passen ältere Verfügungen von Todes wegen noch?*

**Beispiel:** Herr und Frau Meier, die Eltern von Martin, haben schon früher
einen notariellen Erbvertrag geschlossen. Darin haben sie als Schlußerben ihren Sohn Martin, ersatzweise dessen eheliche Abkömmlinge eingesetzt. Zunächst waren sie nicht glücklich darüber, daß ihr Sohn und
Frieda die „freie Liebe" praktizieren, aber zwischenzeitlich haben sie
sich daran gewöhnt. Vor allem lieben sie ihre beiden Enkelkinder
Tobias und Bastian heiß und innig.

Der Begriff des „nichtehelichen" Kindes wird landläufig mit
dem „ungewollten" Kind gleichgesetzt. Es handelt sich um ein
Kind, das „passiert" ist, aber zu dem sich die Beziehungen auf eine
Zahlvaterschaft beschränken. Angesichts der weithin üblichen
kinderorientierten Eheschließung sind die meisten nichtehelichen
Kinder wohl auch solche Kinder, die nicht aus einer funktionierenden Lebensgemeinschaft stammen. Deshalb werden derartige
Kinder von männlichen Abkömmlingen meist in Testamenten
und Erbverträgen von der Erbfolge ausgeschlossen. Dabei wird
mitunter übersehen, daß auch die geliebten Enkelkinder von
unverheirateten Partnern nichteheliche Kinder sind. Es ist deshalb
dringend erforderlich, nahe Angehörige auf dieses Problem hinzuweisen, damit diese ihre Verfügungen entsprechend ergänzen.
Dies kann etwa in der Weise geschehen, daß zwar nichteheliche
Abkömmlinge eines Sohnes von der Ersatzerbfolge ausgeschlossen werden, hiervon aber diejenigen Abkömmlinge ausgenommen
sind, die er mit der namentlich genannten Partnerin hat. Das Problem ergibt sich zwar erst dann, wenn die entsprechenden Enkelkinder zur Erbfolge gelangen, d. h. meist erst, wenn der eigene
Sohn vor seinen Eltern verstirbt. Dennoch ist das Risiko die
Anpassung später zu vergessen, sehr groß.

### 7. Soll man wegen der Erbschaftsteuer heiraten?

#### a) Wie hoch ist die Erbschaftsteuer für den Partner?

**Beispiel:** Martin ist Eigentümer eines kleinen Unternehmens und zweier Häuser. Der erbschaftsteuerliche Wert beträgt 250 000,– DM. Er will wissen, wie hoch die Erbschaftsteuer für Frieda ist, wenn er sie heiratet, und wie hoch, falls er das nicht tut.

Die in der Überschrift gestellte Frage läßt sich für jemand, der ein größeres Vermögen als 3000,– DM hat, mit einem klaren „Ja" beantworten. Selbst wenn man sämtliche sonstigen sozialrechtlichen Nachteile des nichtehelichen Zusammenlebens akzeptiert, die Erbschaftsteuerbelastung für den überlebenden Teil ist nahezu „tödlich". Grund dafür ist, daß unverheiratete Paare wie Fremde behandelt werden. Anders als der Ehegatte, der in Steuerklasse I fällt und einen allgemeinen Freibetrag von 250 000,– DM sowie einen Versorgungsfreibetrag von nochmals 250 000,– DM hat, steht dem nichtehelichen Partner nur ein **Freibetrag** in Höhe von 3000,– DM zu (§ 16 Abs. 1 Nr. 5 ErbStG). Außerdem beginnt in der Steuerklasse IV, in die er gehört, die Steuerprogression bei 20% und steigt bis zu 70% an. Im Vergleich dazu beträgt sie bei Ehegatten zwischen 3% und 35%. Erhält der überlebende Partner ein Sparguthaben von 13 000,– DM, so fallen 2000,– DM Erbschaftsteuer an. Die Steuersätze betragen bei Vermögen

| bis einschließlich | Prozent |
|---|---|
| 50 000,– DM | 20 |
| 75 000,– DM | 22 |
| 100 000,– DM | 24 |
| 125 000,– DM | 26 |
| 150 000,– DM | 28 |
| 200 000,– DM | 30 |
| 250 000,– DM | 32 |
| 300 000,– DM | 34 |
| 400 000,– DM | 36 |
| 500 000,– DM | 38. |

Die ungünstige Steuerklasse IV gilt auch für Partner, die miteinander verheiratet waren und nach der Scheidung wieder zusammenfinden, aber nicht mehr zum Standesamt gehen.

### b) Gibt es besondere Freibeträge?

**Beispiel:** Frieda hat Hausrat im Wert von 8000,– DM sowie eine Briefmarkensammlung im Wert von 6000,– DM und 5000,– DM Bargeld von Martin geerbt. Sie befürchtet, daß fast das gesamte Bargeld an das Finanzamt geht und sie kein Geld mehr für die Beerdigung hat.

Das Finanzamt langt zwar beim überlebenden Partner tief in die Tasche, aber ist nicht ganz unverschämt. Versteuert werden muß nur die Bereicherung, also das angefallene Vermögen abzüglich der Steuerbefreiungen und der Nachlaßverbindlichkeiten. **Nachlaßverbindlichkeiten** sind insbesondere die Schulden des Verstorbenen, Verbindlichkeiten aus Vermächtnissen und Pflichtteilen sowie die **Beerdigungskosten.** Für die Beerdigungskosten wird ein Betrag von 10 000,– DM ohne Nachweis abgezogen. Steuerfrei bleiben ferner der Hausrat einschließlich Wäsche und Kleidungsstücke sowie Kunstgegenstände und Sammlungen (z. B. Briefmarken), soweit der Wert insgesamt 10 000,– DM nicht übersteigt, und andere bewegliche körperliche Gegenstände, soweit der Wert insgesamt 2000,– DM nicht übersteigt. Diese Befreiungen gelten nicht für Gegenstände, die zum land- und forstwirtschaftlichen Vermögen, zum Grundvermögen oder zum Betriebsvermögen gehören, für Zahlungsmittel, Wertpapiere, Münzen, Edelmetalle, Edelsteine und Perlen (§ 13 Abs. 1 ErbStG). Steuerfrei bleibt auch der sog. **Dreißigste** (vgl. oben Abschn. 2); dies gilt wohl auch dann, wenn ihn ein nichtehelicher Partner erhält.

### c) Bleibt ein Partner steuerfrei, wenn er den anderen jahrelang gepflegt hat?

**Beispiel:** Frieda und Martin, mit dem sie seit 1948 zusammenlebt, wegen eines Kriegsleidens bis ins Jahre 1977 betreut. In den letzten 15 Jahren wurde Martin sogar ein Pflegefall. Auch in dieser Zeit pflegte ihn Frieda. Den gemeinsamen Lebensunterhalt bestritt sie durch das von Martin zur Verfügung gestellte Wirtschaftsgeld. Frieda kann nicht verstehen, wieso sie Erbschaftsteuer bezahlen soll, während sie bei einer Stunde „legaler Ehe" steuerfrei bliebe.

Steuerfrei bleibt ein steuerpflichtiger Erwerb bis zu 2000,– DM, der dem Partner anfällt, der den Erblasser unentgeltlich oder gegen unzureichendes Entgelt Pflege oder Unterhalt gewährt hat,

soweit das Zugewendete als angemessenes Entgelt anzusehen ist
(§ 13 Abs. 1 Nr. 9 ErbStG). Bei diesem Betrag handelt es sich um
ein schlechtes Trinkgeld.

Mangels ausdrücklicher Vereinbarungen kann auch keine Ent-
geltlichkeit der Pflegeleistungen unterstellt werden. Die Vermutung spricht bei einem nichtehelichen Zusammenleben dafür, daß
auch eine langjährige Pflege- und Betreuungstätigkeit nicht entgeltlich erbracht werden sollte. Allerdings haben die Partner es in
der Hand, durch eine entsprechende Vereinbarung ein **Dienstver-
hältnis** zu begründen. Übersteigen die Einkünfte nicht den Ein-
kommensteuerfreibetrag, so läßt sich hierdurch eine bedeutende
Einsparung bei der Erbschaftsteuer erreichen, da die Nachlaßschuld den Wert des Vermögens mindert.

### d) Bleiben eine Lebensversicherung oder ein Sparbuch zugunsten des Partners steuerfrei?

**Beispiel:** Martin schließt einen Lebensversicherungsvertrag ab. Als
Bezugsberechtigte benennt er seine Partnerin Frieda. Er hat gehört, bei
Verträgen zugunsten Dritter auf den Todesfall fällt keine Erb-
schaftsteuer an.

Zwar ist im Steuerrecht vieles möglich. Weder der Gesetzgeber
noch das Finanzamt sind allerdings dumm. Deshalb ordnet § 3
Abs. 1 Nr. 4 ErbStG an, daß jeder Vermögensvorteil, der aufgrund eines vom Erblasser geschlossenen Vertrages bei dessen
Tode von einem Dritten unmittelbar erworben wird, als Erwerb
von Todes wegen der Steuerpflicht unterfällt. Zu den Vermögens-
vorteilen, die beim Tod des Erblassers erworben werden, rechnet
insbesondere der Anspruch aus einer vom Erblasser abgeschlosse-
nen Lebensversicherung auf den Todesfall, bei der der Partner als
Begünstigter benannt wurde. Dies gilt selbst dann, wenn die
Rechte aus dem Versicherungsvertrag noch zu Lebzeiten an den
Begünstigten abgetreten wurden, aber der bisherige Versiche-
rungsnehmer die Prämien weiterhin entrichtete.

Klevere Partner schließen die Versicherung in der Weise ab,
daß derjenige, der abgesichert werden soll, selbst Versicherungs-
nehmer wird, und derjenige, dessen Einkommenswegfall abzusichern ist, Versicherter wird. Zur Sicherheit hat auch der Versi-
cherungsnehmer die Prämien selbst zu bezahlen. Denkbar ist
eine Versicherung auf verbundenes Leben. Hier tritt Steuerfrei-

heit nur insoweit ein, als der überlebende Teil im Innenverhältnis die Prämienzahlung getragen hat; im Zweifel wird das je zur Hälfte geschehen sein.

Steuerpflicht besteht – trotz anderslautender Gerüchte – auch bei einem Sparvertrag zugunsten des Partners auf den Todesfall. Hier hilft nur, ein Sparbuch auf den Namen desjenigen anzulegen, der der Gesündere ist.

Bei beiden Tips ist allerdings das Problem einer **Trennung** der Partner zu beachten. Der Trick gegenüber dem Finanzamt kann in diesem Fall – ohne entsprechende interne Vereinbarung – zum „Eigentor" werden.

*e) Welche Möglichkeiten gibt es (hohe) Erbschaftsteuerpflicht zu vermeiden?*

**Beispiel:** Martin verkauft noch kurz vor seinem Tod seine beiden Eigentumswohnungen. Frieda ist über die geerbte halbe Million Deutsche Mark nur zunächst erfreut.

Die Erbschaftsteuer kann man nur dadurch vermeiden, daß man den Partner nichts oder jedenfalls nicht mehr vererbt, als steuerfrei ist. Allerdings gibt es – derzeit noch – die Möglichkeit, den Nachlaßwert und damit die Steuer spürbar zu senken, indem man Immobilien vererbt. Diese werden nämlich gegenwärtig nur mit dem **steuerlichen Einheitswert** und nicht mit dem wirklichen Verkehrswert, der meist ein Vielfaches ausmacht, angesetzt. Die letzte Hauptfeststellung der Einheitswerte des Grundbesitzes hat auf den 01. 01. 1964 stattgefunden. Diese Einheitswerte sind maßgeblich für land- und forstwirtschaftliche Grundstücke. Bei allen anderen Grundstücken ist ein Zuschlag von 40 Prozent zu machen. In den neuen Bundesländern gelten Besonderheiten (§ 37 a Abs. 3 i.V.m. § 133 Bewertungsgesetz).

Allerdings verstößt die Grundbesitzeinheitsbewertung wegen ihrer Auswirkungen im Erbschaftsteuerrecht gegen den Gleichheitssatz. Es ist deshalb nur noch eine Frage der Zeit, bis diese Rechtslage wegen dieses Verstoßes gegen die Verfassung für nichtig erklärt wird. Man wird jedoch damit rechnen können, daß neben einer eventuell allgemeinen Anhebung der Freibeträge Immobiliarvermögen weiterhin bei der Erbschaftsteuer begünstigt sein wird, allerdings nicht mehr so kraß wie derzeit.

## f) Heiraten als „Notlösung"

**Beispiel:** Martin hat erfahren, daß er an Krebs leidet und nur noch kurze Zeit zu leben hat. Als er überraschend schon nach wenigen Tagen in das Krankenhaus eingeliefert wird, bittet Frieda um sofortige Trauung im Krankenhaus. Der Standesbeamte meint, Martin und Frieda hätten längere Zeit zusammengelebt, ohne die Ehe zu schließen, deshalb könnten sie jetzt auch warten.

Unverheirateten Paaren kann, sofern dem überlebenden Partner ein größeres Vermögen hinterlassen wird, nur geraten werden, spätestens kurz vor dem Ableben des Erstversterbenden zu heiraten, sofern das noch möglich ist. Dazu muß der im Sterben liegende Partner noch geschäftsfähig sein, was ein Arzt bescheinigen kann. Eine Trauung ist in Notfällen ohne Einhaltung einer Aufgebotsfrist möglich. Der Standesbeamte darf eine derartige **„Nottrauung"** nicht ablehnen. Auch das Finanzamt muß die kurz vor dem Tode vorgenommene Heirat akzeptieren. Dieser Trick hilft natürlich nur verschiedengeschlechtlichen Paaren, bei denen beide Teile nicht bereits verheiratet sind und bei denen zudem keine Eheverbote (z. B. Verwandtschaft) vorliegen.

## 8. Verfügungen von Todes wegen und Trennung

### a) Gilt die Erbeinsetzung des Partners nach einer Trennung fort?

**Beispiel:** Frieda hat Martin in ihrem Testament zu ihrem Erben eingesetzt. Martin favourisiert eine Dreier-Beziehung, Frieda ist dagegen und zieht aus. Als Martin erkannt hat, daß er doch „monogam" ist, kommt sie wieder zurück. Sie möchte wissen, ob sie ein neues Testament errichten muß.

Lassen sich Ehegatten scheiden, so erlischt nicht nur das gesetzliche Erbrecht, sondern auch Testamente und Erbverträge werden dann im Zweifel unwirksam. Dies gilt auch bei der Einsetzung eines Verlobten, wenn das Verlöbnis vor dem Tode des Erblassers aufgelöst worden ist (§§ 2077, 2268, 2279 BGB). Eine entsprechende Gesetzesvorschrift gibt es für nichteheliche Lebensgemeinschaften nicht. Auch eine analoge Anwendung der genannten Normen lehnt die Rechtsprechung ab.

Die Partner müssen deshalb daran denken, bei einer Trennung das zugunsten des Partners gemachte **Testament** zu **widerrufen** oder zu notarieller Urkunde einen **Rücktritt vom Erbvertrag** zu erklären, soweit dieser vorbehalten wurde. Wird diese „Korrektur" vergessen, gilt die Verfügung von Todes wegen weiter. Ähnlich ist dies – ebenso bei Ehegatten – bei Bezugsberechtigung in **Lebensversicherungs-** und sonstigen Verträgen zugunsten des Partners. Auch hier muß ein Widerruf erfolgen, da sonst trotz einer Trennung der Partner weiterhin Leistungen erhält. Denkbar ist allenfalls, daß den Erben ein Rückforderungsrecht zusteht, da die Geschäftsgrundlage für die Zuwendung weggefallen ist.

Um sämtliche Risiken zu vermeiden, sollte nach einer endgültigen Trennung ein Widerruf bzw. Rücktritt hinsichtlich der Verfügungen von Todes wegen und der zugunsten des Partners bestehenden Verträge auf den Todesfall erklärt werden!

### b) Kann in Verfügungen von Todes wegen eine Unwirksamkeit für den Fall einer Trennung angeordnet werden?

**Beispiel:** Martin und Frieda haben einen Erbvertrag mit einer gegenseitigen Erbeinsetzung errichtet und darin angeordnet, daß der Vertrag mit dem Ende der nichtehelichen Lebensgemeinschaft erlischt. Frieda lernt Kurt kennen und zieht sechs Wochen zu ihm. Doch sie kommt von Martin nicht los und geht deshalb zu ihm zurück. Bald darauf heiraten sie sogar. Als Martin nach zwanzig Jahren verstirbt, beantragen seine Geschwister einen Erbschein, der sie als Miterben ausweist.

Den Partnern steht es selbstverständlich frei, die Geltung ihrer Testamente bzw. eines Erbvertrages vom Bestand der Lebensgemeinschaft abhängig zu machen. Allerdings ist das Ende einer nichtehelichen Lebensgemeinschaft schwieriger festzustellen als eine Scheidung bzw. das Vorliegen der Scheidungsvoraussetzungen bei Ehegatten und wohl auch als der Bruch einer Verlobung. Die damit verbundene Unsicherheit, ob eine Verfügung gilt oder nicht, können enterbte Personen benutzen, die Wirksamkeit der Zuwendung an den Partner zu bestreiten. Deshalb ist es im Regelfall besser, keine diesbezügliche Bedingung aufzunehmen, sondern die Verfügung später gegebenenfalls zu beseitigen. Auch der Gesetzgeber hat die Trennung von Ehegatten, die oft rückgängig gemacht wird, nicht als ausreichend angesehen, um eine Verfügung unwirksam werden zu lassen. Wer seinem Gedächtnis nicht traut und das Risiko einer behaupteten Unwirksamkeit tragen will, sollte darauf achten, daß die Verfügung nur bei einer Trennung (besser: einem nicht berufsbedingten Auszug) entfällt, nicht aber beim „Ende der nichtehelichen Lebensgemeinschaft". Andernfalls könnte eine Heirat die Alleinerbeneinsetzung des Partners beseitigen.

### c) Bleibt eine Verfügung bei einer Eheschließung und einer späteren Scheidung bestehen?

**Beispiel:** Die Beziehung zwischen Klaus und Gerda ist facettenreich. Zunächst leben sie unverheiratet zusammen. In dieser Zeit errichten sie einen Erbvertrag, in dem sie sich gegenseitig zu Erben einsetzen. Später heiraten sie, lassen sich scheiden und verbringen dann ihre „alten" Tage ohne Trauschein zusammen. Gilt der alte Erbvertrag noch?

Im Normalfall kann man davon ausgehen, daß eine Erbeinsetzung des Partners auch nach einer Eheschließung Gültigkeit haben soll. Problematischer ist dies, wenn der Partner nach der Verfügung weniger erhält, als seinem Erbteil als Ehegatte entspricht. Es empfiehlt sich deshalb, in solchen Fällen eine diesbezügliche Klarstellung aufzunehmen.

Nachdem sich die Partner bereits als Unverheiratete bedacht haben, können sich außerdem Zweifel ergeben, ob die entsprechende Verfügung nicht auch von einer Scheidung unberührt bleiben soll. Auch hier ist ein Hinweis auf das Gewollte nützlich. Nach einer Scheidung sollten Partner, die wieder zusammengefunden haben, auf jeden Fall neue Verfügungen von Todes wegen errichten, wobei diese selbstverständlich wieder den Inhalt der bisherigen haben können.

# 9. Kapitel:
## Zusammenleben mit Ausländern

## I. Formlose Ehen und nichteheliche Lebensgemeinschaften in fremden Rechtsordnungen

### 1. Formlose Ehen

In den meisten Ländern der Welt ist für die Wirksamkeit einer Eheschließung die Mitwirkung einer öffentlichen Behörde und die Eintragung in ein amtliches Register notwendig. Jedoch existieren noch eine Reihe von Staaten, in denen eine Ehe durch den bloßen, auf die sofortige Eheschließung gerichteten Konsens und die anschließende Beiwohnung zustande kommt; zu ihnen gehören einige Südstaaten der USA. Auch in islamisch geprägten Rechtsordnungen stellt die Ehe im Kern einen privatrechtlichen Kaufvertrag dar, für den allerdings zwischenzeitlich meist die Einhaltung einer bestimmten Form und seine Registrierung gefordert werden.

In manchen Staaten kann eine „faktische Ehe" nach einer bestimmten Dauer des Zusammenlebens, z. B. in Südaustralien nach fünfjährigem Zusammenleben, oder bei Geburt eines Kindes zusammen wohnender Partner durch gerichtliche Feststellung in eine „richtige" Ehe umgewandelt werden. Deren Anerkennung wirkt auf den Zeitpunkt des Beginns der Verbindung zurück. Eine derart durch Richterspruch „gestiftete" Ehe hat dieselben Wirkungen wie eine „standesamtlich" geschlossene.

### 2. „Freie Verbindungen"

Bei den vorstehenden Fallgruppen handelt es sich um Ehen, bei denen lediglich die „Trauungszeremonie" wesentlich von denen in Westeuropa überwiegenden abweicht. Daneben haben europäische und außereuropäische Rechtsordnungen nichteheliche Lebensgemeinschaften teilweise in den Rang einer Einrichtung des Familienrechts erhoben, ähnlich dem Verlöbnis in Deutschland, und in einzelnen Beziehungen der Ehe angeglichen. Bekannt sind derartige „Ehen minderer Qualität" aus Lateinamerika, aber auch die japanische „Naien"-Beziehung. Die früheren jugoslawischen Republiken Kroatien und Slowenien sahen vor, daß eine längere Zeit dauernde Lebensgemeinschaft zwischen einem Mann und einer Frau die gleichen Folgen für sie hat, als wenn sie eine Ehe geschlossen hätten. Auch die skandinavischen Länder haben die nichteheliche Lebensgemeinschaft in Teilaspekten der Ehe gleichgestellt. Nach dem 1988 in Kraft getretenen schwedischen Gesetz über das gemeinsame Hab und Gut der in nichtehelicher Lebensgemeinschaft Zusammenlebenden wird bei einer Trennung eines unverheirateten Mannes und einer unverheirateten Frau oder gleichgeschlechtlicher Partner, die unter eheähnlichen Verhältnissen zusammengelebt hatten, auf Antrag eines Teils eine Güterteilung durchgeführt, sofern diese nicht vertraglich abbedungen wurde. Der Aufteilung sind diejenigen Gegenstände unterworfen, die zur gemeinsamen Nutzung angeschafft wurden. Auch eine Wohnungszuweisung an denjenigen, der den größeren Bedarf an der Wohnung hat, ist möglich. Gesetzliche Unterhaltsansprüche unverheirateter Partner kennt auch das schwedische Recht nicht. Das Sorgerecht für ein nichteheliches Kind steht im Grundsatz der Mutter zu. Allerdings kann das Sorgerecht auch dem Vater zugesprochen oder den Eltern gemeinsam übertragen werden. Das Umgangsrecht steht dem nichtehelichen Vater ebenso wie einem geschiedenen Mann zu.

Eine gewisse Sonderstellung nimmt das am 1. 10. 1989 in Kraft getretene dänische Gesetz über registrierte Partnerschaften ein. Es erkennt gleichgeschlechtliche Verbindungen zwischen Männern und Frauen an, beschränkt allerdings auf zwei Partner. Diese können ihre Partnerschaft registrieren lassen, allerdings ohne das standesamtliche Trauungszeremoniell und die notwendige Anwesenheit von zwei Zeugen. Die „schlichte Hochzeit" hat allerdings dieselben Rechtswirkungen wie die Ehe. Registrierte Partner stehen grundsätzlich im Sozial-, Unterhalts-, Güterrecht und Scheidungsrecht Ehegatten gleich. Sie können auch Eheverträge abschließen. Möglich scheint auch die Führung eines gemeinsamen Familienunternehmens zu sein. Eine wichtige Ausnahme hat der Gesetzgeber allerdings gemacht: Die gemeinschaftliche Adoption eines Kindes durch beide homosexuellen Partner ist unzulässig. Dagegen gilt die Gleichstellung wiederum im Erb- und Erbschaftsteuerrecht.

**Beispiel:** Konrad und Gerhard wollen in Dänemark endlich heiraten, nachdem ihnen der deutsche Staat diese Möglichkeit „verwehrt". Sie hoffen, daß ihre „Ehe" dann auch im Inland anerkannt wird.

Im dänischen Parlament wurde befürchtet, daß Dänemark durch die Möglichkeit der Registrierung homosexueller Partnerschaften zum „Eldorado der Lesben und Schwulen" werde. Deshalb wurde in das Gesetz eine Vorschrift aufgenommen, wonach die Partnerschaftsregistrierung nur geschehen kann, falls beide Partner oder zumindest einer von ihnen, ihren Wohnsitz in Dänemark haben und die dänische Staatsangehörigkeit besitzen. Eine bloße Aufenthaltserlaubnis genügt – anders als bei der Eheschließung heterosexueller Paare – nicht.

Als letztes Beispiel für die teilweise Gleichstellung des eheähnlichen Zusammenlebens eines Mannes und einer Frau sei das israelische Recht erwähnt. Partner, die zusammenleben und sich in der Gesellschaft wie ein Ehepaar verhalten, werden in sozialversicherungsrechtlichen Gesetzen und im Mietrecht Ehegatten gleichgestellt. Unterhalts- und güterrechtliche Beziehungen bestehen zwischen ihnen jedoch nicht; allerdings steht ihnen frei, diesbezügliche Vereinbarungen zu treffen. Die elterliche Sorge steht unabhängig davon, ob die Eltern verheiratet sind, ohnehin beiden zu. Weithin bekannt ist § 55 des israelischen Erbgesetzes. Danach besteht im Ergebnis zugunsten nichtehelicher Partner, die in einem gemeinsamen Haushalt zusammenleben und sich in der Öffentlichkeit wie Mann und Frau verhalten, ein gesetzliches Erbrecht. Auch erbschaftsteuerlich wird der Partner einem Ehegatten gleichgestellt, allerdings gilt dies nur für Erblasser, die im Zeitpunkt des Erbfalls nicht anderweitig verheiratet waren.

**Beispiel:** Die deutsche Gabi lebte mit dem israelischen Staatsangehörigen Simon in München ohne Trauschein zehn Jahre zusammen. Nach seinem Tode will das Nachlaßgericht keinen Erbschein erteilen, der Gabi neben der erstehelichen Tochter von Simon als Erben ausweist, da nichteheliche Partnerschaften in Deutschland zwar toleriert, aber nicht rechtlich anerkannt seien.

Aus der Sicht des deutschen Rechts unterliegt die Rechtsnachfolge von Todes wegen dem Recht des Staates, dem der Verstorbene im Zeitpunkt seines Todes angehörte. Danach erbt beim Ableben eines israelischen Staatsangehörigen, der mit seinem Partner zusammenlebte, auch dieser aufgrund des israelischen

Erbgesetzes. Dessen diesbezügliche Bestimmung verstößt nicht gegen die guten Sitten. Stirbt zuerst der deutsche Teil, so wird jedoch umgekehrt sein israelischer Partner nicht automatisch Erbe, da hier für den im Inland belegenen Nachlaß allein das deutsche Recht gilt.

## II. Anwendbares Recht für nichteheliche Partnerschaften

### 1. Welches Recht gilt für nichteheliche Partner?

#### a) Erbrecht, Verletzung und Tötung des Partners sowie Sorgerecht

**Beispiel:** Gabi besitzt die deutsche Staatsangehörigkeit, Olaf die schwedische. Beide leben in Hamburg ohne Trauschein zusammen und haben ein gemeinschaftliches Kind. Gabi möchte wissen, welches Recht bei einer Trennung oder dem Tode von Olaf gilt.

Spezielle Vorschriften für nichteheliche Lebensgemeinschaften fehlen auch im deutschen internationalen Privatrecht. Allerdings sind eine Reihe von Rechtsfragen vom Bestehen der Partnerschaft unabhängig. Dies gilt beispielsweise für die Frage der Erbberechtigung nach einem ausländischen Partner. Diesbezüglich ist dessen Rechtsordnung maßgebend (Art. 25 EGBGB); verweist diese wiederum auf deutsches Recht zurück, weil der Verstorbene hier seinen letzten Wohnsitz hatte, so geht der Partner leer aus, falls keine Verfügung von Todes wegen vorliegt. Nach dem Deliktsrecht des Staates, in dem eine entsprechende Handlung begangen wurde, richtet sich die Frage, ob ein Lebensgefährte Schadensersatz wegen Verletzung oder Tötung des Partners verlangen kann. War der Schädiger Deutscher, so können gegen ihn vor deutschen Gerichten allerdings keine weitergehenden Ansprüche als nach deutschen Gesetzen geltend gemacht werden (Art. 38 EGBGB).

Das Sorgerecht für ein nichteheliches Kind beurteilt sich nach dem Recht des Staates, in dem das Kind seinen gewöhnlichen Aufenthalt hat. Dies gilt auch, wenn ein Partner und das Kind die deutsche Staatsangehörigkeit besitzen. Etwas anderes würde nur gelten, wenn das ausländische Recht etwas anderes bestimmt.

### b) Wonach beurteilen sich Unterhaltspflichten?

Gesetzliche Unterhaltspflichten zwischen den Partnern richten sich nach Art. 18 EGBGB bzw. dem Haager Unterhaltsübereinkommen von 1978, die entsprechend anzuwenden sind. Maßgeblich sind danach die Vorschriften, die am gewöhnlichen Aufenthalt des Unterhaltsberechtigten gelten. Für in Deutschland lebende gemischt-nationale Partnerschaften besteht deshalb kein Unterhaltsanspruch. Anders ist dies für unverheiratete Paare mit derselben Staatsangehörigkeit, die in Deutschland wohnen. Bei ihnen läßt die gemeinsame Staatsangehörigkeit den nach ihrem Recht begründeten Anspruch bestehen. Deshalb kann z. B. zwischen slowenischen Gastarbeitern, die in Deutschland ohne Trauschein auf Dauer zusammenleben, auch vor deutschen Gerichten auf Unterhalt geklagt werden. Ein Unterhaltsanspruch besteht auch bei gemischt-nationalen Partnerschaften, wenn diese ihren gewöhnlichen Aufenthalt in einem Staat haben, der eine diesbezügliche gesetzliche Vorschrift (z. B. u. a. Teile von Kanada und Australien) vorsieht. Besonderheiten bestehen jedoch hinsichtlich des Unterhalts, den ein Vater der Mutter aufgrund der von ihm „verursachten" Schwangerschaft schuldet; hier gilt das Recht des Staates, dem die Mutter bei der Geburt des Kindes angehört.

### c) Nach welchem Recht ist über die Vermögensauseinandersetzung bei einer Trennung zu entscheiden?

Hinsichtlich der Frage, welchem Recht vermögensrechtliche Ausgleichsansprüche unterliegen, die die Angehörigen einer nichtehelichen Lebensgemeinschaft aus Anlaß einer Trennung gegeneinander geltend machen, herrscht unter den deutschen Juristen eine lebhafte und – wie für Juristen üblich – äußerst kontroverse Diskussion. Die Antworten reichen von einer Gleichstellung mit dem Ehegüterrecht bis zu der Aufassung, daß schlichtweg keine Ansprüche existieren, sich das Problem also gar nicht stelle.

Unter dem Vorbehalt, daß die Gerichte vielleicht doch anders entscheiden, wird man sagen können, daß es zunächst darauf ankommt, auf welche Rechtsvorschriften sich der Ausgleich begehrende unverheiratete Partner beruft. Wird ein Anspruch,

z. B. auf Güterteilung, geltend gemacht, der aus dem Güterrecht des entsprechenden Staates stammt, so ist primär an die gemeinsame Staatsangehörigkeit, hilfsweise – bei unterschiedlicher Staatsangehörigkeit der Partner – an das Recht des gemeinsamen gewöhnlichen Aufenthalts anzuknüpfen. Zu fragen ist also: Hatten die Partner bei Auflösung ihrer Gemeinschaft dieselbe Staatsangehörigkeit, wenn nein, wo hatten sie zuletzt gemeinsam ihren gewöhnlichen Aufenthalt?

Kommt danach ausländisches Recht zur Anwendung, das einen Vermögensausgleich zwischen unverheirateten Partnern bei einer Trennung vorsieht, ist zu prüfen, ob dies auch gilt, wenn die Lebensgemeinschaft in Deutschland geführt wurde. Manche Rechtsordnungen sehen nämlich einen Ausgleich nur vor, wenn die Lebensgemeinschaft längere Zeit in diesem Staat geführt wurde und dort auch das gemeinsame Vermögen „erwirtschaftet" wurde (so z. B. die Rechtslage in New South Wales). Erfolgt keine Rückverweisung (z. B. nach slowenischem Recht), so findet auch in Deutschland zwischen den ausländischen Partnern ein Vermögensausgleich statt. Ist ein Partner einer im Inland geführten Lebensgemeinschaft Deutscher, so bestehen keine familienrechtlichen Ausgleichsansprüche. Wird eine Partnerschaft im Ausland geführt, sollte man sich über die dort geltende Rechtslage informieren. So wurde beispielsweise in Frankreich entschieden, daß für den Teilungsanspruch eines portugiesischen Mannes, der mit seiner Freundin unverheiratet in Frankreich zusammengelebt hatte, trotz gemeinsamer Staatsangehörigkeit französisches Recht anwendbar sei. Für den Mann war dies bitter, seine Partnerin hatte nämlich den gesamten Hausrat und das Guthaben auf dem gemeinsamen Konto nach Portugal „mitgenommen".

Macht ein Partner nach einer Trennung keine güterrechtlichen Ansprüche, sondern schuldrechtliche Ansprüche, z. B. wegen des Bestehens einer Innengesellschaft oder wegen Schenkungswiderrufs geltend, so sind die Regeln des nationalen Schuldrechts anzuwenden. Maßgeblich ist somit das Recht des Staates, in dem die Partner das Rechtsgeschäft tätigten. Für eine Zuwendung, die nicht (ausländischen) Güterrechtsvorschriften unterliegt, gelten somit die Rechtsvorschriften des Staates, in dem diese erfolgte.

## 2. Können Paare in Partnerschaftsverträgen die Anwendung bestimmter Rechtsvorschriften vereinbaren?

**Beispiel:** Die deutsche Staatsangehörige Gabi und der Schwede Olaf leben in Hamburg zusammen. Sie überlegen, ob sie hinsichtlich der von Gabi gekauften und von Olaf mitfinanzierten Eigentumswohnung einen Vertrag über eine Innengesellschaft schließen können.

Auch Partnern einer nichtehelichen Lebensgemeinschaft steht es frei, ihre Beziehungen schuldrechtlich, d. h. insbesondere durch Kauf-, Darlehens- und Gesellschaftsverträge, auszugestalten. Dabei können sie auch die anwendbare Rechtsordnung autonom wählen, soweit damit nicht zwingende Vorschriften umgangen werden.

**Beispiel:** Gabi wäre es lieber, wenn das deutsche Güterrecht oder zumindest die fortschrittlichen schwedischen Gesetze für nichteheliche Lebensgemeinschaften für ihre Partnerschaft gelten würden.

Sofern die Partner in ihrem Vertrag eine Regelung treffen wollen, die **familienrechtlicher** Natur ist, sind sie in Deutschland nicht frei, dies zu tun. Die Wahl des deutschen Güterstandes ist nur Ehegatten möglich, deshalb können unverheiratete Partner nicht die deutsche Zugewinngemeinschaft „vereinbaren". Dagegen lassen manche Rechtsordnungen die Wahl ihres Ehegüterrechts durch unverheiratete Paare zu. So hat der Supreme Court von Kalifornien im bekannten Fall „Lee Marvin" entschieden, daß Erwachsene, die aus freiem Willen zusammenleben und eine sexuelle Beziehung miteinander haben, einvernehmlich ihre Einkommen teilen und das gesamte während des Bestehens der Lebensgemeinschaft erworbene Vermögen im Güterstand der Gütergemeinschaft besitzen können. Das deutsche Recht verwehrt es Staatsangehörigen von Staaten, die ihren Angehörigen derartige Vereinbarungen gestatten, auch wenn sie in der Bundesrepublik wohnen, nicht, Verträge nach ihrem Heimatrecht zu schließen. Ob auch ein ausländischer und ein deutscher Partner, die im Inland leben, die entsprechenden Bestimmungen des Rechts des ausländischen Partners wählen können, ist zweifelhaft und wird nach überwiegender Ansicht verneint. Auch unverheirateten Deutschen, die im Ausland leben, soll es nicht gestattet sein, sich dem dort für nicht verheiratete Paare geltenden Güterrecht zu unterstellen. Allerdings kann es in beiden Fällen sein, daß die ausländische Rechtsordnung derartige Vereinbarungen anerkennt. Deshalb kann ein derartiger „hinkender" Partnerschaftsvertrag für Vermögen, das sich im Ausland befindet, doch von Bedeutung sein.

### III. Schutz vor Ausweisung beim Zusammenleben mit einem deutschen Partner?

**Beispiel:** Die Aufenthaltserlaubnis der Thailänderin Li, die mit Martin zusammenlebt, ist abgelaufen. Martin ist der Meinung, daß eine Verlängerung bei Bestehen einer eheähnlichen Gemeinschaft kein Problem sei.

Ausländische Ehegatten deutscher Staatsangehöriger können nur in extremen Ausnahmefällen aus der Bundesrepublik ausgewiesen werden, da Art. 6 GG die Ehe schützt. Für eheähnliche Gemeinschaften gilt dies nicht. Unverheiratete, in einer Lebensgemeinschaft mit einem deutschen Partner lebende Ausländer können deshalb unter Beachtung der ausländerrechtlichen Vorschriften ausgewiesen werden. Wie bei der Erbschaftsteuer hilft dagegen nur eine rasche Heirat. Die Partner können trotz des Trauscheins im übrigen ihre bisherige Lebensführung beibehalten: Sie brauchen keine gemeinsame Wohnung, keinen Familiennamen und können das Scheidungsrecht durch Ehevertrag abbedingen. Selbst auf die gegenseitigen Erb- und Pflichtteilsrechte kann verzichtet werden. Bei einer späteren Scheidung stehen die Partner dann so, als wären sie nie verheiratet gewesen. Damit bleibt kein Argument gegen eine – wirklich gewollte und nicht nur zum Schein erfolgte – Eheschließung in der geschilderten Situation außer dem, daß ein Partner bereits verheiratet ist oder es sich um eine gleichgeschlechtliche Lebensgemeinschaft handelt.

# Anhang: Wichtige Gerichtsentscheidungen

# Anhang:
## Wichtige Gerichtsentscheidungen

*1. Zur Definition der eheähnlichen Gemeinschaft und zum
Schutz nichtehelichen Zusammenlebens*

### a) Bundesverfassungsgericht, 17. November 1992– 1 Bvl 8/87

Nach der Auffassung des Bundesverfassungsgerichts ist die eheähnliche Lebensgemeinschaft eine typische Erscheinung des sozialen Lebens. Anknüpfend an den Begriff der Ehe definiert es die nichteheliche Lebensgemeinschaft als eine Lebensgemeinschaft unter Frau und Mann, die auf Dauer angelegt sein muß. Sie darf daneben keine weiteren Gemeinschaften gleicher Art zulassen und muß sich auszeichnen durch innere Bindungen, die ein gegenseitiges Einstehen in Wechselfällen des Lebens füreinander begründen und die über eine reine Haushalts- und Wirtschaftsgemeinschaft hinausgehen. Als Kriterien für das Vorliegen einer solchen Partnerschaft können dem Urteil zufolge die gemeinsame Sorge für ein Kind oder für Angehörige, die Dauer des Zusammenlebens und die Befugnis, über Einkommen und Vermögen des Lebensgefährten zu verfügen, angesehen werden. Nicht erforderlich ist dagegen eine Geschlechtsgemeinschaft der nicht verheirateten Partner, worauf das Bundesverfassungsgericht ausdrücklich hinweist.

### b) Bundesverfassungsgericht, 24. März 1981 – 1 BvR 1516/78 und 964, 1337/804).

Die Erziehung und Betreuung eines minderjährigen Kindes durch Mutter und Vater innerhalb einer harmonischen Gemeinschaft gewährleistet ... am ehesten, daß das Kind zu einer eigenverantwortlichen Persönlichkeit innerhalb der Gesellschaft heranwächst, wie sie dem Menschenbild des Grundgesetzes entspricht ... Um dieses Erziehungsziel zu erreichen, ist der Staat nicht nur berechtigt, sondern auch verpflichtet, die Lebensbedingungen zum Wohl des Kindes zu sichern, die für sein gesundes Aufwachsen erforderlich sind. Selbst wenn er dabei im Interesse des Kindeswohls und in Übereinstimmung mit der Verfassung ... die Wahrnehmung der Elternverantwortung in einer auf Ehe beruhenden Gemeinschaft für die beste Lösung hält, gebietet es Art. 2 Abs. 1 GG, daß er die Entscheidung der Eltern akzeptiert, keine Ehe miteinander eingehen zu wollen. Die Weigerung der Eltern, ihre personalen Beziehungen im Rahmen der Institution Ehe zu verwirklichen, enthebt den Gesetzgeber aber nicht seiner sich aus Art. 6 Abs. 5 GG ergebenden Verpflichtung, die Lage ihres Kindes möglichst weitgehend an die eines ehelichen Kindes anzupassen. Dabei verlangt es Art. 6 Abs. 2 Satz 1 GG, den persönlichen Einsatz des nichtehelichen Vaters für sein Kind hinreichend zu berücksichtigen. Das geschieht zunächst dadurch, daß der Gesetzgeber nach dem in Art. 6 Abs. 2 GG enthaltenen Grundsatz der Subsidiarität staatlichen Eingreifens von rechtlichen Reglementierungen des zwischen Vater und Kind bestehendes Lebensverhältnisses absieht. Die Nähe des Vaters zu seinem Kind und das Zusammenleben der Eltern mit ihrem Kind betreffen den Bereich der faktischen personalen Lebensgestaltung und sind insoweit auch ohne Vermittlung durch das Institut der Ehe zu verwirklichen. Ein nichteheliches Kind, das von seinen Eltern betreut wird, die sich für eine freie Partnerschaft entschieden haben, hat Mutter und Vater. Die Bedingungen für seine körperliche und seelische Entwicklung sind während der bestehenden Gemeinschaft seiner Eltern die gleichen wie die eines ehelichen Kindes, das bei seinen Eltern lebt. Der Gesetzgeber braucht bei dieser Gestaltung der Beziehungen der Eltern eines nichtehelichen Kindes zueinander und zu ihrem Kind kein tatsächliches Vaterdefizit des nichtehelichen Kindes auszugleichen . . .

## 2. *Hauskauf-Fall*

### (Bundesgerichtshof, 24. März 1980 – II ZR 191/79)

**Sachverhalt:** Die Kläger sind Erben des im Januar 1977 verstorbenen Kaufmanns K. Dieser hatte seit 1970 mit der Beklagten zusammengelebt. Diese erwarb im März 1975 ein Haus, in dem sie hernach mit dem Erblasser wohnte. Dieser zahlte auf den Kaufpreis 81 000,– DM an. Zur weiteren Finanzierung nahmen beide ein Darlehen auf. Die ersten zwanzig Rückzahlungsraten von insgesamt 39 292,– DM wurden aus dem Vermögen des Erblassers geleistet. Die Kläger behaupten, damit habe der Erblasser der Beklagten nur ein Darlehen gewährt, und verlangen die Zahlung der 39 292,– DM nebst Zinsen an die Erbengemeinschaft. Die Beklagte hat erwidert, sie habe das Haus nur auf Veranlassung des Erblassers gekauft; auf ihren Einwand, den Kaufpreis nicht aufbringen zu können, habe er wiederholt erklärt, er werde ihr das Haus schenken. Der Bundesgerichtshof hat die Klage abgewiesen.

**Aus den Gründen:**

1. ... ein Ausgleichsanspruch der Erbengemeinschaft (läßt) sich nicht auf eine gesellschaftsrechtliche Grundlage stützen... Dazu bedarf es hier keiner allgemeinen Auseinandersetzung mit den Rechtsproblemen der nichtehelichen Lebensgemeinschaft und auch keiner näheren Erörterung der Frage, wann bei der Abwicklung einer solchen Lebensgemeinschaft gesellschaftsrechtliche Normen angewendet werden können... Die Möglichkeit, in diesem Bereich unter Umständen gesellschaftsrechtliche Grundsätze anzuwenden, hat der erkennende Senat zwar in seinem Urteil vom 1. April 1965 – II ZR 182/62 ... bereits für den Fall bejaht, daß beide Partner in jahrelanger nichtehelicher Lebensgemeinschaft durch gemeinsame Arbeit, Bereitstellung von Geldmitteln und anderen Leistungen zum Bau und zur Erhaltung eines zwar auf den Namen des Mannes eingetragenen, aber als gemeinsames Vermögen betrachteten Wohnhauses beigetragen hatten. Mindestvoraussetzung dafür, derartige Regeln in Betracht zu ziehen, ist aber, daß die Parteien überhaupt die Absicht verfolgt haben, mit dem Erwerb eines Vermögensgegenstandes einen – wenn auch nur wirtschaftlich – gemeinsamen Wert zu schaffen, der von ihnen für die Dauer der Partnerschaft nicht nur gemeinsam benutzt werden würde, sondern ihnen nach ihrer Vorstellung auch gemeinsam gehören sollte ... Dagegen spricht ..., daß der Erblasser zwar die Teilzahlungen geleistet hat, das Hausgrundstück aber gerade von der Beklagten erworben und sie allein im Grundbuch als Eigentümerin eingetragen worden ist. Anhaltspunkte dafür, daß die Partner das nur aus besonderen Gründen so gehandhabt und dennoch mit dem Grundstückserwerb eine gemeinsame Wertschöpfung im Auge gehabt hätten, hat die Klägerin nicht vorzutragen vermocht . .. Es liegt unter solchen Umständen nicht viel anders als in dem Fall, daß einer der Partner ein Grundstück von einer Seite erbt, dieses zur gemeinschaftlichen Nutzung zur Verfügung stellt und der andere Partner dazu beiträgt, noch auf dem Grundstück lastende Hypothekenschulden abzutragen.

2. ... eine Pflicht der Beklagten zum Ausgleich der vom Erblasser übernommenen Kreditrückzahlungen ... besteht (nicht). Bei einer nichtehelichen Lebensgemeinschaft stehen die persönlichen Beziehungen derart im Vordergrund, daß sie auch das die Gemeinschaft betreffende vermögensmäßige Handeln der Partner bestimmen und daher nicht nur in persönlicher, sondern auch in wirtschaftlicher Hinsicht grundsätzlich keine Rechtsgemeinschaft

besteht. Wenn die Partner nicht etwas besonderes unter sich geregelt haben, werden dementsprechend persönliche und wirtschaftliche Leistungen nicht gegeneinander aufgerechnet. Beiträge werden geleistet, sofern Bedürfnisse auftreten, und, wenn nicht von beiden, so von demjenigen erbracht, der dazu in der Lage ist. Soweit nachträglich noch etwas ausgeglichen wird, geschieht dies aus Solidarität, nicht in Erfüllung einer Rechtspflicht, wie überhaupt Gemeinschaften dieser Art – ähnliche wie einer Ehe – die Vorstellung, für Leistungen im gemeinsamen Interesse könnten ohne besondere Vereinbarungen „Gegenleistungen", „Wertersatz", „Ausgleichung", „Entschädigung" verlangt werden, grundsätzlich fremd ist. Das ist mit gemeinschaftlichen Schulden nicht anders, die im Interesse des Zusammenlebens eingegangen und von dem einen oder anderen Teil abbezahlt werden. Der Gedanke, der andere Teil solle von Rechts wegen ausgleichspflichtig sein, liegt ganz besonders fern, wenn – was im vorliegenden Falle unstreitig ist – überhaupt nur dem einen der beiden Partner (hier dem Erblasser) nach den beiderseitigen Einkommensverhältnissen die Mittel zur Verfügung stehen, um die anstehenden Zins- und Tilgungsraten aufzubringen, und daher von dem anderen Teil von vornherein ein Ausgleich in Geld gar nicht erwartet werden kann. Eine Ausgleichspflicht nach Kopfteilen, wie sie § 426 Abs. 1 Satz 1 BGB vorsieht, wird daher den tatsächlichen Verhältnissen einer nichtehelichen Lebensgemeinschaft nicht gerecht; durch deren Eigenart ist vielmehr „ein anderes" dahin „bestimmt", daß die Leistung, die ein Partner im gemeinsamen Interesse erbracht hat, jedenfalls dann, wenn darüber nichts anderes vereinbart worden ist, von dem anderen Teil nicht auszugleichen ist.

3. Aus dem Gesichtspunkt der §§ 138, 817 BGB ergibt sich nichts Gegenteiliges. Zuwendungen in einer nichtehelichen Lebensgemeinschaft, die auf Dauer angelegt und von inneren Bindungen getragen ist, sind nicht sittenwidrig, wenn nicht besondere Umstände hinzutreten.

### 3. *Gemeinschaftliche Wertschöpfung durch Wohnungskauf*
**(Bundesgerichtshof, 4. November 1991 – II ZR 26/91)**

**Sachverhalt:** Die Parteien zogen zu einer Zeit, als beide noch verheiratet waren (allerdings nicht miteinander), gemeinsam in eine Wohnung, welche die Klägerin mit notariellem Kaufvertrag als Alleineigentümerin erworben hatte. In diesem Vertrag ist ein Kauf-

preis von 195 000,– DM ausgewiesen. Dieser Kaufpreis wurde in
Höhe von 75 000,– DM von dem Beklagten und in Höhe von
120 000,– DM aus einem Bankkredit entrichtet, dessen Tilgung die
Klägerin übernommen hat. Die Klägerin ist zwischenzeitlich
geschieden. Der Beklagte ist zu seiner Familie zurückgekehrt. Die
Klägerin fordert vom Beklagten Rückzahlung verschiedener Darlehen, die sie ihm gewährt habe. Der Beklagte hat Widerklage auf
Rückzahlung seiner Aufwendungen für den Wohnungskauf erhoben. Der Bundesgerichtshof hat die Sache an das Berufungsge-
richt zurückverwiesen.

**Aus den Gründen:**
  1. Die Parteien lebten in einer nichtehelichen Lebensgemeinschaft. Bei einer solchen Gemeinschaft stehen die persönlichen
Beziehungen derart im Vordergrund, daß sie auch das die Gemeinschaft betreffende vermögensmäßige Handeln der Partner bestimmen und daher nicht nur in persönlicher, sondern auch in wirtschaftlicher Hinsicht keine Rechtsgemeinschaft besteht. Wenn die
Partner nicht etwas besonderes unter sich geregelt haben, werden
dementsprechend persönliche und wirtschaftliche Leistungen nicht
gegeneinander aufgerechnet ... Ein Ausgleichsanspruch nach den
Vorschriften über die bürgerlichrechtliche Gesellschaft kann allerdings bestehen, wenn die Partner einer nichtehelichen Lebensgemeinschaft ausdrücklich oder durch schlüssiges Verhalten einen
entsprechenden Gesellschaftsvertrag geschlossen haben. Auch
wenn ein ausdrücklich oder stillschweigend geschlossener Gesellschaftsvertrag nicht vorliegt, bejaht der Senat die Möglichkeit, im
Bereich der nichtehelichen Lebensgemeinschaften unter Umständen gesellschaftsrechtliche Grundsätze anzuwenden. Das gilt u. a.
für den Fall, daß beide Partner in nichtehelicher Lebensgemeinschaft durch gemeinsame Leistungen zum Bau und Erhaltung
eines zwar auf den Namen des einen Partners eingetragenen, aber
als gemeinsames Vermögen betrachteten Anwesens beigetragen
hatten ... Mindestvoraussetzung dafür, derartige Regeln in
Betracht zu ziehen, ist aber, daß die Parteien überhaupt die Absicht
verfolgt haben, mit dem Erwerb des Vermögensgegenstandes
einen – wenn auch nur wirtschaftlich – gemeinschaftlichen Wert zu
schaffen, der von ihnen für die Dauer der Partnerschaft nicht nur
gemeinsam benutzt werden würde, sondern ihnen nach ihrer Vorstellung auch gemeinsam gehören sollte.
  2. Nach der bisherigen Rechtsprechung des Senats spricht es

gegen die Absicht der Partner, mit dem Erwerb eines Vermögensgegenstandes, insbesondere eines Baugrundstücks oder Familienhauses, einen gemeinschaftlichen Wert zu schaffen, wenn der eine Partner zwar (ebenfalls) Leistungen für den Erwerb erbringt, der andere Partner aber Alleineigentümer wird . . .; der Umstand, daß der Partner, der nicht Eigentümer wird, zum Erwerb in erheblichem Umfang beigetragen hat, vermöge für sich allein hieran grundsätzlich nichts zu ändern . . . Diese Rechtsprechung ist auf Kritik gestoßen . . . Ihr ist darin zuzustimmen, daß für Partner, die mit dem Erwerb eines Vermögensgegenstandes einen wirtschaftlich gemeinsamen Wert schaffen wollen, der ihnen nach ihrer Vorstellung auch gemeinsam gehören soll, die formal-dingliche Zuordnung dieses Gegenstandes nach außen aus verschiedenen Gründen in den Hintergrund treten kann. Die Position des Alleineigentümers kann infolgedessen nicht in jedem Falle als ausschlaggebendes Indiz gegen eine – wirtschaftlich gesehen – gemeinschaftliche Wertschöpfung herangezogen werden. Soweit sich die Absicht der gemeinschaftlichen Wertschöpfung nicht bereits aus den getroffenen Absprachen . . . oder etwa aus Äußerungen des dinglich allein berechtigten Partners gegenüber Dritten . . . zweifelsfrei ergibt, können im Rahmen einer Gesamtwürdigung jedenfalls bei Vermögenswerten von erheblicher wirtschaftlicher Bedeutung, wozu in der Regel auch ein gemeinsam erworbenes oder erbautes Haus oder eine gemeinsam gekaufte Eigentumswohnung zählen . . ., wesentliche Beiträge des Partners, der nicht (Mit-) Eigentümer ist, einen Anhaltspunkt für eine gemeinschaftliche Wertschöpfung bilden. Ob das der Fall ist und welche Beiträge im einzelnen eine solche Annahme nahelegen, läßt sich nur von Fall zu Fall entscheiden und hängt insbesondere von der Art des geschaffenen Vermögenswertes und den finanziellen Verhältnissen der beiden Partner in der konkreten Lebensgemeinschaft ab . . .

## 4. *Zur Sittenwidrigkeit von Geliebten-Testamenten*
### (Bundesgerichtshof, 31. März 1970 – III ZB 23/68)

**Sachverhalt:** Der im Jahr 1965 im Alter von 59 Jahren verstorbene Erblasser, der in kinderloser Ehe verheiratet war, hatte von etwa 1942 bis zu seinem Tode mit der ebenfalls verheirateten, seit 1964 geschiedenen Frau M. wie Mann und Frau zusammengelebt und am 8. Februar 1948 ein privatschriftliches Testament errichtet. Das Testament hat folgenden Wortlaut: „Mein letzter Wille! Hiermit bestimme ich, daß Frau M. meine alleinige Erbin sein soll. Meine Ehefrau, von der ich seit 7 Jahren getrennt lebe und die ich bei unserer Trennung... entschädigt habe, soll von jeder Erbschaft ausgeschlossen sein. Durch obenstehende Verfügung trage ich an Frau M., die mir in schweren Stunden eine Stütze war, eine Dankesschuld ab."

Die Ehefrau hat im wesentlichen geltend gemacht: Das Testament sei insgesamt sittenwidrig. Es beruhe allein auf den erotischen Beziehungen des Erblassers zu Frau M.

### Aus den Gründen:

In der höchstrichterlichen Rechtsprechung ist seit jeher anerkannt, daß eine letztwillige Verfügung nicht schon deshalb sittenwidrig ist, weil sie die Angehörigen des Erblassers „zurücksetzt", d. h. von der gesetzlichen Erbfolge ausschließt. Das Erbrecht des Bürgerlichen Gesetzbuches ist von dem Grundsatz der Testierfreiheit beherrscht. In der Freiheit, über sein Vermögen letztwillig zu verfügen, wird der Erblasser auch durch das der gesetzlichen Erbfolge zugrunde liegende sittliche Prinzip... regelmäßig nicht beschränkt. Diesem Prinzip ist der autonome Wille des Erblassers grundsätzlich übergeordnet; ein Noterbrecht zugunsten nächster Angehöriger, wie es ausländische Rechtsordnungen kennen, ist dem deutschen Erbrecht unbekannt...

Dabei ist es grundsätzlich ohne Bedeutung, welche Beweggründe den Erblasser veranlaßt haben, bei der Verteilung seines Nachlasses von der gesetzlichen Erbfolge abzuweichen. Der letzte Wille des Erblassers ist grundsätzlich auch dort zu respektieren, wo er in seiner Motivierung keine besondere Achtung verdient. Sein letzter Wille soll wenn immer und soweit wie möglich gewahrt bleiben...

Danach ergibt sich: Wenn ein Erblasser die Frau, zu der er außereheliche, insbesondere ehebrecherische Beziehungen unterhalten hat, dadurch, daß er sie durch letztwillige Verfügung bedenkt, für die geschlechtliche Hingabe entlohnen oder zur Fortsetzung der sexuellen Beziehungen bestimmen oder diese festigen will, dann ist – zumindest in aller Regel – die letztwillige Verfügung schon wegen dieses der Zuwendung zugrundeliegenden Beweggrundes sittenwidrig und nichtig... In gleicher Weise müßte auch ein Rechtsgeschäft unter Lebenden, durch das einer Frau für ehebrecherische Beziehungen eine Belohnung gewährt oder sie zur Fortsetzung derartiger Beziehungen bestimmt werden soll, als sittenwidrig und nichtig erachtet werden. Trägt aber die letztwillige Verfügung nicht ausschließlich einen derartigen Entgeltcharakter, bildet mithin nicht allein die Belohnung für geschlechtlichen Umgang oder die Bestimmung zu einem solchen den Grund für die Zuwendung an die Bedachte, dann kann auch nicht allein mit der Tatsache, daß die Bedachte zu dem Erblasser in sexuellen Beziehungen gestanden hat, die Sittenwidrigkeit des Zuwendungsgeschäfts begründet werden. Infolgedessen kann auch der Umstand, daß eine letztwillige Zuwendung ohne die von der Sittenordnung mißbilligten Lebens- und Liebesbeziehungen des Erblassers zu der Bedachten nicht gemacht worden wäre, es für sich allein genommen nicht schlechthin rechtfertigen, der letztwilligen Zuwendung selbst die rechtliche Anerkennung wegen Verstoßes gegen die guten Sitten zu versagen. Denn die Wertung, ob und inwieweit außereheliche Geschlechtsbeziehungen vom Makel der Sittenwidrigkeit betroffen werden, liegt grundsätzlich auf einer anderen Ebene als die entsprechende Beurteilung eines Rechtsgeschäfts, das – wie in der Regel die letztwillige Verfügung – ausschließlich die materielle Gütersphäre betrifft.

Für die Beurteilung einer letztwilligen Verfügung – soweit diese nicht ausschließlich Entgeltcharakter in dem oben beschriebenen Sinne hat – kommt es unter dem Gesichtspunkt der Sittenwidrigkeit nach alledem wesentlich auf den Inhalt dieses Rechtsgeschäfts unter Einschluß seiner Auswirkungen an. Deshalb ist neben der Frage, welche Beziehungen den Erblasser mit der Bedachten verbunden haben (und auch, aus welchem Grunde und in welcher Weise sie bedacht worden ist), in Würdigung des Gesamtcharakters der letztwilligen Verfügung insbesondere zu berücksichtigen, wer zugunsten der Bedachten zurückgesetzt worden ist, in welchen Beziehungen der Erblasser zu den Zurückgesetzten stand und wie sich die Verfügung für diese Zurückgesetzten auswirkt; ob es ihnen insbesondere zugemutet werden kann, die Bedachte so, wie sie durch die letztwillige Verfügung eingesetzt worden ist (Alleinerbin, Miterbin, Vermächtnisnehmerin), anzuerkennen. Dabei wird in der Regel die Zurücksetzung um so schwerer wiegen, je enger das familienrechtliche Verhältnis war, in dem die Zurückgesetzten zu dem Erblasser standen, wenn vor allem Ehefrau und Kinder zugunsten der Bedachten zurückgesetzt worden sind. Es kann aber durchaus die Gültigkeit der Verfügung auch dann in Frage gestellt sein, wenn der Erblasser entferntere Verwandte oder sonstige Personen zugunsten der Bedachten hat zurücktreten lassen, die bei dem gegebenen Sachverhalt nach der Auffassung „aller billig und gerecht Denkenden" nicht hätten zurückgesetzt werden dürfen. Dies könnte beispielsweise der Fall sein, wenn etwa eine entfernte Verwandte oder sonstige Bekannte den Erblasser lange Zeit aufopfernd gepflegt oder sonstige erhebliche Opfer für ihn gebracht hat, dieser aber das zunächst zugunsten dieser Person errichtete Testament später durch ein solches zugunsten einer Geliebten oder auch zugunsten einer anderen, ihm ganz fernstehenden Person, die keinerlei „moralischen" Anspruch auf eine Zuwendung hat, ersetzt. Neben der Enge der familienrechtlichen und sonstigen Beziehungen des Erblassers zu den zurückgesetzten Personen wird von Bedeutung sein, wie diese Personen im übrigen wirtschaftlich gestellt sind und wie sich die Bevorzugung der Bedachten für sie wirtschaftlich auswirkt. Auch wird erheblich sein können das rechtliche Verhältnis, in das die Bedachte aufgrund der letztwilligen Verfügung zu den Zurückgesetzten tritt. Ferner wird gegebenenfalls die Frage Berücksichtigung verdienen, woher das der Bedachten zugewandte Vermögen stammt, wenn etwa ein in zweiter Ehe verheiratet gewesener Erblasser seine Geliebte zur Erbin einsetzt unter Zurückstellung seiner erstehelichen Kinder, obwohl das vermachte Vermögen im wesentlichen von der Mutter dieser zurückgesetzten Kinder stammt. Auf der anderen Seite wird aber auch das Verhalten der „zurückgesetzten" Personen in Betracht gezogen werden müssen, insbesondere ob und in welcher Weise diese zu einer gegebenenfalls eingetretenen Entfremdung zwischen ihnen und dem Erblasser selbst beigetragen haben. Ihre Zurückhaltung wird um so eher als nicht anstößig erachtet werden dürfen, je weniger ihr Verhalten dem entsprach, was von ihnen wegen ihrer Beziehungen zu dem Erblasser hätte erwartet werden dürfen und müssen, ohne daß es einen solchen Grad von Feindseligkeit erreicht zu haben braucht, wie er . . . Voraussetzung für Pflichtteilsentziehung und Erbunwürdigkeit ist. Ebenso werden auf seiten der Bedachten die Art und Dauer der Beziehungen zu dem Erblasser, gegebenenfalls die Opfer, die sie für den Erblasser gebracht hat, sowie sonstige Umstände Berücksichtigung erheischen, die eine letztwillige Verfügung zu ihren Gunsten als gerechtfertigt oder zumindest weniger anstößig erscheinen lassen können. In diesem Zusammenhang kann als gegen die Sittenwidrigkeit der Zuwendung sprechend neben etwa für den Erblasser erbrachten Opfern in Betracht kommen, daß der Erblasser an der Bedachten begangenes Unrecht gutmachen, daß er seiner Verantwortung, für die etwa von ihm erzeugten Kinder Rechnung tragen will, und dergleichen.

## 5. *Steuerliche Anerkennung von Verträgen*
**(Bundesfinanzhof, 14. April 1988 – IV R 225/85).**

**Sachverhalt:** Der Kläger ist Inhaber eines Elektroinstallations- und -handelsgeschäftes. Seit der Trennung von seiner Familie im November 1977 lebte der Kläger mit Frau J zusammen. Diese ist seitdem ganztätig im Geschäft des Klägers tätig. Sie hilft beim Verkauf im Laden und bereitet die Buchführung vor. Zunächst bezog sie dafür einen Monatslohn. Mit Vertrag vom 15. 12. 1978 wurde vereinbart, daß Frau J sich mit dem Gesamtbetrag von 10 563,50 DM ab 1. 1. 1979 am Unternehmen des Klägers als stille Gesellschafterin beteiligte. Der Anteil am Gewinn des Unternehmens sollte 25 v. Hundert betragen; eine Beteiligung am Verlust wurde ausgeschlossen. Danach ergaben sich für Frau J Gewinnanteile in Höhe von DM 7021,– für 1979 und 20 360,– DM für 1980, die Frau J sich nur zum Teil auszahlen ließ. Bei den Gewinnermittlungen wurden die Arbeitslöhne und die Gewinnanteile der Frau J als Betriebsausgaben (§ 3 Abs. 4 EStG) abgezogen. Bei einer Betriebsprüfung stellte das Finanzamt sich auf den Standpunkt, die Gewinnverteilungsvereinbarung sei rechtsmißbräuchlich, da nach den Gewinnen der Jahre 1974 bis 1978 eine Kapitalrendite von 88 v. H. zu erwarten sei. Angemessen sei nur eine Verzinsung von 25 v. H. der Einlage bzw. 7 v. H. des Gewinns. Der dagegen gerichteten Klage wurde stattgegeben.

**Aus den Gründen:**

Nach der Rechtsprechung des BFH ist bei einer typischen stillen Gesellschaft zwischen nahen Angehörigen, bei der der stille Gesellschafter nicht am Verlust beteiligt ist und seine Einlage aus eigenen, nicht vom Inhaber des Betriebs geschenkten Mitteln erbracht hat, eine Gewinnverteilungsabrede angemessen, die im Zeitpunkt der Vereinbarung bei vernünftiger kaufmännischer Beurteilung eine durchschnittliche Rendite von bis zu 25 v. H. der Einlage erwarten läßt.

Diese Rechtsprechung findet . . . ihre Rechtfertigung darin, daß es bei Personengesellschaften zwischen nahen Angehörigen häufig an einem natürlichen Interessensgegensatz wie zwischen Fremden fehlt. Neben am Gesellschaftszweck ausgerichteten und seiner Erreichung dienenden Erwägungen spielen hier Gesichtspunkte privater Art, wie solche der familien- und erbrechtlich begründeten Versorgung, Abfindung und Auseinandersetzung, häufig eine wesentliche Rolle ... Diese Gegebenheiten rechtfertigen es, Gewinnverteilungsvereinbarungen zwischen nahen Angehörigen nur anzuerkennen, soweit sie wie unter Fremden üblich ausgestaltet und abgewickelt werden, mögen zwischen Fremden auch unübliche Gestaltungen hingenommen werden ...

Der Senat hat ... ausgeführt, daß diese Überlegungen nicht für Verträge zwischen Verlobten gelten. Der Senat hält daran fest und ist, wie er schon – wenn auch nicht entscheidungserheblich – in seinem Urteil vom 5. 12. 1985 ... bemerkt hat, der Auffassung, daß sie auch nicht auf Verträge zwischen Personen angewendet werden können, die in einer nichtehelichen Gemeinschaft leben. Die nichteheliche Gemeinschaft begründet weder in persönlicher noch in wirtschaftlicher Hinsicht eine Rechtsgemeinschaft ... und gewährt auch keine Rechtsgrundlage für Dienstleistungen im Betrieb des Partners. Die Partner haben untereinander keine gesetzlichen Unterhaltsansprüche und sind im Verhältnis zueinander auch nicht gesetzliche Erben, da nach § 1931 BGB nur der Ehegatte, nicht der nichteheliche Lebensgefährte zu den gesetzlichen Erben des Erblassers gehört. Zwischen den Partnern einer nichtehelichen Lebensgemeinschaft kann es auch nicht, wie bei Ehegatten, zu einer vertragsmäßigen Gütergemeinschaft i. S. der §§ 1408 ff. BGB kommen. Sie bilden, anders als im gesetzlichen Güterstand lebende Ehegatten, auch keine Zugewinngemeinschaft (§§ 1363 ff. BGB), so daß es bei Beendigung der nichtehelichen Lebensgemeinschaft nicht zum Zugewinnausgleich kommt. Zur Bildung gemeinschaftlichen Vermögens kann es allerdings im Rahmen einer auf gemeinschaftlichen Erwerb und gemeinschaftliche Nutzung von Vermögensgegenständen gerichteten Gesellschaft bürgerlichen Rechts auch in Form einer Innengesellschaft kommen; dazu bedarf es aber des, mindestens durch schlüssige Handlungen belegten, Abschlusses eines Gesellschaftsvertrages ..., jedenfalls aber des Nachweises, daß gemeinschaftliche Vermögenswerte unabhängig vom Bestand der Lebensgemeinschaft angeschafft werden sollten.

Unentgeltliche Zuwendungen an den Partner der Lebensgemeinschaft haben danach beim Zuwendenden grundsätzlich eine Vermögenseinbuße zur Folge, die nicht in einer rechtlich gesicherten Lebens- und Wirtschaftsgemeinschaft ausgeglichen wird. Nach alledem kann nicht davon ausgegangen werden, daß zwischen Partnern einer eheähnlichen Lebensgemeinschaft im allgemeinen keine gegensätzlichen wirtschaftlichen Interessen bestehen und daß es sich deswegen bei Zahlungen auf Grund eines Gesellschafts- oder eines Arbeitsvertrags ohne weiteres auch um private Zuwendungen handeln könne. Solche Zuwendungen sind möglich; für sie besteht aufgrund der unterschiedlichen Interessenslage jedoch kein Erfahrungssatz. Vielmehr müssen besondere Anhaltspunkte dafür vorliegen, daß Arbeits- oder sonstige Leistungen tatsächlich nicht erbracht wurden und daß bewußt ein überhöhtes Entgelt gewährt wurde.

# Sachverzeichnis